회화, 전화, 메일, 문자
실전 커뮤니케이션 일본어 회화

하치노 토모카

제이앤씨
Publishing Company

머리말

　사람과의 커뮤니케이션의 기본은 회화 능력입니다. 회화 능력이란 말을 잘 전달하는 말하기 능력과는 다릅니다. 오히려 회화 능력을 높이기 위해서는 듣는 능력이 더욱 중요합니다. 맞장구치고 질문도 하면서 상대방이 기분 좋게 말할 수 있게 하면서 회화를 발전시켜가는 것이 커뮤니케이션 능력입니다.

　이 책에서는 여러 주제를 통하여 일상생활뿐만 아니라 사회생활에서도 필요한 커뮤니케이션 능력을 함양하는 데 초점을 맞췄습니다.

• 커뮤니케이션 능력 함양

　일상생활과 회사 내에서 실제 일어날 수 있는 상황을 설정한 다양한 TOPIC을 통하여 일상생활 기본회화와 회사 내에서 업무상 자주 쓰는 회화에 의한 커뮤니케이션 능력을 함양함.

　　－ 일상생활 기본 회화에 의한 커뮤니케이션
　　－ 일문 편지와 전자 메일, 문자 등에 의한 커뮤니케이션
　　－ 실무 일본어 회화에 의한 커뮤니케이션
　　－ 전화 일본어 회화에 의한 커뮤니케이션

• 회화, 전화, 메일, 문자 등 다양한 커뮤니케이션 수단을 이용한 실전 능력 함양

　회화뿐만 아니라 전화와 메일, 문자 등 다양한 커뮤니케이션 수단을 이용한 일본어 표현 패턴 연습 및 응용, 활용을 통하여 현장에서 활용할 수 있는 실전 능력을 함양함.

• 회화문으로 익히는 일본어능력시험(JLPT) N2, N1 문형 마스터

　일본어능력시험(JLPT) N2 수준의 문형, 표현을 듣고, 말하고, 읽고, 쓰는 연습을 반복하여 효과적으로 학습함.

　여러분의 일본어 공부를 늘 응원합니다.

2020년 7월

저자 八野 友香

목 차

제1과　　**天気について話す**　　　　　　　　　　　　　　7
　Clip 1　共通点を探す　　　　　　　　　　　　　　8
　Clip 2　話題を探す　　　　　　　　　　　　　18
　Clip 3　【メール】メールアドレスの変更をメールで伝える　　25

제2과　　**社交あいさつ**　　　　　　　　　　　　　　　31
　Clip 1　自分をアピールする　　　　　　　　　　32
　Clip 2　初対面での質問　　　　　　　　　　　40
　Clip 3　【メール】お礼メールを送る　　　　　　　48

제3과　　**食事に誘う**　　　　　　　　　　　　　　　55
　Clip 1　好きな料理・　　　　　　　　　　　　56
　Clip 2　お昼ご飯の話題　　　　　　　　　　62
　Clip 3　【SMS】SMSで食事に誘う　　　　　　68

제4과　　**旅行について話す**　　　　　　　　　　　　71
　Clip 1　共通点を探す　　　　　　　　　　　　72
　Clip 2　旅行先で楽しかった体験について話す　　77
　Clip 3　【メール】久しぶりの相手にメールを送る　　82

제5과　　**体調について話す**　　　　　　　　　　　　87
　Clip 1　具合が悪そうな同僚を気づかう　　　　88
　Clip 2　風邪から復帰した同僚との会話　　　　93
　Clip 3　【SMS】休んでいる相手に「お大事に!」とSMSを送る　　99

제6과	**趣味について話す**		103
	Clip 1	相手の趣味を聞く	104
	Clip 2	自分の趣味を話す	111
	Clip 3	【メール】お土産のお礼メールを送る	119
제7과	**自然災害・環境問題について話す**		127
	Clip 1	地震のニュースについて話す	128
	Clip 2	ゴミ分別について聞く	135
	Clip 3	【メール】災害お見舞いのメールを送る	142
제8과	**日本語入力方法**		147
제9과	**親しき仲にも礼儀あり**		151
	Clip 1	業務の依頼をする	152
	Clip 2	誘いを断る	158
	Clip 3	【電話】電話での依頼	163
제10과	**物は言いよう**		167
	Clip 1	苦情を言う	168
	Clip 2	謝る	173
	Clip 3	【電話】電話で苦情を言う	178
제11과	**一言芳恩**		183
	Clip 1	感謝する	184
	Clip 2	昇進を祝う	189
	Clip 3	【電話】電話でお祝いのお礼を言う	194

제12과	**言い勝ち功名**		199
	Clip 1	意見を言う	200
	Clip 2	異論を唱える	207
	Clip 3	【電話】電話で意見を聞く	215
제13과	**物は相談**		221
	Clip 1	相談する	222
	Clip 2	なぐさめる・	228
	Clip 3	【電話】電話でお悔やみの言葉を述べる	233
제14과	**筋道を立てる**		239
	Clip 1	案件を説明する	240
	Clip 2	あらすじを説明する	247
	Clip 3	【電話】電話で会場の行き方を説明する	255
부록	한글 해석		263

〈登場人物〉

[男]

キム

木村 (きむら)

塚本 (つかもと)

大塚 (おおつか)

鈴木 (すずき)

[女]

八野 (はちの)

佐藤 (さとう)

田中 (たなか)

山崎 (やまざき)

宮川 (みやがわ)

天気について話す
てんき　　　　　　　　　はな

Clip 1

共通点を探す

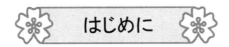

はじめに

初対面の相手や、あまり親しくない相手等、まだ面識の浅い人との話題で困ったときに、一番便利なのは天気の話ですよね。

学習内容：Yes/Noで答えられる質問ではなく、相手が話しやすい質問をして共通点を探す。

学習目標：「今日はいい天気ですね」「そうですね」といった単なる『社交辞令』を『会話』に発展させるコミュニケーション能力を身につける。

Quiz

天気の話をきっかけにして話を広げてみましょう。

あなた　「今日はいい天気ですね」

相　手　「そうですね・・・」

あなたは何と続けますか。

文型

会話文に出てくる文型をチェックしましょう。

1 いいお天気ですね。

さいふが落ちましたよ。

一緒に行きますよね。

종조사(終助詞) ね・よ・よね

発話の最後につける終助詞は、話者の態度を表す。ただし、制限的な状況で使われるため、使い方を間違えると不自然になるので、注意が必要。

1) ね

① 相手も知っていることについて同意を求める表現。

例) A：今日は雨ですね。

B：そうですね。

② 相手の話に対して確認する表現。

例) A：明日の集まりは参加します。

B：明日は参加するんですね。

2) よ

① 相手が知らないことについて、注意を向ける表現。

例) ボタンがとれていますよ。

② 「〜んですよ」の形で自分のことを述べる。

例) 昨日、先生にほめられたんですよ。

Tip: 使い方を間違えると、不自然になったり、不快感を与えるので、注意が必要。

理由を尋ねる疑問文ではない疑問文の返答では「よ」をつけない。

A：連休はどこかに行きますか。

B：○沖縄に行きます。

? 沖縄に行きますよ。

A：お名前は何ですか。

B：○ 私は、キム・ポヒョンです。

? 私は、キム・ポヒョンですよ。

3) よね

① 相手も知っていることで、相手が自分よりもよく知っていると思われることについて確認を求める表現。

例) A：会議は10時からですよね。

B：確かそうでしたよ。

② 自分のことについて、自分の思いを述べる表現。

例) A：明日の集まりに来るでしょ？

B：明日はちょっと家で休みたいんだよね。

A：そうなの。どこか悪いの？

B：ずっと忙しかったから、明日は休みたいなって。

2　ようやく雨が上がりました。

ようやく～[N3]

長い間待ち望んでいた事態がついに実現するという意味。(＝やっと、やっとのことで)

例) 彼はようやく現れました。

3　A：もう帰るんですか。
　　B：ちょっと具合が悪いんです。

「～んですか。」は、相手に説明を求める質問をするときに使われる。

① 理由を尋ねる　② 尋ねられた理由に答える

① 〜んですか。
② 〜んです。

1) 〜んですか

何か特別なことを発見して、驚いたり、興味や関心をもったり、心配したときに、相手にそれに対する説明を要求する質問をしたり、理由を尋ねるときに使われる。

① (大きなスーツを持っている相手を見て)

　　A：どこか行くんですか。
　　B：夜の便で北海道に行くんです。

② (叫び声が聞こえて)

　　A：何かあったんですか。
　　B：ゴキブリが出たんです。

2) 〜んです

自分の行動や発言に対して理由を説明したり、強調するときに使う。

① 昨日、変な夢を見たんです。

② このくつ、300円だったんです。

Tip：「〜んです」が使えない場合

1) 単純に事実を述べるときは「〜んです」が使えない。

　　(自己紹介で)
　　× 私は、ソウルから来たんです。　　(○ 私は、ソウルから来ました。)

2) 単に話者の希望や意見を述べるときは「〜んです」が使えない。
　　× 私は日本で就職したいんです。　　(○ 私は日本で就職したいと思っています。)

単語 (たんご)

☐ 春(はる)らしい	봄 같다
☐ ひたすら	오로지, 한결같이, 그저
☐ インドア派(は)	인도어파 ⇔ アウトドア派(は) 아웃도어파
☐ 部屋(へや)にこもる	방에 틀어박히다
☐ 音楽鑑賞(おんがくかんしょう)	음악 감상
☐ ～とかする	～라던지 하다
☐ ～な方(ほう)	～한 편
☐ 練乳(れんにゅう)をかける	연유를 뿌리다

会話 (かいわ)

キム: おはようございます。今日(きょう)は、とてもいいお天気(てんき)で、気持(きも)ちいいですね。

八野(はちの): おはようございます。本当(ほんとう)にいいお天気(てんき)ですね。

キム: 佐々木公園(ささきこうえん)にもう桜(さくら)が咲(さ)いていました。

八野(はちの): そうですか。先週(せんしゅう)は寒(さむ)かったのに、ようやく春(はる)らしくなってきましたね。

キム: 今週(こんしゅう)は、ずっといい天気(てんき)が続(つづ)くようですよ。今度(こんど)のお休(やす)みは、どこかに行(い)かれるんですか。

八野(はちの): いやあ、特(とく)に予定(よてい)ないんですよね。子供(こども)は、ひたすらゲームですし。

キム: 僕(ぼく)もなんですよ。どっちかというとインドア派(は)な方(ほう)でして。部屋(へや)にこもって音楽鑑賞(おんがくかんしょう)とかしてます。

表現 Check

会話に出てきた表現をチェックしていきましょう。

> **1 キム：** 今日は、とてもいいお天気で、気持ちいいですね。佐々木公園にもう桜が咲いていましたね。

天気の話題は、相手との共通点なので、ここからスタート。
その日の天気や気候に合わせて声をかけてみましょう。

＜天気・気候のフレーズ＞

春

・ずいぶん暖かくなりましたね。暖かいので今日はコートなしで出勤しました。

・暖かくなってきたと思ったら、また寒くなりましたね。

・今日は花粉が少ないみたいですね。

雨

・今日は、あいにくのお天気ですね。

・楽しみにしていたのに、あいにくのお天気で残念ですね。

・一雨来そうですね。これでちょっとは涼しくなりますね。

・最近、雨の日が多いですね。

夏

・毎日暑いですね。名古屋は３７度だそうですよ。

・むしむしして暑いですね。

・もうすぐお彼岸なのに、暑い日が続きますね。

秋

・今日は秋晴れですね。空気が新鮮で、すがすがしい。

・ ずいぶん過ごしやすくなりましたね。

・ 今日は空が真っ青で雲一つありませんね。

冬

・ 12月にしては、暖かいですよね。

・ 街がすっかりクリスマス一色ですね。

・ 今朝は冷え込みますね。そういえば、札幌は今朝、大雪だそうですね。

2 キム: 今週は、ずっといい天気が続くようですよ。明日のお休みは、どこかに行かれるんですか。

<質問をする>

1) Yes/Noで答えられる質問ではなく、相手が話しやすい質問をしましょう。

　例：・ お休みの日はどんなことをされているんですか？

　　　・ 明日のお休みは、どうされるんですか。

2) 自分についてまず話してみる。

　例：・ 私は、ゴルフに行くんですけど、ゴルフはなさいますか。

3 八野: いやあ、特に予定ないんですよね。子供は、ひたすらゲームですし。
　キム: 僕もなんですよ。どっちかというとインドア派な方でして。部屋にこもって音楽鑑賞とかしてます。

→ 相手の出方を見て、共通点や話題を探す。

<～でして。>

「～ですので。」の話し言葉。

4 インドア派な方

<~派>

傾向を表す語を作るのに重宝する言葉。 二者択一の場合に使われる。

例：・ インドア派⇔アウトドア派

・ ご飯派⇔パン派

・ イチゴに練乳をかける派

・ デザートは先に食べる派

<~方>

比較において優勢な側を表すときに用いる。

例：・ 彼はおとなしい方です。

・ 彼女は静かな方 です。

・ よく食べる方です。

・ まだ理解してくれる方です。

5 音楽鑑賞とかしてます。
音楽鑑賞とか(、映画鑑賞とかを)して(い)ます。

二つ目の事項を省略した形。

<とか>

「とか」の本来の意味は、 並列助詞で一般には、「…とか…とか」というように、列挙するものの末尾の事項に「とか」をつけるが、最近は会話で多用されている。

① 「など色々」という意味。

例：もとくんが帰ってこないんだけど、学校とか探してみてくれる？(学校など色々)

② 「一般的な～、いわゆる～」という意味。

　　例：このコート昨日買ったんだけど、これだと冬とか寒いかも。(一般的な冬、いわゆ
　　　　る冬)

練習

文型練習

1 ね/よ/よね

・ 今朝は冷え込みますね。

・ ドアが開いていますよ。

・ 明日はお休みですよね。

2 ようやく

・ 原稿が今朝ようやく完成しました。

3 ～んですか。/～んです。

・ A：どうしたんですか。

　B：スマホを忘れてきたみたいなんです。

練習問題

次の(　　)に入る言葉をa, b, c, dの中から一つ選びなさい。

A：何かあったんですか。

B：田中さんと連絡がつかない(　　　)。

a ね　　　b よ　　　c よね　　　d んです

正解：d んです

あいさつから会話に発展させるコミュニケーションの仕方について学びました。

Quiz

天気の話をきっかけにして話を広げてみましょう。

あなた　「今日はいい天気ですね。」

相　手　「そうですね・・・。」

あなた　「　　　　　　　　　　」

会話例：
① 週末まで続いてくれるといいですよね。週末、家族とドライブに行こうって言ってて。
② 天気がいいと洗濯物がすぐ乾くからありがたいですよね。
③ 週末はどこかに行かれるんですか。

Clip 2

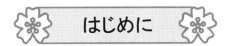

話題(わだい)を探(さが)す

はじめに

学習内容(がくしゅうないよう)：相手(あいて)が話(はな)しやすい質問(しつもん)をして、話題(わだい)を探(さが)す。

学習目標(がくしゅうもくひょう)：返答(へんとう)の仕方(しかた)やリアクションについて学(まな)ぶ。

Quiz

相手(あいて)の返答(へんとう)を聞(き)いて会話(かいわ)を続(つづ)けてみましょう。

あなた　「週末(しゅうまつ)はどこかに行(い)かれたんですか。」

相　手　「いえ、家(いえ)でごろごろしてました・・・」

あなた　「　　　　　　　　　　　　　　　　　　　　」

あなたは何(なん)と続(つづ)けますか。

どんなリアクションをしますか。

文型(ぶんけい)

1　休(やす)んでいた分(ぶん)(だけ)、忙(いそが)しい。

~分(ぶん)(だけ)

「その程度(ていど)に応(おう)じて」「それに応(おう)じた量(りょう)」という意味(いみ)。主(おも)に、「～ば、～たぶんだけ」「～ば、

そのぶんだけ」の形で使われる。

例) 遅れれば、その分(だけ)残業が増えます。

2 最近はもっぱら外食です。

もっぱら[N1]

「ほとんどそればかり」という意味。

例) 休日はもっぱら家にいます。

3 何か私にお手伝いできることはありませんか。

何か～　ありませんか。(ありますか。)

はっきり指し示すことのできない物事を表す。

例) 何か食べるものはありませんか。

単語

□ 一段と	더욱
□ 蒸し暑い	무더위
□ 熱帯夜	열대야
□ ビアガーデン	비어 가든
□ ジム	헬스장
□ 普段	평소
□ コメディ	코미디(희극)

会話

キム：今日は一段と蒸し暑いですね。

八野：そうですね。今夜も熱帯夜みたいですよ。

キム：暑い分、ビールが美味しいですよね。昨日は、ビアガーデン寄って帰ったんですよ。

八野：そうですか。私は、久しぶりにジムに行ってきました。

キム：へー、普段から運動はするんですか。

八野：それがジムに登録だけして、なかなか行けないんですよね。

キム：そうなんですね。私は、休みの日にゴルフには行くんですけど、ゴルフはなさいますか。

八野：いえ、ゴルフはやったことがないです。

キム：そうですか。お休みの日はどんなことをされているんですか？

八野：暑いので、最近はもっぱら家で映画ばかり見ています

キム：そうなんですか。何かおすすめの映画はありますか。私はコメディ映画が好きなんですが。

表現 Check

会話に出てきた表現をチェックしていきましょう。

> **1** キム：今日は一段と蒸し暑いですね。
>
> 八野：そうですね。今夜も熱帯夜みたいですよ。
>
> キム：暑い分、ビールが美味しいですよね。

<返答に困ったとき>

① 連想ゲームのように広げる

　　　例：A：毎日暑いですね。

　　　　　　B：(暑いといえば、、、ビール！)

　　　　　　　暑い分、ビールが美味しいですよ。

② 目に入ったものを口にする

　　　例：・(行列を見て)

　　　　　　　うわ、、すごい行列！

　　　　　　・(イルミネーションを見て)

　　　　　　　綺麗なイルミネーションですね。

2 キム：昨日は、ビアガーデン寄って帰ったんですよ。

　　<天気の話を通して自分に関する話をする>

・最近、雨が多いですね。洗濯物が乾かなくて大変です。

3 八野：そうですか。私は、久しぶりにジムに行ってきました。

　　キム：へー、普段から運動はするんですか。

<リアクションをする。>

・へー、まじめですね。

・へー、すごいですね 。

・へー、いつもそうなんですか。

4 八野：それがジムに登録だけして、なかなか行けないんですよね。

　　キム：そうなんですね。

リアクションに困ったときは、「そうなんですね。」

ポジティブな話題でもネガティブな話題でも使える。

---

5 キム：私は、休みの日にゴルフには行くんですけど、ゴルフはなさいますか。

八野：いえ、ゴルフはやったことがないです。

キム：そうですか。お休みの日はどんなことをされているんですか？

<相手の出方をみて質問する>

返答を聞いて、相手が話しやすい質問をしましょう。

例： A：私は、休みの日にはよく登山をするんですけど、登山はなさいますか。

B：登山は、あまり。

A：そうですか。お休みの日はどんなことをされるんですか？

Tip：〈話題に困ったときの話題〉

1 天気

2 出身地

3 住んでいる場所

4 趣味

5 仕事

6 今日のニュース

7 血液型

8 おもしろかった本・映画

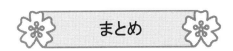

練習

文型練習

1. ～ 分(だけ)

頑張った分(だけ)報われますよ。

Tip：「報われる」とは、「日々の努力や苦労したことに対して、それ相応の結果や成功を得ること」を意味する。

　　例) 努力は必ず報われる。

　　例) 長年の苦労が報われる。

2. もっぱら

最近お昼はもっぱらラーメンです。

3. 何か～ありませんか。(ありますか。)

何か面白いことはありませんか。

練習問題

aからeを正しい順番に並べて、文章を完成しなさい。

a 太ります　　b 分　　c 食べた　　d だけ　　e 食べれば

正解：食べれば食べた分(だけ)太ります。

まとめ

天気の話でも、そのあとの話の展開の仕方によっては会話が進みます。

天気の話をきっかけにして上手に話を広げていくと、自然なコミュニケーションを取れるよ

うになります。

相手の返答を聞いて自由に会話を続けてみましょう。

あなた 「週末はどこかに行かれたんですか。」

相　手 「いえ、家でごろごろしてました・・・」

あなた 「　　　　　　　　　　　　　　　　　　　」

あなたは何と続けますか。

どんなリアクションをしますか。

会話例：

そうなんですね。 / そうなんですか。

・ 最近はもっぱら家で過ごすんですか。

・ 休みの日は家でごろごろするのが一番ですよね。

Clip 3
メールアドレスの変更^{へんこう}をメールで伝^{つた}える

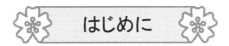

はじめに

学習内容^{がくしゅうないよう}：メールアドレスの変更^{へんこう}を伝^{つた}えるメールを送^{おく}る。

学習目標^{がくしゅうもくひょう}：しばらく連絡^{れんらく}していない相手^{あいて}にメールを送^{おく}る。

単語^{たんご}

☐	イベント	이벤트
☐	メールアドレス	메일 주소
☐	変わり目^{か め}	바뀔 때
☐	ご自愛^{じ あい}	자애, 자신의 몸을 아낌

メール

中山^{なかやま}さんへ

① こんにちは。

② 4月^{がつ}にスペイン料理^{りょうり}のイベントでお会^あいした小川^{おがわ}です。

③ ご無沙汰^{ぶさた}しておりますが、いかがお過^すごしでしょうか。

④ このたび、メールアドレスを変更しました。よければ新しいアドレスを登録しておいて
ください。
次回またお会いできる日を楽しみにしております。
⑤ 季節の変わり目ですから、どうかご自愛ください。

小川より

覚えておくと役立つフレーズ

1 こんにちは。

書き出しのあいさつ

＜書き出しの定番あいさつ＞
・お元気ですか。
・お元気でいらっしゃいますか。
・お元気にお過ごしでしょうか。
・いつもお世話になっております。
・いつもありがとうございます。
・先日はありがとうございました。

2 4月にスペイン料理のイベントでお会いした小川です。

具体的に名乗る
・去年、茶道教室で一緒だった○○です。
・1月に学校の行事でお会いした○○です。

3 ご無沙汰しておりますが、いかがお過ごしでしょうか。

近況を伺う

・調子はいかがですか？

・風邪などひかれていませんか。

・ご無沙汰しております。

「ご無沙汰しております」は丁寧な表現の方法で、ビジネスシーンからプライベートまで幅広く使えるフレーズの1つです。

＜「お久しぶりです」のフォーマルな表現＞

・長らくご無沙汰しております。

・久しくご無沙汰しております。

・大変ご無沙汰しております。(長らく連絡がとれずに申し訳ないという気持が伝わる)

4 季節の変わり目ですから、どうかご自愛ください。

結びの言葉

＜結びの言葉＞

・ではまた。

・お忙しいこととは存じますが、お体を大切になさってください。

・暑さもこれからが本番ですがどうか体調など崩されませんように。

・厳しい寒さが続きますが、どうぞお元気で。

Tip：● 頭語と結語を用いる。

　　　頭語「拝啓」で書きはじめる場合は、結語「敬具」で結びます。

　　　頭語と、結語のペアは、決まった組み合わせがあります。

◎ 頭語「拝啓」－結語「敬具」

◎ 頭語「謹啓」－結語「敬具」

このような頭語と結語は、堅苦しくなるので、親しい間柄なら省略してもよいでしょう。

まとめ

しばらく連絡していない相手にメールを送る内容について学習しました。

自分の近況を報告しながら、相手との共通の話などを交えながら文章を作る練習をしてみましょう。

練習

次のa–hの文章を正しい順番で並べてみましょう。

恵梨香さんへ

a クラスのみんなと年末に一度食事でもしようと話をしています。

b また日程など詳しいことが決まりましたら連絡します。

c こんにちは。

d お元気にお過ごしでしょうか。

e お忙しいこととは存じますが、お体を大切になさってください。

f 英会話教室で一緒だった中川です。

g ではまた。

h その時は是非、恵梨香さんさんも参加してください。

中川より

恵梨香(えりか)さんへ

c こんにちは。

f 英会話教室(えいかいわきょうしつ)で一緒(いっしょ)だった中川(なかがわ)です。

d お元気(げんき)にお過(す)ごしでしょうか。

a クラスのみんなと年末(ねんまつ)に一度食事(いちどしょくじ)でもしようと話(はなし)をしています。

h その時(とき)は是非(ぜひ)、恵梨香(えりか)さんさんも参加(さんか)してください。

b また日程(にってい)など詳(くわ)しいことが決(き)まりましたら連絡(れんらく)します。

e お忙(いそが)しいこととは存(ぞん)じますが、お体(からだ)を大切(たいせつ)になさってください。

g ではまた。

中川(なかがわ)より

社交あいさつ
しゃ こう

Clip 1

自分をアピールする
じ ぶん

はじめに

パーティで社外の人と初対面でのあいさつする会話について学びます。
しゃがい ひと しょたいめん かいわ まな

はじめて会う人に自分をアピールするのは勇気がいります。
あ ひと じぶん ゆうき

ビジネスの世界では、名刺が便利です。
せかい めいし べんり

学習内容：自分をアピールする。
がくしゅうないよう じぶん

学習目標：社交場で初めて会う人にあいさつするときの表現を身につける。
がくしゅうもくひょう しゃこうじょう はじ あ ひと ひょうげん み

Quiz ───────────────────────────────

1 相手に名刺を渡したいです。何と言ったらいいでしょうか？
  あいて めいし わた なん い

  ① はい、これ私の名刺です。
      わたし めいし

  ② 名刺を渡してもいいですか。
    めいし わた

  ③ 名刺をお渡ししてもよろしいでしょうか。
    めいし わた

2 名刺を受け取るときには、何と言って受け取ったらいいでしょうか？
  めいし う と なに い う と

  ① もらいます。

  ② 頂戴いたします。
    ちょうだい

  ③ ありがとう。

3 相手の名刺をもらいたいときには、何と言ったらいいでしょうか？？
  あいて めいし なに い

  ① 名刺をいただいてよろしいでしょうか。
    めいし

  ② 名刺をもらうことができますか。
    めいし

  ③ 名刺をくれますか。
    めいし

文型

1 社長、お荷物をお持ちします。

謙譲表現：お＋動詞ます形＋する

「自分が相手のためにある行為をする」という意味。

	ます形			お〜する (謙譲表現)			
I	送	り	ます	お	送	り	する
	呼	び	ます	お	呼	び	する
	出	し	ます	お	出	し	する
II	見せ		ます	お	見せ		する
	迎え		ます	お	迎え		する

＊「来る」の謙譲語→「まいる」

＊「名詞＋する」の謙譲語→「ご＋名詞＋する」(ご説明する、ご案内する)。

例) お聞きする。

例) お待ちする。

2 少し、お時間をいただいてもよろしいでしょうか。

謙譲表現＋てもよろしいでしょうか

目上の人に、非常にていねいに許可を求める表現で、「お時間」や「いただく」のように敬語表現と一緒に使われる。

「でしょうか」は「ですか」よりもていねいな表現。

例) A：今、お伺いしてもよろしいでしょうか。
　　　B：いいですよ。

3 どこに行けば、よいでしょうか。

疑問詞＋動詞仮定形＋よいでしょうか

「どう」「どこ」などの疑問詞を伴う疑問文で、手段・方法を問う場合に用いられる。

「でしょうか」は「ですか」よりもていねいな表現。「よいでしょうか」よりていねいな表現は「よろしいでしょうか」。

動詞の仮定形

1グループ：語尾を「え」段に変えて「ば」をつける。

　　　行く → 行けば

2グループ：語尾を取って、「れば」をつける。

　　　食べる → 食べれば

3グループ：来る → 来れば

　　　する → すれば

例) どうすれば、よいでしょうか。

例) 誰に聞けば、よいでしょうか。

単語

□	名刺	명함
□	頂戴	(남, 특히 윗사람한테서)받다
□	物産	물산

☐	恐れ入ります	죄송합니다.
☐	アピール	어필
☐	お辞儀	(머리 숙여) 인사함
☐	名乗る	이름을 대다
☐	売り	강점, 이점
☐	エピソード	에피소드
☐	手短に	간단히, 간략하게
☐	締め	마무리

会話

次の会話は、仕事関係の人との会食やパーティなどで初めて会う人との会話です。

(パーティ会場)

キム： こんにちは。初めまして。

本日からお世話になります。 キム・ポソンと申します。

名刺をお渡ししてもよろしいでしょうか。

八野： はい、頂戴いたします。キム・ポソン様ですね。福智物産の八野と申します。

こちらこそお世話になります。

キム： 恐れ入りますが、こちらのお名前は何とお読みすればよいでしょうか。

八野： 「八野(はちの)」「友香(ともか)」と読みます。

キム： はちの　ともか様ですね。私は、韓国で飲食店を経営しています。よろしくお

願いいたします。

八野： こちらこそよろしくお願いいたします。

表現 Check

会話に出てきた表現をチェックしていきましょう。

1 キム：本日からお世話になります。キム・ポソンと申します。

　八野：こちらこそお世話になります。 八野友香と申します。

<ビジネスシーンでよく使われるあいさつ表現>

・本日からお世話になります。

・いつもお世話になっております。

<出会いのあいさつ>

・以前からお会いしたいと思っていました。

・何とお呼びしたらいいでしょうか。

2 キム：名刺をお渡ししてもよろしいでしょうか。

　八野：頂戴いたします。

<名刺交換>

・名刺をお渡ししてもよろしいでしょうか。

・名刺交換をさせていただいてもよろしいでしょうか。

・名刺をいただいてもよろしいでしょうか。

Tip

もし、名刺を切らしている場合は、

「申し訳ございません。あいにく名刺を切らしておりまして。後日、改めましてお持ちいたします。」

と、謝った後、「自身の社名」「部署名」「氏名」を口頭で告げましょう。

後日、名刺を渡す時に、

「先日は大変失礼いたしました。」

と言って渡しましょう。

3 キム：恐れ入りますが、こちらのお名前は何とお読みすればよいでしょうか。

　　　八野：「八野(はちの)」「友香(ともか)」と読みます。

＜相手の名前の漢字の読み方が分からない場合＞

・恐れ入りますが、こちらのお名前は何とお読みすればよろしいでしょうか。

・申し訳ございませんが、お名前は何とお読みすればよろしいでしょうか。

名前を確認した後に、「珍しいお名前ですね。」や「よく間違えられませんか。」などと続けてみましょう。

4 キム：私は、韓国で飲食店を経営しています。

＜自分をアピールする＞

・私は、韓国で貿易会社を経営しています。

・私は、韓国の○○という会社で働いています。

・○○では、営業部に6年間勤務しています。

・3年前に日本に来て、○○という会社で働いています。

・日本に来る前は、韓国の○○という会社で働いていました。

〈Plus1〉

【自己紹介の流れ】

① お辞儀

　　↓

② 最初のあいさつ

↓ 「初めまして」「こんにちは」「本日からお世話になります」

③ 名前を名乗る

↓ 「○○○○と申します」

④ 自分をアピールするコメント

↓ ※ あなたの売りや、ちょっとしたエピソードを手短につけ加えます。

⑤ 締めのあいさつ

↓ 「よろしくお願いいたします」

⑥ お辞儀

文型練習

1. 謙譲表現：お〜する

   お荷物をお持ちします。

2. 謙譲表現＋てもよろしいでしょうか。

   ここで　お待ちしても　よろしいでしょうか。

3. 疑問詞＋ば(動詞の仮定形)＋よいでしょうか

   何と言えばよいでしょうか。

練習問題

次の文章を謙譲表現に変えなさい。

1. 明日電話をかけてもいいですか。

2. 誰を呼べばいいですか。

正解：

1. 明日お電話をおかけしてもよろしいでしょうか。

2. 誰をお呼びすればよいでしょうか。

まとめ

ここでは仕事関係の人との会食やパーティなどで初めて会う人との会話を学びました。

Quiz

1 相手に名刺を渡したいです。何と言ったらいいでしょうか？？

　① はい、これ私の名刺です。

　② 名刺を渡してもいいですか。

　③ 名刺をお渡ししてもよろしいでしょうか。

正解 ③

2 名刺を受け取るときには、何と言って受け取ったらいいでしょうか？

　① もらいます。

　② 頂戴いたします。

　③ ありがとう。

正解 ②

3 相手の名刺をもらいたいときには、何と言ったらいいでしょうか？？

　① 名刺をいただいてよろしいでしょうか。

　② 名刺をもらうことができますか。

　③ 名刺をくれますか。

正解 ①

Clip 2

初対面での質問

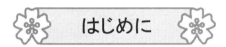

はじめに

学習内容： 初対面で質問する。

学習目標：初対面の人と楽しく会話が続けられる会話表現やマナーを身につける。

Quiz ─────────────────────────

1 (ビジネスシーンで)相手が○○について知っているかどうか、聞きたいです。

何と言ったらいいですか？

① ○○を知っていますか。

② ○○が分かりますか。

③ ○○をご存知ですか。

2 (ビジネスシーンで)相手が言ったことについて知りません。何と答えたら、

いいですか？

① 存じておりません。

② 分からないです。

③ 知らないです。

文型

1 コーヒーをお飲みになりますか。

尊敬表現：

相手の行動を立てる敬語表現。

例) 書く→お書きになる。

例) 帰る→お帰りになる。

[1，2グループ動詞]　お＋動詞ます形＋になる

	ます形			お〜になる (尊敬表現)			
I	待	ち	ます	お	待	ち	になる
	泊	まり	ます	お	泊	まり	になる
	着	き	ます	お	着	き	になる
II	つかれ		ます	お	つかれ		になる
	生まれ		ます	お	生まれ		になる

＊「名詞＋する」の尊敬語　→　ご＋名詞＋になる

例) ご入学になる。

例) ご卒業になる。

[尊敬を表す特別な動詞]

行く	가다	いらっしゃる	가시다
来る	오다	お見えになる おこしになる いらっしゃる おいでになる	오시다
いる	있다	いらっしゃる	계시다
食べる・飲む	먹다・마시다	めしあがる	드시다, 잡수시다
寝る	자다	お休みになる	주무시다
言う	말하다	おっしゃる 말씀하시다	
見る	보다	ご覧になる	보시다
着る	입다	お召しになる	입으시다

2 田中さんにお会いになったことがありますか。

尊敬語＋ことがありますか。
相手がある出来事を経験したことがあるかについて、ていねいにたずねる表現。

例) A：この本をお読みになったことがありますか。

B：子供のころ読んだことがあります。

3 山田さんに聞いたら、分かるかもしれません。

〜たら/ば　〜かもしれません。
仮定条件の「たら」や「ば」に推量を表す「かもしれない」を続けて、「その可能性がある」という意味を表す。

例) 急げば間に合うかもしれません。

単語
たんご

- □ 間に合う
  ま あ
  시간에 늦지 않다
- □ 文化村
  ぶんかむら
  문화마을
- □ カラフル
  다채롭다
- □ 近いうちに
  ちか
  조만간
- □ 気候
  きこう
  기후
- □ 存じる
  ぞん
  알다,「知る」,「思う」,「考える」,「覚える」の謙譲語 '알
  し   おも   かんが   おぼ   けんじょうご
  다', '생각하다', '생각하다', '기억하다'의 겸양어
- □ ご存知
  ぞんじ
  알고계시다,「知る」の尊敬語 '알다'의 존경어
  し   そんけいご
- □ 知見
  ちけん
  식견
- □ プライベート
  사적
- □ お口に合う
  くち あ
  입에 맞다
- □ 最寄りの駅
  もよ   えき
  가장 가까운 역
- □ 相槌を打つ
  あいづち う
  맞장구를 치다
- □ 施設
  しせつ
  시설
- □ 遊覧船
  ゆうらんせん
  유람선

会話
かいわ

初めて会った人と共通事項があると話が進みますよね。
はじ   あ   ひと きょうつうじこう   はなし すす

八野: キムさんは、韓国のどちらにお住まいですか。
はちの   かんこく   す

キム: プサンです。八野さんは、プサンにいらっしゃったことがありますか。
              はちの

八野: はい、プサンは2年前に一度旅行で行きました。
はちの   ねんまえ いちどりょこう い

キム： そうですか。プサンの甘川(カムチョン)文化村という所をご存知ですか。

韓国語でカムチョンムナマウルと言いますが。カラフルな建物が立ち並ぶ

観光地です。

八野： 甘川(カムチョン)文化村ですか。存じておりませんが、写真を見たら分かるか

もしれません。

キム： そうですか。今度写真をお見せしますよ。

八野： そうですね。また近いうちにお会いできることを楽しみにしています。

表現 Check

1 八野：キムさんは、韓国のどちらにお住まいですか。

＜初対面での質問＞

・プサンの気候はいかがですか。

・東京にはよくいらっしゃるんですか。

・日本は何回目ですか。

＜初対面でタブーな話題＞

−年齢、宗教、政治、収入、学歴、家庭問題、

2 キム：プサンの甘川(カムチョン)文化村という所をご存知ですか。

八野：甘川(カムチョン)文化村ですか。

存じておりませんが、写真を見たら分かるかもしれません。

＜「知っていますか？」の尊敬表現−「ご存知ですか。」＞

・田中さんが結婚されたのは、ご存知ですか？

・ 会場の場所は、ご存知ですか 。

<「知る」の謙譲表現−「存じる。」>

・ はい、存じています。/存じております。

・ いいえ、存じません。/存じておりません。

他にも「知りません。」の謙譲表現に「分かりかねます。」や「知見がございません。」などがある。

Tip　プライベートな質問

　　　・大学の専攻は、何でしたか。

　　　・日本食はお口に合いますか。

　　　・出身はどちらですか。

　　　・ご自宅はどちらですか。

　　　・最寄の駅はどちらですか。

3　キム：そうですか。今度写真をお見せしますよ。

　　八野：そうですね。

<相槌を打つ>

・ そうなんですか。

・ 本当ですか。

・ そうですよね。

・ それはすごいですね。

・ それは興味深いですね。

・ 確かに。

A：私は韓国人ですが、18歳まで日本で育ちました。

B：そうなんですか。

4 キム：また近いうちにお会いできることを楽しみにしています。

＜別れのあいさつ＞

・今日はとても楽しかったです。

・お話しできてうれしかったです。

練習

文型練習

1. 尊敬表現

   お＋動詞ます形＋になる

   お読みになります。

   ご＋する動詞の名詞部分＋になる

   ご出発になります。

   尊敬を表す特別な動詞

   ご覧になります。

2. 尊敬表現＋ことがありますか。

   遊覧船にお乗りになったことがありますか。

3. ～たら/ば　～かもしれません。

   早く行けば、座れるかもしれません。

   雨が降ったら、中止になるかもしれません。

練習問題

次の文章を尊敬表現に変えなさい。

この本を読んだことがありますか。

正解：この本をお読みになったことがありますか。

まとめ

初対面の人と楽しく会話が続けられる会話表現やマナーについて学びました。

Quiz ————————————————————————————

1 ビジネスシーンで相手に、あることについて知っているかどうか聞きたいです。

何と言ったらいいですか？

① ○○を知っていますか。

② ○○が分かりますか。

③ ○○をご存知ですか。

正解：③

2 ビジネスシーンで相手が言ったことについて知りません。何と答えたらいいですか？

① 知らないです。

② 分からないです。

③ 存じておりません。

正解：③

Clip 3

お礼メールを送る

<ruby>礼<rt>れい</rt></ruby> <ruby>送<rt>おく</rt></ruby>

はじめに

ビジネスのシーンにおいて、以前は手紙やファックスで行われていた通知や連絡について
も、最近ではEメールでやりとりされるケースが随分増えてきました。

ここでは、実際に使えるお礼メールの書き方と例文を学習します。

単語

☐	メール	메일
☐	株式会社	주식회사
☐	支店	지점
☐	平素	평소
☐	思いがけず	뜻밖의
☐	貴重	귀중
☐	ご意見	의견
☐	伺う	묻다
☐	ご指導	지도
☐	賜る	받다/내려주시다
☐	格別	각별
☐	ご高配	혜려(상대의 배려에 대한 높임말)

☐	一昨日 (いっさくじつ)	그저께
☐	ご馳走 (ちそう)	대접
☐	お心づかい (こころ)	배려
☐	ご体験談 (たいけんだん)	체험담
☐	至らぬ (いた)	미흡한
☐	ご教授頂く (きょうじゅいただ)	가르침을 받다
☐	活かす (い)	활용하다, 발휘하다
☐	存じる (ぞん)	알다
☐	略儀 (りゃくぎ)	간략하게

メール

次のメールは、キムさんが昨日、パーティ会場で出会った八野さん宛てに送ったお礼の内容です。

---

⑥ 福智物産株式会社 (ふくちぶっさんかぶしきがいしゃ)

東京支店 (とうきょうしてん)　営業部部長 (えいぎょうぶぶちょう)

八野友香様 (はちのともかさま)

① 平素 (へいそ) は大変 (たいへん) お世話 (せわ) になっております。

② 昨日 (きのう) は大変楽しい時間 (たいへんたのしいじかん) を頂戴 (ちょうだい) いたしまして、ありがとうございました。

③ 皆様 (みなさま) と共 (とも) に時間を過 (じかんをす) ごし、思 (おも) いがけず皆様 (みなさま) の貴重 (きちょう) なご意見 (いけん) を伺 (うかが) うことができましたことは、私 (わたし) にとって非常 (ひじょう) に勉強 (べんきょう) になりました。

④ どうか今後 (こんご) とも宜 (よろ) しくお願 (ねが) い申 (もう) し上げます。

⑤ まずは、お礼 (れい) を申 (もう) し上 (あ) げたくお便 (たよ) りいたしました。

ありがとうございました。

．．．．．．．．．．．．．．．．．．．．．．．．．．．．．．．．．．

⑦ 株式会社　コリアフード
キム・ポソン
tel.03-0000-0000
E-mail:**@**.**

．．．．．．．．．．．．．．．．．．．．．．．．．．．．．．．．．．

❀ 表現 Check ❀

覚えておくと役立つフレーズ

① 平素は大変お世話になっております。

＜書き出しのあいさつ＞

・平素は大変お世話になっております。

社外の人に接待を受けた場合、「平素は格別のご高配を賜り厚く御礼申し上げます。」と書く。

② 昨日は大変楽しい時間を頂戴いたしまして、ありがとうございました。

＜感謝の内容＞

・一昨日は大変ご馳走になり、ありがとうございました。

・一昨日は大変なお心づかいを頂き、本当にありがとうございました。

・昨日は深夜まで長時間にわたりご迷惑をおかけし、申し訳ございませんでした。

③ 皆様と共に時間を過ごし、思いがけず皆様の貴重なご意見を伺うことができましたことは、私にとって非常に勉強になりました。

＜自分の気持ちをていねいに伝える＞

ていねいな言葉づかいを心がけて、自分なりの言葉で書いてみましょう。

・ 皆様の貴重なお話を伺うこともでき、非常に勉強になりました。

・ 鈴木様のご体験談や、皆様の貴重なご意見を伺うことができ、非常に勉強になりました。

・ 私はまだまだ至らぬところばかりですが、ご教授頂いた点を少しでも活かしていきたいと存じます。

④ どうか今後とも宜しくお願い申し上げます。

＜最後のあいさつ＞

・ 今後とも何かとお世話になるかと存じますが、宜しくお願い申し上げます。

・ 今後ともご指導を賜りますよう宜しくお願いいたします。(社内の人)

⑤ まずは、お礼を申し上げたくお便りいたしました。ありがとうございました。

＜結びの言葉＞

・ まずは、お礼のみにて失礼いたします。ありがとうございました。

・ まずは、お礼のみで失礼いたしますが、後日ご挨拶にお伺いしたいと存じます。

・ 略儀ではございますが、まずはメールにてお礼申し上げます。

Tip：お礼のメールでは、「取り急ぎ」は使わず、「まずは」「略儀ながら」などに言い換える。

⑤ 本文の冒頭に宛先の名称を書く。
⑥ 署名(sign)の機能を活用し、文末には差出し人の連絡先やメールアドレスを明記する。

まとめ

　ここで紹介した文例は、比較的ていねいな表現です。相手との関係性によっては、もう少しくだけた文体にすることで、気持ちがより伝えられることもあるでしょう。

　場面や相手に合わせて自由にカスタマイズしながら、感謝の気持ちをきちんと伝えられるように工夫してみてください。

練習

　次のa, b, c, d, eの文章を正しい順番に並べてみましょう。

a 昨日は心のこもったおもてなし、誠にありがとうございました。

b 略儀ではございますが、まずはメールにてお礼申し上げます。

c 八野様と楽しいお話ができたこと、大変うれしく思います。

d 平素は大変お世話になっております。

e 今後とも、変わらぬお付き合いをどうぞよろしくお願いいたします。

福智物産株式会社

東京支店　営業部部長

八野友香様

(　　　　①　　　　)

(　　　　②　　　　)

(　　　　③　　　　)

(　　　　④　　　　)

(　　　　⑤　　　　)

....

株式会社　コリアフード

キム・ポソン

tel.03−0000−0000

E−mail:**@**.**

....

正解：

福智物産株式会社

東京支店　営業部部長

八野友香様

(① d 平素は大変お世話になっております。)

(② a 昨日は心のこもったおもてなし、誠にありがとうございました。)

(③ c 八野様と楽しいお話ができたこと、大変うれしく思います。)

(④ e 今後とも、変わらぬお付き合いをどうぞよろしくお願いいたします。)

(⑤ b 略儀ではございますが、まずはメールにてお礼申し上げます。)

....

株式会社　コリアフード

キム・ポソン

tel.03−0000−0000

E−mail:**@**.**

....

食事に誘う
しょくじ さそ

Clip 1

好^すきな料理^{りょうり}

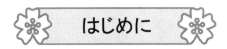

はじめに

学習内容^{がくしゅうないよう}：相手^{あいて}の好^すきな料理^{りょうり}を聞^きいて、食事^{しょくじ}に誘^{さそ}う。

学習目標^{がくしゅうもくひょう}：天気^{てんき}の話題^{わだい}から食事^{しょくじ}の話^{はなし}に広^{ひろ}げる。

Quiz ───────────────────────────

あなたがよく行^いく焼肉^{やきにく}のお店^{みせ}に初対面^{しょたいめん}に近^{ちか}い人^{ひと}を誘^{さそ}ってみましょう。

何^{なん}と言^いって誘^{さそ}いますか。

───────────────────────────────────

文型^{ぶんけい}

1 あそこのお店^{みせ}は、安^{やす}いのに結構^{けっこう}おいしいんですよ。

結構^{けっこう}〜

「完全^{かんぜん}ではないが、それなりに十分^{じゅうぶん}である」、「予想^{よそう}より程度^{ていど}が高^{たか}い(＝かなり)」という意味^{いみ}。

例^{れい}) 結構^{けっこう}おもしろい。

2 疲^{つか}れすぎて、仕事^{しごと}どころではない。

〜どころではない

「〜する状況^{じょうきょう}・場合^{ばあい}ではない」という意味^{いみ}。

例) 残業が多くて、酒どころではない。

3 9月なのに真夏の暑さだ。

〜のに

相反する事柄を繋げて意外感を表すときに使われる。因果関係が成立しない＜逆原因＞の用法。

例) 休日なのに出勤するんですか。

□ 逆戻り	되돌아가다
□ そう言えば	그러고 보니
□ 芯	심, 속
□ 本場	본고장

(エレベーターの中で)

キム： 今日はすごい雨ですね。朝から結構冷えますね。これじゃあ、お花見どころ
じゃありませんね。

八野： そうですね。先週は暖かかったのに、また冬に逆戻りした感じです。

キム： 体が冷えると、温かいものが食べたくなりますよね。鍋とか。
そうい言えば週末、友達を呼んで鍋にするんですけど、まだ何鍋にしようか

迷ってるんですよね。八野さんは何鍋が好きですか。

八野　鍋ですか、いいですね。私は、キムチ鍋をよく家で作って食べますよ。簡単だし、体の芯まで温まるし。

キム：キムチ鍋、美味しいですよね。美味しいキムチ鍋が食べられるお店を知っているんですけど、今度、一緒に食べに行きませんか。本場のキムチ鍋が食べられますよ。

❀ **表現 Check** ❀

会話に出てきた表現をチェックしていきましょう。

1　八野：また冬に逆戻りした感じです。

<～感じ>

「印象や感想など、物事に接して感じた気持ち」、「その物事に特有の雰囲気」を意味する。

① 夢を見ているような感じです。

② やわらかくて、いい感じです。

2　キム：そういえば週末、友達を呼んで鍋にするんですけど、まだ何鍋にしようか迷ってるんですよね。　八野さんは何鍋が好きですか。

<何鍋>

「何のお鍋」「どんなお鍋」の意味。
色々な種類があるときに、相手にたずねる表現。

・何鍋（なんなべ）：もつ鍋、ちゃんこ鍋（なべ）、おでん、寄（よ）せ鍋（なべ）、ふぐ鍋（なべ）、　すき焼（や）き、しゃぶしゃぶ、豆乳鍋（とうにゅうなべ）、エスニック鍋（なべ）、、の中で何（なん）の鍋（なべ）がいいか聞（き）く表現（ひょうげん）。

・何丼（なにどん）：牛丼（ぎゅうどん）、親子丼（おやこどん）、キムチ丼（どん）、豚丼（ぶたどん）、、

・何そば（なに）：かけそば、ざるそば、にしんそば、えび天（てん）そば、天（てん）ぷらそば、、、

① 何丼（なにどん）にしますか。

② 何（なに）そばがいい？

---

3 キム：美味（おい）しいキムチ鍋（なべ）が食（た）べられるお店（みせ）を知（し）っているんですけど、今度（こんど）、一緒（いっしょ）に食（た）べに行（い）きませんか。

<食事（しょくじ）に誘（さそ）う表現（ひょうげん）>

・ 美味（おい）しい○○が食（た）べられるお店（みせ）を知（し）っているんですけど、今度一緒（こんどいっしょ）に食（た）べに行（い）きませんか。

・ 駅前（えきまえ）に美味（おい）しいパスタのお店（みせ）見（み）つけたんですよ。お昼（ひる）に食（た）べに行（い）きませんか。

・ (夜（よる）ご飯（はん）/お昼（ひる）ご飯（はん）)はどうしますか？

親（した）しい仲（なか）

・ (残業（ざんぎょう）の後（あと）)この後（あと）、ごはんでも行（い）く？

・ 今日一緒（きょういっしょ）にお昼食（ひるた）べる？

---

4 キム：本場（ほんば）のキムチ鍋（なべ）が食（た）べられますよ。

<本場（ほんば）>

ある物事（ものごと）が本式（ほんしき）に行（おこな）われる場所（ばしょ）。

・ 本場仕込（ほんばじこ）み

・ 本場（ほんば）のイタリア料理（りょうり）

練習

文型練習

1 結構〜

この曲は結構前に流行った。

2 〜どころではない

忙しすぎて、恋愛どころではない。

3 〜のに

聞いたのに忘れてしまいました。

練習問題

次の(　)に入るaからfを正しい順番に並べて、文章を完成させなさい。

(　　　　　　　　　　　　　　　　)、朝からずっと雨が降っています。

a 言った　　b 晴れる　　c は　　d 天気予報　　e と　　f のに

正解：d 天気予報　c は　b 晴れる　e と　a 言った　f のに

まとめ

Quiz ─────────────────────────────

あなたがよく行く焼肉のお店に初対面に近い人を誘ってみましょう。
何と言って誘いますか。

A ： 美味しい焼肉が食べられるお店を知っているんですけど、今度一緒に食べに行きませんか。

B ： いいですね。行きましょう。

Clip 2

お昼ご飯の話題

はじめに

学習内容：お昼ご飯の話題

学習目標：友達同士のくだけた言い方を学ぶ。

Quiz ───────────────────────────────

友達に「お昼はいつもどうしているの？」と聞かれたら、何と答えますか。

───────────────────────────────

文型

---

1 将来について考えざるを得ない。

〜ざるを得ない

そうするよりほかに選択肢がないことを表す。「そうしないわけにはいかない」という意味。

	ない形			〜ざるを得ない		
Ⅰ	行	か	ない	行	か た ら	ざるを得ない
	待	た	ない	待		ざるを得ない
	帰	ら	ない	帰		ざるを得ない
Ⅱ	見		ない	見		ざるを得ない
	食べ		ない	食べ		ざるを得ない

＊「来る」→「来ざるを得ない」

＊「する」→「せざるを得ない」

例）仕事だからやらざるを得ない。

2 眠くてたまらない。

～てたまらない

感情や欲求を我慢できない。

例) 新しい車が欲しくてたまらない。

3 若いだけに無理がきく。

～だけに

前の事柄の当然のなりゆきとして後の状況が出てくるということを表す。「～だから、なおさら～」「～だから、それにふさわしく～」という意味。

例) 普段、忙しいだけに休日は子供といるようにしている。

単語

| □ 済ませる | 해결하다, 끝내다 |
| □ 繁忙期 | 성수기 |

会話

友達同士でお昼ご飯について話しています。

佐藤： お昼はいつもどうしているの？

八野： うーん。最近は忙しいから、パンとかサラダを買って来て済ませちゃうことが多いかな。

佐藤： 忙しい時期はそうならざるを得ないよね。

八野： 本当は、外に出たくてたまらないんだけどね。

佐藤： そうなんだ。繁忙期だけに、余裕がないよね。いつもは、どんな所に食事に行くの？

八野： パスタのお店によく行くかな。

佐藤： そっか！美味しいイタリアンがあるんだけど、次のお休みに食べに行かない？

八野： いいね。でもいつ休みが取れるかどうか。

佐藤： じゃあ、仕事が落ち着いたら連絡ちょうだい。

表現 Check

会話に出てきた表現をチェックしていきましょう。

---

1 八野：うーん。最近は忙しいから、パンとかサラダを買って来て済ませちゃう感じ。

＜済ませる＞

終了、解決の意味。「済ます」と同じ。

・食事を急いで済ませる。

・用事を済ませてから、仕事に行くつもりです。

・支払いはもう済ませました。

＜〜ちゃう＞

＊親しい仲で使われる

「〜てしまう」のくだけた言い方。

・こんな使い方していたら、お金がなくなっちゃう。

・もう食べ終わっちゃった。

「〜でしまう」の場合は「じゃう」となる。

・読んでしまう。→読んじゃう。

・遊んでしまう。→遊んじゃう。

2 八野：パスタのお店によく行くかな。

＜〜かな。＞

＊親しい仲で使われる

自分自身に問いかけるときに使われる。

・休みの日はだいたい家にいるかな。

・いつもは家で食べるかな。

他にも、

1) 自分自身の意志を確認するときに使われる。

・テレビでも見ようかな。

・そろそろ寝ようかな。

2) 疑問の意を表すときに使われる。

・やっぱりやめた方がいいかな。

・今日は寒いかなと思って、コート着てきた。

・お土産にいいかなと思って、買ってきた。

3 八野：でもいつ休みが取れるかどうか。

<～かどうか(分からない)>

「いつ休みが取れるかどうか分からない。」の「分からない」を省略した形。

A：この案件、君に任せるよ。
B：私にできるかどうか…。

4 佐藤：仕事が落ち着いたら連絡ちょうだい。

<ちょうだい>

＊親しい仲で使われる

「ください」のくだけた言い方。

「連絡ちょうだい」は、「連絡ください」のくだけた言い方。

・これ、ちょうだい。

・後で電話ちょうだい。

・がんばってちょうだい。

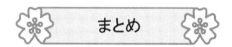

練習

文型練習

1 ～ざるを得ない

学校の行事だから参加せざるを得ない。

2 ～てたまらない

ラーメンが食べたくてたまらない。

3 ～だけに

彼女は現職の医者だけに病気について詳しい。

練習問題

次のaからdを正しい順番に並べて、文章を完成させなさい。

(　　)(　　)(　　)(　　)、今回のけがはショックだった。

a 好きな　　b に　　c 運動が　　d だけ

<正解> 運動が好きなだけに

まとめ

Quiz

友達に「お昼はいつもどうしているの？」と聞かれたら、何と答えますか。

A: お昼はいつもどうしているの？

例1) B: いつも会社の食堂で食べてるよ。

例2) B: コンビニでなんか買ってきて済ませちゃってる。

Clip 3

SMSで食事に誘う

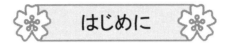

はじめに

学習内容：SMSで友達を食事に誘う。
学習目標：簡潔な文章を書く。

単語

| ☐ | カフェ | 카페 |
| ☐ | オープン | 오픈(개점) |

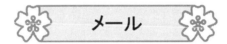

メール

SMSで友達を食事に誘う

元気？会社の前に新しいカフェがオープンしたみたいだから、今週の木曜か金曜、一緒にランチしに行こうよ！

表現 Check

＜SMSの定番あいさつ言葉＞

・こんにちは。

・おはよう。

・こんばんは。

・ハロー

・○○さん

＜本文は相手が返答しやすいように書く＞

・いつ、どこで、何をするのか。

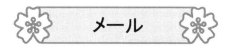

友達とSMSでやりとりする

八野： この間の休みは、何してたの？

田中： 友達と久しぶりに飲んでたよ。

八野： へーお酒好きなんだね。普段どの辺で飲んでるの？

田中： 最近は渋谷が多いかな。

八野： そうなんだ。渋谷だったら、○○っていうお店が最近できたよね。
行ったことある？

田中： あ、知ってる。あそこのお店、今人気だよね。行ったことないけど。

八野： じゃあ、今度一緒に行かない？

1 この間の休みは、何してたの？

例) この間の休みは、どこか出かけたの？

2 普段どの辺で飲んでるの？

例) いつもどの辺で買い物するの？

3 渋谷だったら、○○っていうお店が最近できたよね。行ったことある？

例) ○○だったら、△△が有名だよね。行ったことある？

✿✿ **まとめ** ✿✿

友達同士ではSMSを使ったやり取りが多くなりましたね。簡潔な文章で上手に誘ってみましょう。

✿✿ **練習** ✿✿

あなただったら何と返信しますか。自由に考えてみましょう。

＜返答例＞

・元気だよ。いいね。行こう！じゃあ、金曜日、空けとくね。

・わかった。木曜でも金曜でもどっちでもいいよ。

・あ、オープンしたんだ。今週はちょっと時間がないかも。来週はどう？

旅行について話す

Clip 1

共通点を探す

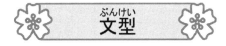
はじめに

　旅行は同じ場所でも宿泊先や、食事、観光地などが違うので、話を聞くたびに新しい発見があります。また、旅行の話題は誰とでも共有できるので、特に初対面に近い人とは旅行の話題を切り口にコミュニケーションをとることができます。

学習内容：旅行の話題を共有する。

学習目標：旅行の話題でコミュニケーションをとってみよう。

Quiz

　相手に何と言って旅行の話題をもちかけますか。

文型

1　散歩がてら買い物をしてきました。

がてら[N1]

ある事柄をするときに、それを機会に他の事柄をもするという意味。（＝かねて）

例) 出張がてら京都を観光してきました。

2 気温が下がった**といっても**零下ではありません。

といっても[N2]

「〜というけれども、実際は〜」という意味。前述から考えられるものと実際が違うときに用いられる。

例) 日本語ができる**といっても**、あいさつ程度です。

3 この時計はスイスで買いました。**ちなみに**15万円でした。

ちなみに[N2]

前で述べたことに関連のあることを言い添えるときに使う。(＝また、尚)

例) **ちなみに**この話は実話です。

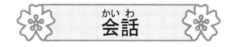

単語

□ エジプト　　　　　　　이집트
□ 地中海　　　　　　　　지중해

会話

キム：　お休みの日は何をされているんですか？

八野：　うーん。買い物がてら散歩したり。たまに子供と遊びに出かけたりします。と
　　　　いっても家の近くですけど。

キム：　そうですか。長く休みをとって、旅行に行かれたりもされますか？
　　　　ちなみに私は去年、エジプトに2週間行ってきました。

八野： へ〜、いいですね。私もたまに海外行きますよ。

キム： 今まで行った場所で、どこが良かったですか。

八野： 去年行ったスペインが良かったです。

キム： スペインですか。スペインでは何をされたんですか？

八野： 夏に家族と行ったんですけど、地中海で泳いだり、スペイン料理もおいしくて、みんな喜んでいました。また行きたいですね。

表現 Check

会話に出てきた表現をチェックしていきましょう。

1 キム：長く休みをとって、旅行に行かれたりもされますか？

<旅行について聞く>

・最近は、どこかに行きましたか。

・一番思い出に残っている旅行先はどちらですか？

2 キム：ちなみに私は去年、エジプトに2週間行ってきました。

自分の話をする。

「○○さんはいかがですか？」と繋げてみる。

3 キム：スペインでは何をされたんですか？

旅行の話を相手がしたら、旅行先でのことについて色々聞いて話を広げてみよう。

< 旅行の話を聞く>

・どこを観て周られたんですか？

・現地でどんなお話を聞かれたんですか？

・お食事はいかがでしたか？

練習

文型練習

1 がてら

　運動がてら歩いて出勤しています。

2 といっても

　運動を始めたといっても１日１０分だけです。

3 ちなみに

　　祖母がゴルフ大会で優勝しました。ちなみに祖母は８０歳です。

練習問題

（　）の中に入る言葉を正しい順番に並べて、会話文を完成させなさい。

A：ちょっとやせましたね。

B：最近、運動をしているので。でも、（　　　）。

a ２キロぐらい　　b やせた　　c です　　d といっても

正解：b, d, a, c　（やせたといっても２キロぐらいです。）

Quiz

何と言って旅行の話題をもちかけますか。

例1： A：・最近は、どこか旅行に行きましたか。

・最近は、どこか旅行に行かれましたか。

B： 去年の夏、ハワイに行ってきました。

例2： A：・今年の夏は、どこか遊びに行くんですか。

・今年の夏は、どこか遊びに行かれるんですか。

B： 友達と沖縄に行こうかと思っています。

Clip 2

旅行先で楽しかった体験について話す

はじめに

相手と良いコミュニケーションをとるためには、楽しい話題で会話をすることが大切です。
楽しかった体験についての話題は相手が喜びます。楽しい体験といえば、やはり旅行の
思い出が一番だという人が多いです。

学習内容：旅行先で楽しかった体験について話す。

学習目標：天気の話をきっかけにして旅行の話に上手に話を広げ、自然なコミュニケー
　　　　　ションを取る。

Quiz

天気の話をきっかけにして旅行の話に話題を広げてみましょう。

外は雪が積もっています。あなたは相手に何と話しかけますか。

自分の旅行の体験を話してみましょう。

文型

1　毎日こう忙しくてはかなわない。

てはかなわない[N2]

現在起きている不満をいう時に使われる。

第4과 旅行について話す　77

会話表現：ては→ちゃ、では→じゃ

例) 勉強しに来たのに、こんなにうるさくてはかなわない。

例) 勉強しに来たのに、こんなにうるさくちゃかなわない。

2 何事かと思ったら、ただの停電だった。

かと思ったら[N2]

既に発生したことについて、意外な発見や驚き、呆れなどを客観的に述べる用法。

例)静かなので勉強しているのかと思ったら、寝ていた。

3 最後のコンサートとあって、会場には大勢のファンが押しかけた。

とあって[N1]

既に起こったことについて、当然起きたことを後述する用法。「〜だったので、当然〜」という意味。

例) 久しぶりの再会とあって、時間が過ぎるのも忘れて語り合った。

単語

	ホノルル	호놀룰루
	ビーチ	해변
	アクティビティ	액티비티
	充実している	충실하다/알차다
	ダイビング	다이빙

キム：　毎日こう暑くちゃかなわないですね。まだホノルルに行った時の方がよかった

ですよ。

八野：　へ〜、何度ぐらいだったんですか。

キム：　暑いといっても最高で３１度くらいだったかな。

八野：　へ〜、ホノルルってもっと暑いのかと思ったら、結構過ごしやすい気候なんで

すね。

キム：　リゾート地とあって、ビーチの美しさに加えて、自然を満喫できるアクティビ

ティも充実していて、今まで行った旅行では、最高の場所でした。

八野：　そうですか。行ってみたいな。ダイビングなら去年、沖縄の海で初めてやって

みました。沖縄の大自然には本当に感動しました。

表現 Check
（ひょうげん）

会話に出てきた表現をチェックしていきましょう。

1　毎日こう暑くてはかなわないですね。まだホノルルに行った時の方がよかったですよ。

天気の話から、旅行先での気候の話に広げる。

・最近、寒い日が続きますね。冬の北海道を思い出します。

・雨が続いてじめじめしますね。バリ島でも毎日雨でしたけど、さっぱりしてましたよ。

・雨が上がって空気が澄んでいますね。ニュージーランドは毎日こんな感じで空気が新鮮

でした。

2 リゾート地とあって、ビーチの美しさに加えて、自然を満喫できるアクティビティも充実していて、今まで行った旅行では、最高の場所でした。

<名詞＋に加えて〜>

さらに付け加わるという意味。

例) これまでの仕事に加えて、翻訳の仕事も引き受けてしまいました。

例) 育児に加えて、親の介護もしている人が近年増えてきました。

<充実している>

「物事が豊富である」、「必要なものが十分に備わっている」という意味。

例) 小さなホテルですが、設備は充実しています。

例) サービスが充実しています。

練習

文型練習

1 てはかなわない

　こう仕事が多くてはかなわない。

2 かと思ったら

　今日はくもりかと思ったら、晴れてきましたね。

3 とあって

　夏休みとあって、どこも家族連れでいっぱいでした。

練習問題

( )の中に適当な言葉を入れて、会話文を完成させなさい。

A：わあ、あそこのお店、すごい行列ですね。

B：あそこは、リーズナブルに美味しい料理やドリンクが楽しめる(　　　)人気なんですよ。

正解：とあって

まとめ

天気の話でも、そのあとの話の展開の仕方によっては会話が進みます。

天気の話をきっかけにして上手に話を広げていくと、自然なコミュニケーションを取れるようになります。

Quiz —————————————————————————————————

天気の話をきっかけにして旅行の話に話題を広げてみましょう。

例)・久しぶりに雪が積もりましたね。札幌は、この3倍は積もっていましたよ。

　　・わあ、真っ白ですね。フィンランドに行ったときのことを思い出します。

Clip 3
久しぶりの相手にメールを送る

はじめに

学習内容：久しぶりの相手に会いに行くメールを送る。

学習目標：ビジネスメールではなく、親しいけれども、お世話になった方へ、日常の言葉で、ていねいな印象を与えるメールの書き方について学ぶ。

単語

☐ 春風	봄바람
☐ 長らく	오랫동안
☐ くれぐれも	부디

メール

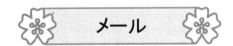

みかこさんへ

① 春風の気持ちのよい季節になりました。

② 長らくご無沙汰しておりますが、皆さまお変わりございませんか。

③ さて、今年も例年通り5月に長期休暇が取れましたので、

　そちらに遊びに行く計画を家族と立てているところです。

詳しい日程が決まり次第、また連絡いたします。

みかこさんとの再会を家族一同、楽しみにしております。

④ くれぐれも無理をせずにお身体には充分お気をつけてお過ごしください。

ちひろより

<メールの流れ>

① 時候のあいさつ

② 近況を伺う

③ 本文

④ 結び

① 春風の気持ちのよい季節になりました。

<時候のあいさつ>

春

・1日1日と暖かくなってきましたね。

・新緑が目に鮮やかな季節になりました。

梅雨

・梅雨に入り、うっとうしい毎日が続いています。

・すっきりしないお天気が続いていますね。

夏

・暑中お見舞い申し上げます。

・残暑お見舞い申し上げます

秋

・日中は暑いですが、朝晩は、ようやくしのぎやすくなってきましたね。

・いよいよ秋も深まって参りました。

冬

・最近、めっきり寒くなりましたね。

・木枯らしが身にしみる季節となりました。

② 長らくご無沙汰しておりますが、皆さまお変わりございませんか。

＜近況を伺う＞

・長らくご無沙汰しております。

・久しくご無沙汰しております。

・大変ご無沙汰しております。(長らく連絡がとれずに申し訳ないという気持が伝わる)

・すっかりご無沙汰いたしまして申し訳ありません。

・大変ご無沙汰しておりますが、お変わりございませんでしょうか。

＜久しぶりに連絡を取るときの表現＞

・お久しぶりです。

・お変わりありませんか。

・ご家族のみなさんも元気ですか？

・お変わりなくお過ごしのことと思います。

Tip：

「お変わりありませんか」のより丁寧な例文

・お変わりございませんでしょうか。

・お変わりございませんか。

・いかがお過ごしでしょうか。

・お変わりなくお過ごしでいらっしゃいますか。

次の時候の挨拶の季節は何ですか。

① 連日厳しい暑さが続いています。

② こちらでは、紅葉が見られるようになりました。

③ 桜の花のたよりが聞かれる頃になりました。

④ 街は、クリスマス一色となりました。

正解：
① 夏　② 秋　③ 春　④ 冬

まとめ

　手紙やはがき、メールでは、冒頭に「時候の挨拶」という、季節をあらわす言葉を用います。

　「時候の挨拶」は、ある程度決まったフレーズや言葉です。ここでは、ビジネスでもプライベートでもすぐに使える時候の挨拶の言い回しの例と手紙の書き方について学びました。

第5課

体調について話す

Clip 1
具合が悪そうな同僚を気づかう

はじめに

学習内容：具合が悪そうな同僚を気づかう表現を使った会話。

学習目標：相手を気づかう思いやりのある言葉を学ぶ。

Quiz

具合が悪そうな相手に何と声をかけますか。

文型

1 ちょっと風邪っぽい。

っぽい[N2]

「その感じがする」、「その傾向がある」という意味。

例) 飽きっぽい。

2 仕事が終わってからでないと帰れない。

からでないと[N2]

「〜した後でなければ〜できない」という意味。

例) 親に相談してからでないと決められない。

3 田中さんの代わりに私が会議に出ます。

代わりに[N2]
人の代理や、物事の代理として、という意味。

例) 田中さんがいないので、代わりに出てくれませんか。

単語

□ 飽きる	싫증나다
□ 熱っぽい	열이 있는 듯하다

会話

八野： 具合、悪そうだけど大丈夫？

田中： それがちょっと熱っぽいんだ。

八野： 帰って休んだ方がいいんじゃない？

田中： いや、この仕事、終わらせてからじゃないと。

八野： 代わりに私がやっとくよ。

田中： え、本当に。ありがとう。じゃあ、お願いしようかな。

八野： いつもがんばってるし、ゆっくり休んで元気になってね。

表現 Check

会話に出てきた表現をチェックしていきましょう。

1 八野：具合、悪そうだけど大丈夫？

＜具合が悪そうな相手にかける言葉＞

・大丈夫？具合悪そうだけど。

・体調、悪そうだけど大丈夫？

・顔色、悪いけど。平気？

・顔色悪いですよ。大丈夫ですか？

2 八野：帰って休んだ方がいいんじゃない？

＜具合が悪そうな相手を気遣う言葉＞

・病院に行って見た方がいいんじゃない？

・無理しない方がいいよ。

3 相手を気づかう言葉

― 頼み事をするときに添える言葉

・いつもありがとうございます。

・お手数おかけしますが。

「お手数おかけします」とは、「面倒なことを負担させてしまい、すみません。」という意味。

例) お手数おかけしますが、どうぞよろしくお願いいたします。

例) 先日は、お手数をおかけいたしまして誠に申し訳ございませんでした。

― 職場などで声をかけたいとき「すみません。」より相手を考えた一言を添える

　・今お時間いただいてもよろしいでしょうか。

　・お忙しいところ恐れ入ります。

　・お忙しいところ恐縮ですが。

「お忙しいところ恐れ入ります。」とは、「忙しいなか、申し訳ありません。」という意味。

　例) お忙しいところ恐れ入りますが、ご検討のほどよろしくお願いいたします。

　例)【電話で】お忙しいところ恐れ入ります。○○会社の△△と申します。

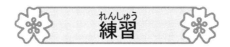

文型練習

1 っぽい

　最近、忘れっぽくて困る。

2 からでないと

　先生に言ってからでないと、校舎の外には出られません。

3 代わりに

　ご飯の代わりにパンを食べました。

練習問題

次の(　)に共通して入る言葉は何ですか。

A：ごめん。この書類、(　　　　　)出してきてくれない？

B：いいよ。その(　　　　　)今日のお昼はおごってね。

正解：代わりに

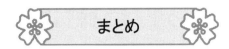

まとめ

相手（あいて）を気（き）づかう思（おも）いやりのある言葉（ことば）について学（まな）びました。

Quiz

具合（ぐあい）悪（わる）そうな相手（あいて）に何（なん）と声（こえ）をかけますか。

A：体調（たいちょう）悪（わる）そうだけど、大丈夫（だいじょうぶ）？

B：なんかちょっと風邪っぽい。

A：顔色（かおいろ）、悪（わる）いけど。平気（へいき）？

B：朝（あさ）から調子（ちょうし）悪（わる）いんだ。

Clip 2
風邪から復帰した同僚との会話

はじめに

学習内容：風邪から復帰した同僚との会話

学習目標：体調を気づかう表現を学ぶ。

風邪をひいていた友達に体の調子について聞いてみましょう。何と聞きますか。

文型

1 写真で見た**とおり**、素晴らしい景色でした。

とおり[N2]

「～と同じように」という意味。

動詞＋とおり

名詞＋のとおり、名詞＋どおり

例) 日程は以下の**とおり**です。

予想**どおり**、彼は遅れてきた。

2 最近、太り気味です。

気味[N2]

そのような様子や傾向があるという意味。

例) ちょっと遅れ気味なのでペースを上げます。

3 プロとはいえ、失敗することもあります。

とはいえ[N1]

「そうは言っても」「～ではあるが」という意味。(＝とはいうものの)

例) 偶然だったとはいえ、彼との出会いは私の人生を変えました。

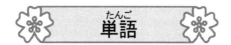

単語

□ このとおり	이와 같이
□ すっかり	완전히
□ 風邪気味	감기 기운이 있다

会話

八野：　具合はどう？　無理しないでね。

田中：　このとおり、すっかり元気になったよ。

八野：　よかった。今日は私がちょっと風邪気味で。

田中：　そうなの？　春とはいえ、まだ寒いからね。無理しないで休んだら？

八野: うん、そうする。

田中: 私にできることがあったら言ってね。

八野: うん、ありがとう。

表現 Check

会話に出てきた表現をチェックしていきましょう。

1 具合はどう？

<体調を気づかう表現>

・風邪の具合はどう？

・調子はどう？

・風邪、良くなった？

<体調を気づかうていねいな表現>

・体の調子は、いかがですか。

・体の具合は、どうですか。

・風邪は良くなりましたか。

・お母さまの具合はどうですか。

2 無理しないでね。

<「無理する」を使った表現>

・無理しないで下さいね。

・ご無理なさらないで下さいね。

3 相手の体調不良に対して気づかう言葉

＜お大事に＞

・お大事に。

・お大事になさってください。

・×お大事にして下さい。

Tip：

「お大事に」するのは相手であるので、「お大事になさってください。」というのが正しい表現。

＜体に気をつけて＞

・お体にお気をつけてお過ごしください。

・お体にお気をつけください。

・×お体にお気をつけてください。

Tip：

「気をつけてください」を「お〜ください」の敬語表現にするときは、「(気を)つける」を〝ます形〟にして、「お＋気をつけ＋ください」となる。

　一方、「お体にお気をつけてお過ごしください」の場合は、「気をつける」と「過ごす」を「て」で並列的に繋げた敬語表現である。つまり、「体に気をつけて」の敬語表現「お体にお気をつけて」と、「過ごしてください」の敬語表現「お＋過ごし＋ください」を繋げた形である。

文型練習

とおり

希望どおり進学しました。

下記のとおりです。

気味

ここ数年、貧血気味です。

とはいえ

健康のためとはいえ、朝4時から走るのはやりすぎだと思う。

練習問題

次の(　　　)に入る言葉を1～4の中から一つ選びなさい。

(　　　　　　　　)とはいえ、これほどまでに問題が大きくなるとは思わなかった。

1 予想だ

2 予想である

3 予想していた

4 予想していたの

正解 3

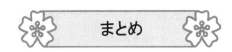

まとめ

相手の体調を気づかう表現について学びました。

Quiz
───────────────────────────────────

風邪をひいていた友達に体の調子について聞いてみましょう。何と聞きますか。

・風邪の具合はどう？

・調子はどう？

・風邪、良くなった？

───────────────────────────────────

Clip 3

休んでいる相手に「お大事に!」とSMSを送る

はじめに

学習内容：親しい同僚に「お大事に！」とSMSを送る。

学習目標：思いやりのある言葉、相手を気づかう言葉を学ぶ

単語

□ 体調を崩す	몸 상태가 나빠지다, 몸이 아프다
□ 病み上がり	앓고 난 후
□ ぶり返す	다시 악화되다

メール

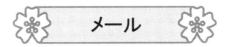

風邪はどう？

栄養のあるものを食べて、ゆっくり休んでね。

一日も早い回復を祈っています。

くれぐれもお大事に。

表現 Check

1 一日も早い回復を祈っています。

・一日も早いご回復をお祈りしております。

・一日も早い復帰をお待ちしております。

・早いご回復を願っております。

2 くれぐれもお大事に。

体調が悪くない人には「ご自愛ください。」を使う。

相手の体調を気づかう時に使うていねいな言葉。

・ご自愛ください。

・くれぐれもご自愛くださいませ。

・×お体ご自愛ください。

Tip:

「ご自愛ください。」とは、「ご自身の体を大切にしてください。」という意味。目上の人だけでなく、老若男女すべての人に使ってよい。

「ご自愛」には「自分の体」という意味が含まれているので、「×お体ご自愛ください。」は重複した間違った表現。

<「ご自愛ください。」が使えないケース>

・相手が風邪や病気で入院しているとき　　　　　　　　×ご自愛ください。

・相手がすでに体調を崩しているとき　　　　　　　　　×ご自愛ください。

・健康や体調を気づかう言葉として使うとき　　　　　　○ご自愛ください。

・季節の変わり目のあいさつ言葉として使うとき　　　　○ご自愛ください。

3 健康や体調を気づかう言葉

・今日はとても寒いですが、体調崩されてはいませんか。

・今夜は冷えますね。体調崩さないようにしてくださいね。

・寒くなりましたので体調などお気をつけください。

・寒くなってきましたので、なお一層ご自愛ください。

・風邪が流行っております。くれぐれもお体にお気をつけくださいませ。

4 季節の変わり目に相手の健康を気づかう言葉

・季節柄、ご自愛くださいませ。

・季節の変わり目、お風邪など召されないようにお気をつけください。

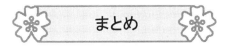

日本語には思いやりのある優しいていねいな言葉がたくさんあります。会話もそうですが、手紙やメールでの文章も思いやりのある優しい言葉で伝えられるように気をつけてみましょう。

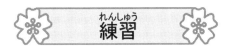

あなただったら何と返信しますか。自由に考えてみましょう。

返信例 1

メールありがとう。熱は下がったけど、

まだ病み上がりでふらふらしてる。

休んでいる間、手伝ってくれて助かったよ。

返信例 2

ずいぶん良くなったよ。気にしてくれてありがとう。

ぶり返すといけないから、しばらくのんびりするよ。

제6과

趣味について話す

Clip 1

相手の趣味を聞く

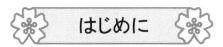

はじめに

学習内容：相手のことを理解したり、自分のことを話す時に、趣味の話題は欠かせません。
趣味の話題をどうやって切り出せばいいのか、そして話をどうやって広げれば
良いのかについて、色々なフレーズを学びます。

学習目標：自分から話しかけて会話の広げ方を身につけよう。

Quiz ──────────────────────────────────

相手の人が、どんなことが好きで、何に興味があるか知りたいです。あなたは、
何と質問しますか。

──────────────────────────────────

文型

1 日本のアニメをきっかけに、日本語を学び始める学習者が多い。

～をきっかけに [N2]
「～が契機・動機となって」という意味。

名詞＋をきっかけに
動詞の普通形＋のをきっかけに

例) 子供が生まれたのをきっかけに、たばこを辞めた。

2 コーヒーを飲んだせいで、夜眠れなかった。

〜せいで [N3]

「〜ので」、「〜ために」という意味。良くない事態が後ろに続く。

動詞の普通形＋せいで

い形容詞＋せいで

な形容詞＋なせいで

名詞＋のせいで

例) 雨のせいで、イベントが中止になった。

3 修学旅行が国内ならまだしも、海外となると少し心配だ。

AならまだしもB [N2]

「Aだったらまだ理解できるけど(大丈夫だけど)、Bはできない」という意味。(＝AはまだしもB)

例) 10分ならまだしも1時間は待てない。

単語

☐ ヨガ	요가
☐ 体が柔らかい	몸이 유연하다 ⇔ 体が硬い 몸이 뻣뻣하다
☐ ストレッチ	스트레칭
☐ 初心者	초심자, 초급자
☐ 〜向け	〜용/〜대상

田中： 仕事ない日とか、休みの日は何してるの。

八野： うーん。この前のお休みの日は、家でヨガしてた。

田中： へー、すごい。ヨガはやったことないな。八野さんは、よくやるの。

八野： 時間があるときは、家でよくやってるよ。

田中： ヨガは、いつから始めたの。

八野： 3年前にダイエットをきっかけに始めたんだけど、楽しくてずっと続けてるの。

田中： そうなんだ。私も何か運動しなきゃ。最近、体重が増えたせいで、服が入ら

なくて。

八野： そうなの。田中さんもヨガやってみたら。

田中： え、ヨガって体が柔らかくないとできないでしょ。

私、体が硬いから、ストレッチならまだしもヨガは無理だと思う。

八野： 最初はみんな同じだよ。初心者向けの動画があるから、送ろうか。

田中： そうなの。じゃ、お願い。

表現 Check

会話に出てきた表現をチェックしていきましょう。

1 田中：仕事ない日とか、休みの日は何してるの。

話題を切り出して、相手が趣味を教えてくれたら、そこから話題を広げる質問をする。

＜休日の過ごし方＞

・家族、友人と過ごす

・趣味の時間をもつ

・休日出勤

<相手の趣味を聞く>

・仕事のない日は何してるんですか？

・休みの日は何してるんですか。

・仕事の後は、いつも何してるんですか。

・お休みの日は何をされているんですか。【ていねいな聞き方】

・この間の休みは、何してたの？【友達に聞くとき】

2 八野 ：うーん。この前のお休みの日は、家でヨガしてた。

<休日の過ごし方>

・家でゆっくりとしていることが多いです。

・ご飯を食べに行ったり、買い物してリフレッシュしています。

・一人で出かけることが多いです。この間は美術館に行ってきました。

・ワインが好きだからよく飲みに行きます。

・土曜日は、たまった家事を片付けて、日曜日には遊びに出かけます。

3 田中 ：へー、すごい。ヨガはやったことないな。八野さんは、よくやるの。

  田中 ：ヨガは、いつから始めたの。

<質問の材料を相手の返事の中から探す>

→「ヨガ」から連想する質問を返す。

返事を聞いて、そこから連想したことを質問すると、会話が途切れない。

1) まず相手の返事をよく聞くこと。

2) 知らないことを質問にする。

<趣味の話題を広げる>

・Q：週に何回ぐらいやるんですか。

　A：週に最低2回はやります。

・Q：いつから始めたんですか。

　A：去年の夏からです。

・Q：○○を始めたきっかけは何ですか。

　A：最初は友達に誘われて始めました。

・Q：どこでやっているんですか。

　A：最近は家でやっています。

・Q：仕事しながら、いつやっているんですか。

　A：最近は週末しかやる時間がないですね。

・Q：○○ってやったことないんですけど、結構ハードなんですか。

　A：それほどきつくないですよ。

<リアクション>

・楽しそうですね。

・わー、すごいですね。

・それは、いいですね。

・へー、そうなんですか。

・今すごく人気ありますよね。

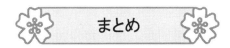

練習

文型練習

1 ～をきっかけに　[N2]

大学入学をきっかけに、一人暮らしを始めた。

（＝大学入学がきっかけで、一人暮らしを始めた。）

2 ～せいで　[N3]

目が悪いせいで、よく人を間違える。

3 AならまだしもB　[N2]

子供ならまだしも大人がそんなことを言うとは情けない。

練習問題

aからfを正しい順番に並べて、文章を完成させなさい。

（　　　　）、日本語を勉強するようになりました。

a 日本旅行　　b に　　c 行った　　d きっかけ　　e を　　f 3年前に

正解：f 3年前に　c 行った　a 日本旅行　e を　d きっかけ　b に

まとめ

趣味の話題をどうやって切り出せばいいのか、そして話をどうやって広げれば良いのかについて学びました。

相手の人が、どんなことが好きで、何に興味があるか知りたいです。あなたは、何と質問しますか。

・ 仕事のない日は何してるんですか？

・ 休みの日は何してるんですか。

・ 仕事の後は、いつも何してるんですか。

・ お休みの日は何をされているんですか。【ていねいな聞き方】

・ この間の休みは、何してたの？【友達に聞くとき】

Clip 2

自分の趣味を話す
じぶん　しゅみ　はな

はじめに

学習内容：自分の好きなこと、興味のあることについて話してみましょう。
がくしゅうないよう　じぶん　す　　きょうみ　　　　　　　　　　　　　　　　はな

学習目標：自分の趣味について話す。相手の話を聞いて、質問の材料を探す。
がくしゅうもくひょう　じぶん　しゅみ　　　　　　はな　　あいて　はなし　き　　　しつもん　ざいりょう　さが

Quiz

Q1：あなたはどんなことが好きで、何に興味がありますか。自分の趣味について話し
　　　　　　　　　　　　　　す　　なに　きょうみ　　　　　　　　　じぶん　しゅみ　　　　　　はな

　　してみてください。

Q2：相手が次のように言いました。どんな質問ができるか考えてみましょう。
　　あいて　つぎ　　　　　い　　　　　　　　　　しつもん　　　　　　かんが

　A：車が好きで、よくドライブに出かけます。
　　　くるま　す　　　　　　　　　　　　で

文型
ぶんけい

1 この料理は、世代を問わず愛されてきた。
　　　りょうり　　せだい　と　　あい

〜を問わず[N2]
　　　と

「〜に関係なく」という意味。
　　かんけい　　　　　　いみ

例) 今は季節を問わず、色々な果物が店頭に出回る。
　　いま　きせつ　と　　　いろいろ　くだもの　てんとう　でまわ

2 どこも平日は空いているが、休日ともなると観光客でにぎわう。

～と(も)なると[N1]

「そうなった場合は」という意味。どのようになるかという評価、判断が後ろに続く。

例) 中学生ともなると、しっかりした意見を言うようになる。

3 父にしても母にしても、弟に甘いと思う。

～にしても～にしても[N2]

「どちらの場合でも」という意味。ジャンルが同じもの、又は、対立する二つのものを取り上げる。

例) 行くにしても行かないにしても、明日の朝、連絡します。

単語

☐ 北海道	홋카이도
☐ ラベンダー	라벤더
☐ シーズン	시즌
☐ ご当地	특정 지방
☐ 現地	현지
☐ 周辺施設	주변 시설
☐ 下調べ	사전 조사
☐ 綿密に	면밀히

会話

佐藤： 木村さん、北海道はどうでしたか。

木村： すごく良かったですよ。ちょうどラベンダーのシーズンで、写真をたくさん撮って来ました。

佐藤： うらやましいですね。木村さん、よく旅行に行きますよね。

木村： はい、国内外問わず、旅行が好きで、年に2回ほど長期の旅行に出かけています。

佐藤： 長期となると、準備が大変じゃないですか。

木村： そうですね。なので、国内にしても国外にしても、だいたい2か月前には行き先を決めて、観光地やご当地の料理、それから現地の交通機関とか、周辺施設を細かく下調べしています。綿密に計画を立てるのも楽しみの一つですね。

佐藤： へー、2か月前から細かく調べておくんですね。そうやって計画を立てるのも楽しそうですね。

木村： はい、「計画を立てているときから、旅はもう始まっている」って言いますからね。

表現 Check

会話に出てきた表現をチェックしていきましょう。

1 木村(男)：はい、国内外問わず、旅行が好きで、年に2回ほど長期の旅行に出かけています。

＜自分の趣味を話す＞

・○○するのが好きです。

例) キャンプに行くのが好きです。

・○○にハマっています。
　　例) アニメにハマっています。

　　【はまる】(ハマる)
　　もともと「ぴったり合ってはいる」、「(川・池に)落ち込む」という意味。

例) 池にはまる。
例) ボタンがはまらない。
　　　俗語的に、「夢中になる」という意味で使われる。

・○○に凝っています。
　　例) コーヒーに凝っています。

　　【凝る】「〜に凝る」は、「夢中になる」という意味。
　　　　　　「凝る」は他にも次のような意味を持つ。

① 意匠をこらす。例) このデザインは、凝っている。
② 筋肉が張る。例) 肩が凝る。

＜趣味一覧＞
【インドア】
・映画
・読書
・料理
・楽器演奏
・コーヒー、紅茶
・お酒、カクテル
・手芸(編み物、刺繍、フェルト細工)

・筋トレ

【アウトドア】

・スポーツ

・ボード(スケートボード、スノーボード)

・ランニング

・キャンプ

・バイク

・車、ドライブ

・カフェ巡り、温泉巡り

・カメラ

・一人旅

・登山

2 佐藤(女)：長期となると、準備が大変じゃないですか。

＜質問の材料を探す＞

相手の話を聞いて、そこから連想したことを質問する。

「長期の旅行」

↓

・準備が大変

・長期とは、どれくらいの期間？

・帰国後の時差ぼけは大丈夫？

・いつ休みをとるの？

・一人で？家族と？

3 木村(男)：そうですね。なので、国内にしても国外にしても、だいたい2か月前には
行き先を決めて、観光地やご当地の料理、それから現地の交通機関とか、
周辺施設を細かく下調べしています。

佐藤(女)：へー、2か月前から細かく調べておくんですね。

＜相手の話を要約する＞

主語と述語を把握して要約する。

主語「あなた」、述語「下調べする」なので、「あなたは、下調べするんですね。」と要約でき
る。これをもう少し自然な言い方で、「2か月前から下調べするんですね。」や、「細かく調べ
ておくんですね。」などと言う。

利点：

返答に困ったときに便利である。

話し手のときは相手が自分の話を理解してくれていると安心できる。

文型練習

～を問わず[N2]

このイベントは、年齢を問わず、参加できる。

～と(も)なると[N1]

1級ともなると、さすがに難しい。

～にしても～にしても[N2]

海にしても山にしても交通が便利なリゾート地を探している。

練習問題

次の( )に入る言葉を1〜4の中から一つ選びなさい。

社会人( )、たとえどんなに苦手な相手だとしても一緒に食事をしたり、飲みに行かなければならないことはよくある。

1 ともなると
2 ともなって
3 でもなると
4 でもなって

正解 1

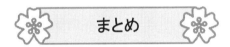

まとめ

自分の趣味について話したり、相手の話を聞いて、質問の材料を探す内容について学習しました。

Quiz

1 あなたはどんなことが好きで、何に興味がありますか。自分の趣味について話してみてください。

解答:
・コーヒーが好きで、カフェ巡りにハマっています。先週は○○のカフェに行ってきました。
・温泉が好きで、あちこち温泉巡りをするのが好きです。
・映画が好きで、月に3本ぐらい観ます。最近は○○を観ました。
・車が好きで、よくドライブに出かけます。

2 どんな質問ができるか考えてみましょう。

A：車が好きで、よくドライブに出かけます。

解答：

B：車がお好きなんですね。

・おすすめのドライブコースは、どこですか。

・いつドライブするんですか。

・最近は、どこに出かけたんですか。

・私は運転に自信がなくて。どうやったら上手になりますか。

Clip 3

お土産のお礼メールを送る

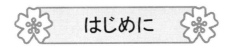

はじめに

学習内容：お土産、お歳暮、プレゼントなど、何かをいただいた時のお礼状の書き方について学ぶ。

学習目標：お礼状の構造について学ぶ。

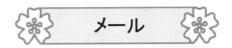

単語

☐	お礼メール	감사(사례) 메일
☐	細やか	자상함, 세심함
☐	お気遣い	걱정, 마음 쓰임
☐	大好物	아주 좋아하는 음식
☐	上品	고급스로운
☐	甘さ	단맛

メール

次のメールは、河合さんがお歳暮でお菓子をもらったお礼を山本さんに送った内容です。

山本さんへ

日増しに暑くなってまいりましたが、お元気でお過ごしのことと存じます。

さて、昨日お送り頂いたお菓子を受け取りました。

いつも細やかなお気遣いをいただき、ありがとうございます。

家族みんな甘いものが大好物なので、子供たちも大喜びで、

大切に頂いています。

今年の夏は一段と暑いそうです。

風邪などひかないよう、くれぐれもご自愛ください。

またご家族の皆様にもよろしくお伝えください。

とり急ぎお礼を申し上げます。

河合より

表現 Check

1 ＜お礼状の構造＞

何かをいただいた時のお礼状は、お土産、お歳暮、プレゼントなどでも基本的な構造は
変わりません。

以下の書き順で書き進めると、読みやすいお礼状になります。

① 時候のあいさつ
② お礼の言葉
③ 本文(いただき物への感想など)
④ 結び

2 日増しに暑くなってまいりましたが、お元気でお過ごしのことと存じます。

　　→ 時候のあいさつと供に、相手の健康を気づかう言葉を添える。

　　→ 親しい仲では、時候のあいさつを省略しても良い。

＜① 時候のあいさつ＞

春

1日1日と暖かくなってきましたね。

春風の気持ちのよい季節になりました。

桜の花のたよりが聞かれる頃になりました。

梅雨

梅雨空が続いています。

梅雨に入り、うっとうしい毎日が続いています。

梅雨明けの待ちどおしい今日このごろです。

夏

暑中お見舞い申し上げます。

連日厳しい暑さが続いています。

残暑お見舞い申し上げます

秋

いよいよ秋も深まって参りました。

秋の深まりを感じる今日このごろです。

スポーツの秋、味覚の秋となりました。

冬

最近、めっきり寒くなりましたね。

寒さが一段と厳しくなりました。

立春とは名ばかりでまだまだ寒い日が続いております

3 さて、昨日お送り頂いたお菓子を受け取りました。いつも細やかなお気遣いをいただき、ありがとうございます。

<② お礼の言葉>

・誠にありがとうございます

・ありがたい限りです

・重ねてお礼申し上げます

・いつも感謝しています

・お気づかいいただき、ありがとうございます

・温かいお言葉に、いつも力をいただいています

4 家族みんな甘いものが大好物なので、子供たちも大喜びで、大切に少しづつ頂いています。

<③ 本文>

本文は、ていねいな言葉づかいを心がけて、いただき物への感想などを自分なりの言葉で、感謝の気持を伝えましょう。

いただき物へのお礼は、感謝の意を伝えることと同時に、贈り物が無事に届いた報告も兼ねています。贈り物を受け取ったら、当日中にメールを送りましょう。

5 今年の夏は一段と暑いそうです。風邪などひかないよう、くれぐれもご自愛ください。またご家族の皆様にもよろしくお伝えください。

→ 相手の健康や発展を祈る言葉

6 とり急ぎお礼を申し上げます。

＜④ 結び＞

親しい相手への結びの例

・取り急ぎ近況報告まで。

・取り急ぎお知らせまで。

・取り急ぎお見舞い申し上げます。

・またお会いしましょう。お元気で。

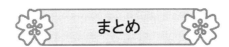

まとめ

何かをいただいた時のお礼状の書き方について学びました。ここで習った時候のあいさ

つ、お礼の言葉

・結びの言葉を入れて、親しい人にお礼メールを送ってみましょう。

練習

河合さんが同僚の八野さんに送ったお礼メールです。

次のa-eの文章を正しい順番で並べてみましょう。

八野　様へ

a この度はお土産をいただき、ありがとうございました。

b 楽しみにしております。

c また、お時間ができたときに、旅行の話などをお聞かせください。

d 日本では味わえない上品な甘さで、家族と一緒にいただきました。

e お疲れ様です、河合です。

河合より

八野　様へ

e お疲れ様です、河合です。

a この度はお土産をいただき、ありがとうございました。

d 日本では味わえない上品な甘さで、家族と一緒にいただきました。

c また、お時間ができたときに、旅行の話などをお聞かせください。

b 楽しみにしております。

河合より

---

1 お疲れ様です、河合です。

「お疲れ様です」は、同僚への挨拶として使われる表現。

2 ＜お礼の言葉＞この度はお土産をいただき、ありがとうございました。

3 ＜本文＞日本では味わえない上品な甘さで、家族と一緒にいただきました。また、お時間ができたときに、旅行の話などをお聞かせください。

→ 本文に変わらぬおつきあいをお願いする言葉を添える。

4 ＜結び＞楽しみにしております。

Tip: ＜時候のあいさつ例＞

春

1日1日と暖かくなってきましたね。

春風の気持ちのよい季節になりました。

桜の花のたよりが聞かれる頃になりました。

すがすがしい五月になりましたね。

新緑の香りがすがすがしい季節になりました。

新緑が目に鮮やかな季節になりました。

梅雨

梅雨空が続いています。

梅雨に入り、うっとうしい毎日が続いています。

梅雨明けの待ちどおしい今日このごろです。

すっきりしないお天気が続いていますね。

夏

暑中お見舞い申し上げます。

日増しに暑くなってまいりました。

寝苦しい夜が続いています。

毎日、うだるような暑さですね。

連日厳しい暑さが続いています。

残暑お見舞い申し上げます

残暑の厳しい日が続いています。

秋

日中は暑いですが、朝晩は、ようやくしのぎやすくなってきましたね。

秋が深まり、空気が気持ちよく感じる季節となりました。

秋の深まりを感じる今日このごろです。

こちらでは、紅葉が見られるようになりました。

コスモスが風に揺れ、朝夕はしのぎやすくなって参りました。

スポーツの秋、味覚の秋となりました。

いよいよ秋も深まって参りました。

冬

最近、めっきり寒くなりましたね。

木枯らしが身にしみる季節となりました。

今年の冬は暖かいですね。

寒さが一段と厳しくなりました。

街は、クリスマス一色となりました。

立春とは名ばかりでまだまだ寒い日が続いております

寒さの中にも、ときおり春を感じるようになりました。

自然災害・環境問題について話す

Clip 1

地震のニュースについて話す

はじめに

学習内容：自然災害の多い日本では、日々の会話にも自然災害の話題がよく持ち上がります。

ここでは、地震など災害に関する用語を使った会話文を学習します。ニュースの内容を話題にして、相手の価値観や考え方、あるいは、相手の興味や関心事項を探ってみましょう。

学習目標：初対面の人との会話でタブーな話題を避ける。

会話文に出てくる推定の意味を持つ助動詞「ようだ、みたいだ、らしい」を使い分ける。

Quiz

昔の日本人が恐れていた事柄を順に並べた言葉を知っていますか？

ヒント：4つの事項が並ぶ

文型

1 どうやら風邪をひいたようです。

ようだ

主観的な判断を基準とした推測表現。自ら得た情報から、総合的に考えて、推定した

場合に用いられる。判断する根拠が「私が見たところ、どうやら〜」といった観察による推測。

例) 田中さんは、相当忙しいようでした。

2 彼女のしゃべり方は、まるで子供みたいですね。

みたいだ

「ようだ」と同じ。口語的な表現。

例) 電車、行っちゃったみたい。次のに乗ろう。

3 小学校の前にマンションが建つらしい。

らしい

客観的な判断を基準とした推測表現。判断の根拠は人から得た情報や、新聞、雑誌などによる。

例) このジュースは、体にいいらしいよ。

単語

□	地震	지진
□	震度	진도
□	犠牲者	희생자
□	被害	피해
□	既読	읽음
□	外出先	외출하는 곳
□	WIFI	와이파이

田中(女)：　そう言えば、今朝のニュース見ましたか？九州でまた地震があったって。

木村(男)：　え、そうなんですか？知りませんでした。先週の地震で被害があったの
に、また起きたんですね。

田中(女)：　今回は震度5らしいですよ。まだ犠牲者は確認されていないみたいです。

木村(男)：　そうですか。雨も続いているようなので、被害が広がらないといいですね。

田中(女)：　本当ですよね。九州に友達がいるので、心配です。

木村(男)：　そうですか。連絡が取れないんですか。

田中(女)：　今朝、LINEを送ってみたんですけど、まだ既読されていなくて。

木村(男)：　そうですか。外出先で近くにWIFIがないのかもしれませんよ。

田中(女)：　そうですね。

表現 Check
ひょうげん

会話に出てきた表現をチェックしていきましょう。

---

1 田中 ：そう言えば、今朝のニュース見ましたか？

＜ニュースの話題＞

日頃から話題になっているニュースは、一通りチェックしておく。

・ニュースを知っている人なら、相手の考え方を知るきっかけになる。

・ニュースを知らない人なら、分かりやすく簡潔に話し、相手の関心事項を探る。

<タブーな話題>

特定の政党を支持したり、批判する発言や宗教、プロ野球の話題は、

あなたに何の悪気がなくても、無意識に差別や偏見につながってしまう可能性がある。

・政治

・宗教

・プロ野球

---

2 田中 ：今回は震度5らしいですよ。まだ犠牲者は確認されていないみたいです。

　木村 ：そうですか。雨も続いているようですし、被害が広がらないといいですね。

<地震　用語>

・地震、雷、家事、おやじ

　：怖いものを順に並べた言葉。

・「余震に注意してください。」　「余震が怖い。」

　余震：本震(大きな地震)の後に多数発生する地震。

・「大雨警戒のため、避難指示が発令された。」

　「土砂災害警戒のため、すみやかに避難してください。」

　「災害時の避難所を確認してください。」

　「避難指示が解除されました。」

　避難：災害を避けること。 (避難準備、避難勧告、避難指示)

・「犠牲者を悼む。」

　犠牲者：災害で死亡した人。

　Tip：悼む：人の死を悲しんで嘆くこと。

・「被災者は1万人近くに及ぶ大水害だったようです。」

被災者：災害にみまわれた人。特に台風や地震などの自然災害にあった人を指す。

・「今年秋に復旧工事が完了する見通しだと聞きました。」
　復旧：傷んだり、壊れたものをもとの状態に戻すこと。

・「少しずつ復興が進んでいます。」
　復興：衰えたものが再び勢いを取り戻すこと。

・「地震に備えて、防災グッズを購入しました。」
　防災：災害を防ぐこと。(防災対策、防災グッズ、防災訓練)

・「地震アラームが鳴って、焦りました。」
　地震アラーム：緊急地震警報。震度別に設定可能。

・震度
　：地震の強度。

・震源地
　：地震が発生した地域。地震動が著しい地域。

・二次災害
　：地震によって起こる災害。主に、火災、津波、液状化現象。

・地震に備える

・揺れを感じる

3 田中：今朝、LINEを送ってみたんですけど、まだ既読されていなくて。

　<既読>
　：既に読んだこと。

・既読スルー：受信内容を読んでいるのに返信をしないこと。または、返信が来ないこと。

「既読スルーされた。」

練習

文型練習

1 ようだ

田中さんは、職場のことで悩んでいる**ようです**。

2 みたいだ

電車がちょっと遅れている**みたい**ですよ。

3 らしい

田中さんは今年中に結婚する**らしい**。

練習問題

朝から子供が咳をして具合が悪そうにしているのを見て、学校を休ませようと思います。小学校に電話をして子供が休むことを伝えたいです。何と言えばいいですか。

（　）に入る言葉をa, b, cの中から一つ選んで文章を完成させなさい。

子供が風邪をひいた（　　　　　）ので、今日はお休みします。

a ような　　b みたい　　c らしい

正解：a

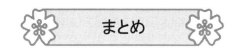

まとめ

ここでは、地震のニュースについての会話文を学習しました。

Quiz ──────────────────────────────

みなさんは、いくつことわざを知っていますか？昔の日本人が恐れていた事柄を順に
並べたことわざを知っていますか？

「地震　雷　火事　親父」

親父は、父親のことではなく、台風のことだという一説もあります。昔は、「台風」のこ
とを「大山嵐」(おおやまじ)や「大風」(おおやじ)という漢字と読み方で表していました。
皮肉さやユニークさを出すために、「親父」になったという説もあります。

──────────────────────────────────────

Clip 2
ゴミ分別について聞く

はじめに

学習内容：ゴミを種類別に分けて排出することを「ゴミ分別」といいます。また、ゴミを出すことを「ゴミ出し」と言います。近年、資源リサイクルなどが活発になり、ゴミの分別が細かくなりました。

　ここでは、ゴミ出しのマナーについて学習します。

学習目標：ゴミ分別に関する質問をして、説明を聞く。ゴミ処理に関する専門用語を学ぶ。

Quiz

ゴミを捨てる時間や分別ルールを守るのは何かと大変で、近隣の方や観光客とトラブルになる場合があります。そこで、管理人にゴミ分別のことについて尋ねたいです。何と話しかけますか。

1. ちょっと、すみません。ごみ出しについて知りたいです。
2. あの、ごみ出しのことなんですが。

文型

1 悲しい記憶は、時間が経つに従って、薄れていった。

〜に従って[N２]
平行して起こっていることを表す。前件の変化→後件の変化

(＝～に従って、につれて、にともなって)

例) 子供は成長に従って、健全な反抗を示しながら自立していく。

2 座ったとたん、いすが壊れた。

～たとたん[N2]

「～したと同時に」という意味。後ろに瞬間的なことがくる。

例) 母の顔を見たとたん、涙があふれた。

3 辞めるにしろ、続けるにしろ、一度親と相談した方がいい。

～にしろ、～にしろ[N2]

例示したものすべてに当てはまるという意味。(＝～にせよ、～にせよ)

例) ピアノにしろ、バイオリンにしろ、楽器が演奏できるようになりたい。

単語

☐ マナー	매너
☐ ポイ捨て	아무데나 버림
☐ ゴミ出し	쓰레기 배출
☐ ゴミ分別	쓰레기 분리 수거
☐ 古紙	파지
☐ ペットボトル	페트병
☐ コンテナ	컨테이너
☐ すすぐ	[動] 헹구다

□	キャップ	뚜껑
□	ラベル	라벨
□	はずす	[動] 떼다
□	カラス	까마귀
□	散らかす	[動] 어지르다
□	スマホ	스마트폰
□	アプリ	어플리케이션(앱)

会話

キム(男)： こんにちは。このゴミ、どうしたんですか。

管理人(女)： またマナーの悪い観光客がゴミをポイ捨てしていったみたいで。本当に困るわ。

キム(男)： そうなんですか。僕も、ゴミ出しのことを聞いておかないといけないんですが。燃えないゴミは、どうやって分類したらいいんですか。

管理人(女)： ゴミは、このパンフレットに従って、分けてください。

キム(男)： えっと、びんと缶は一緒でいいんですか。

管理人(女)： いえ、別々です。ゴミ捨て場に行ったら、専用の回収コンテナがありますので、そこに書いてある通り、びんは青、缶は赤のコンテナに入れてください。

キム(男)： 分かりました。

管理人(女)： それから、ペットボトルは中をすすいで、キャップやラベルをはずしてコンテナに入れてください。結構、はずし忘れている人が多いので。キャップやラベルは燃えるゴミです。

キム(男)： あ、そうなんですね。燃えるゴミは、月水金の週3回ですよね。

管理人(女)：そうです。朝8時に回収されるので、それまでに出してください。

キム(男)：前の夜に出してもいいですか。

管理人(女)：いえ、だめです。ゴミが出されたとたん、猫やカラスが来て、散らかしてしまうので。

キム(男)：あ、そうですか。分かりました。スーパーの袋に燃えるゴミを入れて捨ててもいいんですか。

管理人(女)：はい、可燃ごみにしろ、不燃ごみにしろ、中身が見えるものであればいいですよ。スマホ用のゴミ分別のアプリもあるので、利用してみてください。収集日アラームもあって、便利ですよ。

キム(男)：あ、そうですか。そんなアプリもあるんですね。使ってみます。

❀❀ **表現 Check** ❀❀

会話に出てきた表現をチェックしていきましょう。

> 1 キム：そうなんですか。僕も、ゴミ出しのことを聞いておかないといけないんですが。燃えないゴミは、どうやって分類したらいいんですか。

＜人に何か尋ねる時＞
冒頭につける表現

・あの、

・すみません、

・ちょっといいですか、

・ちょっとお聞きしてもいいですか、

＜～のことなんですが、＞
前置き表現

・ゴミ出しのことなんですが、燃えないゴミは、どうやって分類したらいいんですか。

・明日のことなんですが、もう少し時間を遅らせてもいいでしょうか。

・さっき話してた本のことなんですが、今調べたら在庫があるようです。

2 管理人：ゴミは、このパンフレットに従って、分けてください。

<ゴミの分別>

燃えるゴミ ⇔ 燃えないゴミ

可燃ごみ ⇔ 不燃ごみ

・ 燃えるゴミ：生ゴミ、食用油、ラップ、アルミホイル、紙くず、汚れているプラスチック、
　　　　　　　発砲スチロール、ゴム

・ 燃えないゴミ：資源物以外の燃えないゴミで指定袋に入れるもの。
　　　　　　　　ガラス、陶磁器、割れ物、革製品、タッパー(容器)

・ 資源ゴミ：新聞紙・チラシ、びんと缶、古紙、ペットボトル、段ボール、プラスチック、
　　　　　　金属類、雑誌・本

Tip：ゴミの分別は地域によって多少異なる。

3 管理人：・・・ポイ捨てしていったみたいで。本当に困るわ。

<ポイ捨て>

・「ポイ」とは擬態語。小さな物を投げたり捨てたりする様子を表す。

・「ポイ捨て」とは、ごみの不適切な処理方法の一つ。

・日本ではポイ捨て防止条例を定め、違反行為としている自治体が多い。
　　火災の原因、野生動物の殺傷、海洋汚染、環境被害など膨大な被害を与える。

4 管理人：・・・ポイ捨てしていったみたいで。本当に困るわ。

キム：そうなんですか。↘

管理人：・・・猫やカラスが来て、散らかしてしまうので。

キム：あ、そうですか。↘

管理人：収集日アラームもあって、便利ですよ。

キム：あ、そうですか。↘

＜あいづちの「そうですか。↘」＞

疑問文でない場合、文末の「か」を上昇させない。

イントネーション(音の高さの変化)によって、感情を表したり、文の意味が変わる。
日本語は、文末だけを急上昇させることで疑問を表す。

例) A：最近、ちょっとやせましたね。

B：そうですか。↗

5 管理員：それから、ペットボトルは中をすすいで、キャップやラベルをはずしてコンテナ
に入れてください。結構、はずし忘れている人が多いので。キャップやラベル
は燃えるゴミです。

＜すすぐ＞

汚れを洗い流すこと。

＜はずし忘れている＞

はずすことを忘れている。

「～し忘れる」

例) 言い忘れる。

例) 書き忘れる。

<ruby>練習問題<rt>れんしゅうもんだい</rt></ruby>

<ruby>次<rt>つぎ</rt></ruby>の(　　　)に<ruby>入<rt>はい</rt></ruby>る<ruby>言葉<rt>ことば</rt></ruby>を<ruby>一<rt>ひと</rt></ruby>つ<ruby>選<rt>えら</rt></ruby>んで、<ruby>文章<rt>ぶんしょう</rt></ruby>を<ruby>完成<rt>かんせい</rt></ruby>させなさい。

(　　　　　　　)とたん、<ruby>電気<rt>でんき</rt></ruby>が<ruby>消<rt>き</rt></ruby>えた。

1 10<ruby>時<rt>じ</rt></ruby>

2 10<ruby>時<rt>じ</rt></ruby>になる

3 10<ruby>時<rt>じ</rt></ruby>になった

❀ まとめ ❀

どのように<ruby>分別<rt>ぶんべつ</rt></ruby>したらいいか<ruby>分<rt>わ</rt></ruby>からずに<ruby>悩<rt>なや</rt></ruby>んだり、<ruby>分別<rt>ぶんべつ</rt></ruby>が<ruby>細<rt>こま</rt></ruby>かくて<ruby>戸惑<rt>とまど</rt></ruby>うことがあります。

<ruby>間違<rt>まちが</rt></ruby>って<ruby>出<rt>だ</rt></ruby>すと、「<ruby>収集<rt>しゅうしゅう</rt></ruby>できません！」といったシールが<ruby>貼<rt>は</rt></ruby>られて、ゴミがそのまま<ruby>残<rt>のこ</rt></ruby>されています。

<ruby>分<rt>わ</rt></ruby>からないときは、<ruby>聞<rt>き</rt></ruby>いてからゴミを<ruby>捨<rt>す</rt></ruby>てましょう。

Quiz

ゴミを<ruby>捨<rt>す</rt></ruby>てる<ruby>時間<rt>じかん</rt></ruby>や<ruby>分別<rt>ぶんべつ</rt></ruby>ルールを<ruby>守<rt>まも</rt></ruby>るのは<ruby>何<rt>なに</rt></ruby>かと<ruby>大変<rt>たいへん</rt></ruby>で、<ruby>近隣<rt>きんりん</rt></ruby>の<ruby>方<rt>ほう</rt></ruby>や<ruby>観光客<rt>かんこうきゃく</rt></ruby>とトラブルになる<ruby>場合<rt>ばあい</rt></ruby>があります。そこで、<ruby>管理人<rt>かんりにん</rt></ruby>にゴミ<ruby>分別<rt>ぶんべつ</rt></ruby>のことについて<ruby>尋<rt>たず</rt></ruby>ねたいです。<ruby>何<rt>なん</rt></ruby>と<ruby>話<rt>はな</rt></ruby>しかけますか。

1. ちょっと、すみません。ごみ<ruby>出<rt>だ</rt></ruby>しについて<ruby>知<rt>し</rt></ruby>りたいです。

2. あの、ごみ<ruby>出<rt>だ</rt></ruby>しのことなんですが。

<ruby>正解<rt>せいかい</rt></ruby>：2

・すみません。ごみ<ruby>出<rt>だ</rt></ruby>しのことなんですが。

・ちょっと、いいですか。ごみ<ruby>出<rt>だ</rt></ruby>しのことなんですが。

Clip 3

災害お見舞いのメールを送る

はじめに

学習内容：ここでは、知人が地震や豪雨などの災害にあったときに送る災害お見舞い状
について学習します。普通の手紙と違い、災害見舞で気をつけないといけな
いことについて学びましょう。

学習目標：縁起の悪い言葉は用いないようにして、相手を思う気持ちを表現した災害お
見舞いのメールを送る。

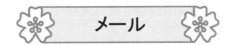

単語

☐	集中豪雨	집중호우
☐	お住まい	살고 계시는 곳
☐	ご無事	무사하다(높임말)

メール

山田さんへ

先日の集中豪雨で山田さんがお住まいの地域でもかなりの被害が出ていることを
ニュースで拝見しました。
山田さんやご家族のみなさまはご無事でしょうか。大変心配しています。

落ち着いてからでも、そちらの状況をご連絡いただければと思っています。

何かお手伝いできることがあれば遠慮なくお知らせください。

ささやかではございますが、お見舞いの品を同封いたしました。

一日も早く元の生活に戻れるようお祈りしています。

まずは取り急ぎお見舞い申し上げます。

木村より

表現 Check

1 ＜冒頭＞

災害直後の連絡は必要な内容だけを書く。

普通の手紙とは違い、時候や挨拶、近況などは一切書かないようにする。

2 先日の集中豪雨で山田さんがお住まいの地域でもかなりの被害が出ていることをニュースで拝見しました。

＜災害について触れる＞

・○○地方を台風△号が直撃し、大変な被害があったとニュースで知りました。

・テレビの報道で、今回の台風によるそちらの被害を知り、とても驚いています。

・このたびの被害を心からお見舞い申し上げます

3 山田さんやご家族のみなさまはご無事でしょうか。大変心配しています。

＜安否を伺う＞

・ご家族の皆様は全員ご無事でいらっしゃいますか

・お宅は大丈夫ですか。○○さん、○○くん、皆様お怪我はなかったですか。

・ご家族全員がご無事でいらっしゃるとのこと、ひとまず安心いたしました。

4 落ち着いてからでも、そちらの状況をご連絡いただければと思っています。

・ご混とは思いますが、できましたらご一報ください。

・そちらの詳しい状況がわかりませんので　とりあえずご連絡をお待ちしています。

・お電話をしようとも思いましたが、お取り込み中、かえってご迷惑と存じ、メールいたしました。

5 何かお手伝いできることがあれば遠慮なくお知らせください。

＜手伝う＞

・私たちで役に立つことがありましたら、何でもお申し付けください。

・ご連絡頂ければ、出来る限りのお手伝いをさせて頂きたいと思っております。

6 ささやかではございますが、お見舞いの品を同封いたしました。

＜お見舞いの金品を添える場合＞

・ほんの心ばかりですがお見舞いのしるしも同封させていただきました。

・食料品などを別便にてお送りいたしましたのでお受け取りください。。

・同封のものはほんの心ばかりですがお見舞いのしるしです。

7 一日も早く元の生活に戻れるようお祈りしています。

＜無事や復興を祈る＞

・何よりもご家族のみなさまがご無事でいらっしゃることを信じてお祈り申し上げます

・一日も早く再建されますようお祈り申し上げます。

・一日も早く平穏な生活に戻られることを心からお祈り申し上げます

・皆様のご無事を心からお祈り申し上げます

8　まずは取り急ぎお見舞い申し上げます。

　　まずはメールにてお見舞い申し上げます。

まとめ

被災された方へ災害お見舞い状を送る際の言い回しについて学びました。

練習

次のa, b, c, d, e, fの文章を正しい順番に並べて、被災された方へ災害お見舞い状を送ってみましょう。

木村　様

a　ご家族の皆様は全員ご無事でいらっしゃいますか

b　食料品などを別便にてお送りいたしましたのでお受け取りください。

c　お電話をしようとも思いましたが、お取り込み中かえってご迷惑と存じ、メールいたしました。

d　このたびの被害を心からお見舞い申し上げます

e　皆様のご無事を心からお祈り申し上げます

f　まずはメールにてお見舞い申し上げます。

田中より

正解：

木村　様

d このたびの被害を心からお見舞い申し上げます

a ご家族の皆様は全員ご無事でいらっしゃいますか

c お電話をしようとも思いましたが、お取り込み中かえってご迷惑と存じ、メールいたし
ました。

b 食料品などを別便にてお送りいたしましたのでお受け取りください。。

e 皆様のご無事を心からお祈り申し上げます

f まずはメールにてお見舞い申し上げます。

田中より

にほんごにゅうりょくほうほう
日本語入力方法

PC, 모바일에서 일본어를 입력해 보자. 컴퓨터 키보드로 일본어를 입력할 때 가장 보편적으로 사용되는 방법이 로마자 입력이다. 이것은 일본어의 발음을 로마자로 옮겨 입력하는 방식이다.

예) **はじめまして。**　　→　ha ji me ma shi te

[연습해 보자]

1) 오십음도와 탁음, 요음 표를 보면서 아래와 같이 일본어를 입력해 보자.

오십음도

あ a	か ka	さ sa	た ta	な na	は ha	ま ma	や ya	ら ra	わ wa	
い i	き ki	し si	ち chi	に ni	ひ hi	み mi		り ri		
う u	く ku	す su	つ tsu	ぬ nu	ふ hu	む mu	ゆ yu	る ru		
え e	け ke	せ se	て te	ね ne	へ he	め me		れ re		
お o	こ ko	そ so	と to	の no	ほ ho	も mo	よ yo	ろ ro	を wo	ん N

탁음(濁音)

が ga	ざ za	だ da	ば ba
ぎ gi	じ zi	ぢ zi	び bi
ぐ gu	ず zu	づ zu	ぶ bu
げ ge	ぜ ze	で de	べ be
ご go	ぞ zo	ど do	ぼ bo

반탁음(半濁音)

ぱ	ぴ	ぷ	ぺ	ぽ
pa	pi	pu	pe	po

요음(拗音)

きゃ	きゅ	きょ
kya	kyu	kyo
ぎゃ	ぎゅ	ぎょ
gya	gyu	gyo
しゃ	しゅ	しょ
sha	shu	sho
じゃ	じゅ	じょ
zya	zyu	zyo
ちゃ	ちゅ	ちょ
cha	chu	cho
にゃ	にゅ	にょ
nya	nyu	nyo
ひゃ	ひゅ	ひょ
hya	hyu	hyo
びゃ	びゅ	びょ
bya	byu	byo
ぴゃ	ぴゅ	ぴょ
pya	pyu	pyo
みゃ	みゅ	みょ
mya	myu	myo
りゃ	りゅ	りょ
rya	ryu	ryo

예) 나 : wa・ta・si → **わたし** → [Space]키 → **私**

예) 대학교 : da・i・ga・ku → **だいがく** → [Space]키 → **大学**

예) 백(100) : hya・ku → **ひゃく** → [Space]키 → **百**

예) 학원 : ju・ku → **じゅく** → [Space]키 → **塾**

Point : ひらがな를 입력 후 [Enter]키를 누르지 않고 위와 같이 [Space]키를 누르면 한자를 입력할 수 있다.

Point : 요음인 「や、ゆ、よ」만 입력하고 싶을 때는 'xya , xyu, xyu'를 치면 된다. 이와 같이 로마자 입력하기 전에 'x'만 치면 작은 글자를 입력할 수 있다.

예) a → **あ**, xa → **ぁ**

2) 특수음 : 발음(ん)

특수음 발음(ん)을 입력할 때는 「ん」을 두 번(nn) 치면 된다.

예) 전화 : de・nn・wa → **でんわ** → [Space]키 → **電話**

3) 특수음 : 촉음(っ)

특수음 촉음(っ)을 입력할 때는 촉음 다음 글자의 자음을 두 번 치면 된다.

예) 표 : Ki・ppu → **きっぷ** → [Space]키 → **切符**

예) 학교 : ga・kko・u → **がっこう** → [Space]키 → **学校**

Point : 「っ」만 입력하고 싶을 때는 'xtu'를 치면 된다.

4) 특수음 : 장음

특수음 장음을 입력할 때는 숫자「0」옆에 있는「ㅡ」를 치면 된다.

예) 커피 : Ko・ㅡ・hi・ㅡ → **こーひー** → [Space]키 → **コーヒー**

예) 축구 : sa・kka・ㅡ → **さっかー** → [Space]키 → **サッカー**

親<ruby>した</ruby>しき仲<ruby>なか</ruby>にも礼儀<ruby>れいぎ</ruby>あり

「親<ruby>した</ruby>しき仲<ruby>なか</ruby>にも礼<ruby>れいぎ</ruby>あり」：親<ruby>した</ruby>しい間柄<ruby>あいだがら</ruby>であっても、最低限<ruby>さいていげん</ruby>の礼<ruby>れいぎ</ruby>は守<ruby>まも</ruby>るべきであるということ。

Clip 1

業務の依頼をする
（ぎょうむ）（いらい）

はじめに

学習内容：他人とコミュニケーションを取りながら仕事を進めるのは難しいことですね。し
（がくしゅうないよう）（たにん）　　　　　　　　　　　　　　　　　　（しごと）（すす）　　　　　　　　（むずか）

かし、仕事は依頼の連続です。ここでは同僚や部下にうまく仕事をお願いす
　　（しごと）（いらい）（れんぞく）　　　　　（どうりょう）（ぶか）

る表現について学びましょう。

学習目標：話を切り出すとき、説明するときのマナーを学ぶ。
（がくしゅうもくひょう）（はな）（き）（だ）　　　（せつめい）　　　　　　　　（まな）

仕事を依頼する表現を修得する。
（しごと）（いらい）（ひょうげん）（しゅうとく）

Quiz

「親しき仲にも礼儀あり」という言葉を知っていますか。
（した）（なか）（れいぎ）　　　　　（ことば）（し）

「親しい間柄であっても、最低限の礼儀は守るべきである」という意味です。
（した）（あいだがら）　　　　　　（さいていげん）（れいぎ）（まも）　　　　　　　　　　（いみ）

では、次の業務依頼の表現を、相手を気遣った表現になおしてみましょう。
　　（つぎ）（ぎょうむいらい）（ひょうげん）（あいて）（きづか）（ひょうげん）

「木村さん、ちょっと急いで、この書類を2時までに確認してください。」
（きむら）　　　　　（いそ）　　　　　（しょるい）（じ）　　　　（かくにん）

単語
（たんご）

☐ 進捗　　　　　　　진척
　（しんちょく）

☐ 迅速　　　　　　　신속
　（じんそく）

☐ データ　　　　　　데이터

152 회화, 전화, 메일, 문자 실전 커뮤니케이션 일본어회화

田中(女)：　木村くん、ちょっといいかな。

木村(男)：　はい。どうしたんですか。

田中(女)：　明日の会議の資料の準備が間に合いそうもなくて。

木村(男)：　あ、そうなんですか。何の会議ですか。

田中(女)：　今回のプロジェクトの進捗会議なんだけど、まだ報告用の資料がまとまら

　　　　　　いんだよね。

　　　　　　忙しいところ悪いんだけど、木村君は仕事が迅速で丁寧だから、木村君に

　　　　　　手伝ってもらえると助かるんだけど。

木村(男)：　そうですか。いいですよ。

田中(女)：　ありがとう。本当に助かる。

木村(男)：　いつも田中さんには手伝ってもらってるので。

田中(女)：　じゃあ、今日の3時までに、このデータを、この表にまとめてもらえるかな。

―시계 14：50―

木村(男)：　田中さん、資料できましたよ。

田中(女)：　どうもありがとう。おかげで助かりました。

　　　　　　今度は木村君が何か困ったことがあるときは、喜んで力になるからね。い

　　　　　　つでも言ってね。

表現 Check
（ひょうげん）

会話に出てきた表現をチェックしていきましょう。

第9課　親しき仲にも礼儀あり　153

1 田中(女)： 木村くん、ちょっといいかな。

　木村(男)： はい。どうしたんですか。

話を切り出す。

＜タイミングを見計らう＞

唐突に話しかけるのではなく、相手の状況を見極めた上で、どう伝えれば気持ちよく引き受けてくれるか考えることが大切。

＜避けたいタイミング＞

・相手が集中しているとき

・出勤してすぐ

・昼休みの直前

・夕方の就業間近

2 田中(女)： 今回のプロジェクトの進捗会議なんだけど、まだ報告用の資料がまとまらないんだよね。

困っている内容を伝える。

3 田中(女)： 忙しいところ悪いんだけど、木村君は仕事が迅速で丁寧だから、木村君に手伝ってもらえると助かるんだけど。

手伝ってほしい理由を伝える。

1) 一言添える

　＜クッション言葉＞

　・忙しいところ悪いんだけど

　・申し訳ないんだけど

・悪いんだけど

・大変だと思うけど

・もし時間があるなら、

<目上の人に一言添える場合>

・恐れ入りますが

・ご面倒をおかけしますが

・ご無理をお願いして大変申し訳ないのですが、

2) 理由を伝える

期待した仕事をしてくれると思うからといった理由を伝える。

<伺いを立てて相手の意志を尊重する表現>

・やってもらえないかな。

・この仕事、お願いしてもいいですか。

<強制はしない>

無理やり押し付けないことが大切。

・何かヒントだけでも頂けると助かります。

4 田中(女)：じゃあ、今日の3時までに、このデータを、この表にまとめてもらえるかな。

<内容を伝える>

完成イメージと期日を明確に伝える。

依頼した後は、定期的に状況を確認したり、声をかけてあげることが大切。

5 田中(女)： どうもありがとう。おかげで助かりました。

　今度は木村君が何か困ったことがあるときは、喜んで力になるからね。いつでも言ってね。

<心から感謝して褒める>

・ありがとうございます。

・助かりました。

・○○さんに手伝って頂いて、仕上がりました。

　仕事の結果に気になることがあっても、すぐにダメ出し(欠点の指摘、やり直しの命令)をしない。

　Tip：目上の人にお願いするときは「～ください」という言い方をしない。

　　　「～ください」は他に選択の余地のない言葉。

　　　× ちょっと急いで、この書類を2時までに確認しておいてください。

　　　○ 急で申し訳ありませんが、こちらの書類を2時までにご確認いただけますか。

　「～していただけませんか。」あるいは「～をお願いできますか。」と言う。

　例) 明日までにお願いできないでしょうか。

まとめ

　ここでは、同僚にうまく仕事をお願いする仕方について学びました。スキルやテクニックばかりではなく、まずは相手に敬意と感謝の心をもち、　目的・理由・内容を明確にして仕事をお願いしましょう。

「木村さん、ちょっと急いで、この書類を2時までに確認してください。」

・ 木村さん、ちょっといいかな。申し訳ないんだけど、この書類を2時までにやってもら

えないかな。

・ 木村さん、ちょっといいですか。悪いんだけど、この書類を2時までにお願いしても

いいですか。

Clip 2

誘さそいを断ことわる

❀ はじめに ❀

学習内容がくしゅうないよう：急きゅうな誘さそいを断ことわるのが苦手にがてという人ひとが多おおいと思おもいます。特とくに目上めうえの人ひとからの誘さそいは失礼しつれいのないように丁寧ていねいに断ことわることが大切たいせつです。ここでは、断ことわるときに大切たいせつなことについて学まなびます。

学習目標がくしゅうもくひょう：上手じょうずに断ことわるためのポイントとフレーズを学習がくしゅうする。

Quiz

集あつまりに誘さそわれました。でも、その日ひは先約せんやくがあります。

理由りゆうを言いう前まえに、あなたは、何なにと言いって断ことわりますか。

(　　　)に入はいる言葉ことばを考かんがえてみましょう。

(　　　　　　　　　　　　　　　　　)、その日ひは家族かぞくと出でかける予定よていがあるので。
申もうし訳わけありませんが、不参加ふさんかとさせてください。

❀ 単語たんご ❀

□ 体調たいちょうがすぐれない　　　　몸 상태가 좋지 않다

□ 早はやめに　　　　　　　　　　　빨리

塚本(男)：田中さん、ちょっといいかな。
つかもと たなか

田中(女)：はい、どうしたんですか。
たなか

塚本(男)：今日、仕事終わったらみんなで飲みに行こうって言ってるんだけど、田中さ
つかもと きょう しごとお の い い たなか

んもどう？

田中(女)：今日ですか。すみません。今日は朝から体調がすぐれないので、早めに
たなか きょう きょう あさ たいちょう はや

帰って休もうと思ってるんです。
かえ やす おも

塚本(男)：あ、そうなんだ。大丈夫？
つかもと だいじょうぶ

田中(女)：はい。せっかく誘っていただいたのに残念です。またぜひ誘ってください。
たなか さそ ざんねん さそ

塚本(男)：うん。分かった。今日はゆっくり休んで。
つかもと わ きょう やす

田中(女)：はい。ありがとうございます。
たなか

会話に出てきた表現をチェックしていきましょう。
かいわ で ひょうげん

1 塚本(男)：今日、仕事終わったらみんなで飲みに行こうって言ってるんだけど、田中
つかもと きょう しごとお の い い たなか

さんもどう？

田中(女)：今日ですか。すみません。
たなか きょう

<上手な断り方3ポイント>
じょうず ことわ かた

1)「NO」と伝える
つた

2) 断る理由を言う
ことわ りゆう い

3) 気遣い
きづか

1) 「NO」と伝える

×参加できません。

×出席できません。

×お断りします。

×お断りいたします。

→ 冷たく断るときのフレーズ。

<ていねいな前置き>

・お誘いありがとうございます。申し訳ありませんが、～。

・せっかくのお誘いなんですが、～。

・せっかくの機会なんですが、～。

・お誘いを頂き、とてもうれしいんですが、～。

・出席したい気持ちは山々なんですが、～。

Tip：「山々」とは、「心から望んでいるが、実際はできないこと」を言う。

　　　例) 行きたいのは山々だが、都合がつかない。

　　　例)欲しいのは山々だが、我慢する。

2 田中(女)：今日は朝から体調がすぐれないので、早めに帰って休もうと思ってるんです。

2) 断る理由

a 体調の問題

・夫が体調を崩して、看病をしないといけないので、

・子供が風邪をひいていて、

例) 朝から体調が悪くて、仕事が終わったら病院に寄ろうと思ってるんです。

b 仕事や勉強の問題

・明日の会議の準備があって、

・あいにく取引先との約束があって、

例) まだ仕事が終わりそうもなくて、家に持ち帰ってやろうと思ってるんです。

c スケジュールの問題

・あいにく先約があって、

・あいにく別件があって、

例) あいにくその日は先約があって、どうしても都合がつかないんです。

d 家族の問題

・妻が風邪をひいて、子供の世話をしなければならなくて、

・両親が来ていて、

・家族との先約があって、

例) その日は家の事情でどうしても都合がつきません。

3 田中(女)：はい。せっかく誘っていただいたのに残念です。またぜひ誘ってください。

3) 気遣い

・また別の日にお願いします。

・また今度ぜひお願いします。

・申し訳ありませんが、不参加とさせてください。

・申し訳ありますんが、今回はご遠慮させていただきます。

[友人]

・誘ってくれてありがとう

・また誘って。

・私の分も楽しんできてね。

・風邪治ったらまた遊んでね。

まとめ

上手な断り方のポイントは、まず最初に「NO」と伝えることです。でも、「嫌です。」「行けません。」などと言うのではなく、相手を気遣った表現について、ここでは学びました。

Quiz

集まりに誘われました。でも、その日は先約があります。理由を言う前に、あなたは、何と言って断りますか。(　　)に入る言葉を考えてみましょう。

(お誘いありがとうございます。申し訳ありませんが)、その日は家族と出かける予定があるので。

(せっかくのお誘いなんですが)、その日は家族と出かける予定があるので。

(お誘いを頂き、とてもうれしいんですが)、その日は家族と出かける予定があるので。

(出席したい気持ちは山々なんですが)、その日は家族と出かける予定があるので。

Clip 3

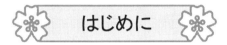

電話での依頼

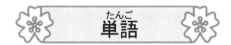

はじめに

学習内容：友人同士での急な依頼のやりとりについて学習します。

学習目標：相手の依頼に対して、ただ断るのではなく、依頼を条件付でOKしたり、代替

案を提示する言い方について学ぶ。

Quiz ───

バイト先の親しい同僚に明日のバイトを代わってほしいと頼まれました。でも、あなた

は夕方6時から友達と約束があります。何と答えますか？

NG 例)「×明日は友達と約束してるから無理。」

あなたは、何と答えますか。

単語

☐ バイト　　　　　　　　　　アルバイト

☐ どうしても　　　　　　　　무슨 일이 있어도/어떻게 해도

電話での会話

大塚(男): 山崎さん、悪いんだけど、明日のバイト、代わってもらえないかな。

山崎(女): え、明日？

大塚(男): うん。どうしても急な用事が入って。

山崎(女): ごめん。明日は、ちょっと。夕方から友達と約束していて。

大塚(男): そうなんだ。明日の午後3時から9時なんだけど、1，2時間だけでもだめかな。

山崎(女): うーん。じゃあ、3時から5時までの間ならできそう。

大塚(男): あ、本当に。ありがとう。助かるよ。

表現 Check

会話に出てきた表現をチェックしていきましょう。

1 山崎(女)：ごめん。明日は、ちょっと。夕方から友達と約束していて。

＜友人に「NO」と伝える＞

・ごめん。

・残念〜。

・悪いけど、

＜友人に断る理由を言う＞

a 体調の問題

　・この前、体調を崩してまだ無理ができなくて。

b 仕事や勉強の問題

・最近、社内試験の勉強をしていて時間がないんだ。

c スケジュールの問題

・その日はダメだ。友達とコンサートに行く約束してて。もうチケットも買っちゃってるんだよね。

d 家族の問題

・実家から親が来ていて、その日はちょっと。

2 大塚(男)：そうなんだ。明日の午後3時から9時なんだけど、1, 2時間だけでもだめかな。

＜条件付で依頼する＞

・○○だけでも無理かな。

・○○だけでもやってもらえたら助かるんだけど。

3 山崎(女)：うーん。じゃあ、3時から5時までの間ならできそう。

＜条件付でOKする＞

・1時間だけならできるかも。

[目上の人]

・(理由)で、どうしても6時までしか参加できませんが、ぜひ参加させてください。楽しみにしています。

＜代替案を提示する＞

・その日はダメだけど、別の日なら大丈夫ですよ。

・また時間あるときに是非。

まとめ

相手の依頼や誘いに対して、ただ断るのではなく、代替案を提示したり、依頼を条件付でOKすることも可能です。必要に応じて活用してみましょう。

Quiz

バイト先の親しい同僚に明日のバイトを代わってほしいと頼まれました。でも、あなたは夕方6時から友達と約束があります。何と答えますか？

＜OK例＞

例）ごめん。明日は、ちょっと。夕方から友達と約束していて。

例）悪いけど、明日は夕方から友達と約束していて、ちょっと無理かも。

物_{もの}は言_いいよう

「物_{もの}は言_いいよう」： 同_{おな}じ内容_{ないよう}でも言_いい方_{かた}次第_{しだい}で良_よくも悪_{わる}くもなるということ。

Clip 1

<ruby>苦情<rt>くじょう</rt></ruby>を<ruby>言<rt>い</rt></ruby>う

はじめに

<ruby>学習内容<rt>がくしゅうないよう</rt></ruby>：<ruby>苦情<rt>くじょう</rt></ruby>を<ruby>言<rt>い</rt></ruby>うことを「クレームをつける」や「クレームを<ruby>言<rt>い</rt></ruby>う」と<ruby>言<rt>い</rt></ruby>います。<ruby>言<rt>い</rt></ruby>う<ruby>内容<rt>ないよう</rt></ruby>は<ruby>同<rt>おな</rt></ruby>じでも、<ruby>言<rt>い</rt></ruby>い<ruby>方次第<rt>かたしだい</rt></ruby>で<ruby>相手<rt>あいて</rt></ruby>が<ruby>受<rt>う</rt></ruby>ける<ruby>印象<rt>いんしょう</rt></ruby>は<ruby>異<rt>こと</rt></ruby>なります。ここでは、コミュニケーションがスムーズにいくクレームの<ruby>言<rt>い</rt></ruby>い<ruby>方<rt>かた</rt></ruby>について<ruby>学習<rt>がくしゅう</rt></ruby>します。

<ruby>学習目標<rt>がくしゅうもくひょう</rt></ruby>：ビジネスシーンでクレーム(<ruby>苦情<rt>くじょう</rt></ruby>)を<ruby>言<rt>い</rt></ruby>うときのコツや<ruby>言<rt>い</rt></ruby>い<ruby>方<rt>かた</rt></ruby>を<ruby>学<rt>まな</rt></ruby>ぶ。

Quiz

Aさんの<ruby>対応<rt>たいおう</rt></ruby>が<ruby>遅<rt>おそ</rt></ruby>くて<ruby>困<rt>こま</rt></ruby>っているといった<ruby>苦情<rt>くじょう</rt></ruby>を<ruby>取引先<rt>とりひきさき</rt></ruby>に<ruby>言<rt>い</rt></ruby>いたいです。<ruby>次<rt>つぎ</rt></ruby>のNG<ruby>例<rt>れい</rt></ruby>を<ruby>適切<rt>てきせつ</rt></ruby>な<ruby>表現<rt>ひょうげん</rt></ruby>に<ruby>変<rt>か</rt></ruby>えてみましょう。

NG<ruby>例<rt>れい</rt></ruby>) Aさんの<ruby>対応<rt>たいおう</rt></ruby>がとても<ruby>遅<rt>おそ</rt></ruby>くて<ruby>本当<rt>ほんとう</rt></ruby>に<ruby>困<rt>こま</rt></ruby>っているのですが、どうにかしてください。

単語

☐ <ruby>対応<rt>たいおう</rt></ruby>	대응
☐ <ruby>支障<rt>ししょう</rt></ruby>	지장
☐ <ruby>締<rt>し</rt></ruby>め<ruby>切<rt>き</rt></ruby>り	마감/기한
☐ <ruby>再度<rt>さいど</rt></ruby>	재차
☐ <ruby>相談<rt>そうだん</rt></ruby>に<ruby>上<rt>あ</rt></ruby>がる	상담을 하다.
☐ <ruby>不手際<rt>ふてぎわ</rt></ruby>	미흡하다. (사물의 처리나 결과가 좋지 못함)

会話

鈴木(男): すみません、担当者のことで、ご相談できればと思います。 少々、お時間をいただけますでしょうか。

佐藤(女): はい、何でしょうか。

鈴木(男): 実は、担当者の宮川さんなんですが、対応が遅くて業務に支障がでておりまして。昨日締め切りだった書類もまだいただけず、再度依頼したのですが、まだ回答がありません。

佐藤(女): そうですか。それは申し訳ございませんでした。

鈴木(男): 書類は、今日中に何とかしていただけないかと思い、ご相談にあがった次第です。

佐藤(女): 分かりました。書類は今日中にお送りいたします。次回はこのようなことがないよう十分、注意いたします。 こちらの不手際でご迷惑をおかけし誠に申し訳ございませんでした。

表現 Check

会話に出てきた表現をチェックしていきましょう。

1 鈴木(男): すみません、担当者のことで、ご相談できればと思います。少々、お時間をいただけますでしょうか。

＜クレームの言い方＞

・ポイント1：伝えるべき相手を選び、冷静に話せるタイミングを見計らって話す。

　Tip：「タイミングを見計(みはか)らう」

　　　→「タイミングを見極める」、「ちょうど良い機会を待ち受ける」という意味。

・ ポイント2：双方にとって結果的にプラスになることが目的である。

・ ポイント3：感情的にならず、客観的かつ建設的であること。

1) クッション言葉を使う

　　－「クッション言葉」：衝撃を和らげるクッションのような役割。

　　　　・ 言いにくいことをストレートに伝えてしまうと、相手がショックを受けることもある。

　　　　・ 伝えたい本題に入る前に使う相手を気遣う表現。

　　　　・ すみません、～

　　　　・ 恐れ入りますが、～

　　　　・ 大変申し上げにくいのですが、～

　　　　・ 大変申し訳ありませんが、～

2) 苦情の内容を相談事として簡潔に述べる

　　　・ 実は、～という状況でして、ご相談できればと思います。

　　　・ ～のことで、ご相談がございます。

3) 時間があるかきく

　　　・ 少々、お時間をいただけますでしょうか。

　　　・ 今ちょっとよろしいでしょうか。

2 鈴木(男)：実は、担当者の宮川さんなんですが、対応が遅くて業務に支障がでており

　　　　 まして。昨日締め切りだった書類もまだいただけず、再度依頼したのです

　　　　が、まだ回答がありません。

＜事実を簡潔に伝える＞

相手を挑発する表現は避ける。

「実は、～により、～の状況です。」

例) 実は、○○さんの対応により、業務に支障が出ている状況です。

3 鈴木(男)：書類は、今日中に何とかしていただけないかと思い、ご相談にあがった次第です。

提案したり、改善を要求する

＜～と思い、相談にあがる＞

・～していただければと思い、ご相談にあがりました。

・○○さんなら状況を把握しておられると思い、ご相談にあがりました。

4 佐藤(女)：分かりました。書類は今日中にお送りいたします。次回はこのようなことがないよう十分、注意いたします。 こちらの不手際でご迷惑をおかけし誠に申し訳ございませんでした。

＜不手際(ふてぎわ)＞

－ 「ミス」、「間違い」、「過ち」という意味。

－ 仕事で何かミスがある時は、「不手際があり、申し訳ありません。」と謝る。

・不手際な点がありましたら、遠慮なくお申し付けください。

・この度は私の不手際で、ご迷惑をおかけしましたことをお詫び申し上げます。

・度重なる不手際により、何度もご迷惑をおかけし申し訳ございませんでした。

まとめ

ここでは、ビジネスシーンで苦情を言うときのコツや話し方について学びました。

ポイントは、1)伝えるべき相手を選び、冷静に話せるタイミングを見計らって話すこと。2)

双方にとって結果的にプラスになることが目的であること。3)感情的にならず、客観的かつ建設的であること。

Quiz

Aさんの対応が遅くて困っているといった苦情を取引先に言いたいです。あなたは、何と言いますか。

次のNG例を適切な表現に変えてみましょう。

NG例) × Aさんの対応がとても遅くて本当に困っているのですが、どうにかしてください。

OK例) ○ 大変申し上げにくいのですが、実は、Aさんの対応についてご相談があります。今ちょっとよろしいでしょうか。

Clip 2

謝る

はじめに

学習内容：謝罪をするのが苦手という人が多いのではないでしょうか。しかし、自分に非があったときは素直に謝罪することは社会生活では必須です。ここでは上手に謝る方法についてみていきましょう。

学習目標：ビジネスシーンとプライベートな場に応じた適切な謝罪のフレーズを学習する。

Quiz

ビジネスシーンでの適切な謝罪の言い方は次のうち、どれですか。正しいものをすべて選びなさい。

① すみません。
② ごめんなさい。
③ 大変失礼いたしました。
④ 誠に申し訳ございませんでした。

単語

☐ 取引先	거래처
☐ 謝罪	사과/사죄

会話^{かいわ}

宮川^{みやがわ}が職場^{しょくば}の先輩^{せんぱい}の佐藤^{さとう}に謝^{あやま}る場面^{ばめん}。

佐藤^{さとう}(女) : 宮川^{みやがわ}さん、ちょっといいかな。

宮川(女) : はい。

佐藤^{さとう}(女) : 今朝^{けさ}、取引先^{とりひきさき}の鈴木様^{すずきさま}がお見^みえになっていたんだけど、書類^{しょるい}の提出^{ていしゅつ}が昨日^{きのう}までだったって。

宮川^{みやがわ}(女) : 申^{もう}し訳^{わけ}ございません。今日中^{きょうじゅう}に提出^{ていしゅつ}するということで、先^{さき}ほど取引先^{とりひきさき}に謝罪^{しゃざい}しました。今回^{こんかい}の件^{けん}で、ご迷惑^{めいわく}をおかけしてしまい誠^{まこと}に申^{もう}し訳^{わけ}ありませんでした。深^{ふか}く反省^{はんせい}しております。

佐藤^{さとう}(女) : 書類^{しょるい}の件^{けん}で分^わからないことがあったら私^{わたし}に聞^きいてね。

宮川^{みやがわ}(女) : はい、ありがとうございます。私^{わたし}の不手際^{ふてぎわ}で、ご迷惑^{めいわく}おかけしてしまい、大変申^{たいへんもう}し訳^{わけ}ございませんでした。

佐藤^{さとう}(女) : じゃあ、書類^{しょるい}を今日^{きょう}の14時^じまでにお願^{ねが}いね。部長^{ぶちょう}に出^だす前^{まえ}に私^{わたし}も確認^{かくにん}するから、できたら言^いってね。

宮川^{みやがわ}(女) : はい、分^わかりました。

表現^{ひょうげん} Check

会話^{かいわ}に出^でてきた表現^{ひょうげん}をチェックしていきましょう。

---

1 宮川^{みやがわ}(女) : 申^{もう}し訳^{わけ}ございません。

＜謝罪^{しゃざい}のフレーズ＞

1) プライベートな場^ば

　・ごめんなさい。

・すみません。

2) ビジネスシーン

・申し訳ございませんでした。

・大変失礼いたしました。

・ご迷惑をおかけ致しました。

・不快な思いをさせてしまって深く反省しております。

3) 他にも：

・このたびはご迷惑をおかけいたしまして大変申し訳ございませんでした。

・ご不快な思いをさせてしまい申し訳ございませんでした。

・ご意向に添えず申し訳ございませんでした。（「意向」とは、「その人の考え」を指す。）

・説明が至らず申し訳ございませんでした。

Tip：「至らない」とは、「未熟である。」、「行き届かない。」という意味。
　　　a 「未熟である。」という意味で使われる例：
　　　　　・多少の至らない点もあるかと思いますが、宜しくお願い致します。
　　　　　・まだまだ至らぬ自分ではありますが、今後ともご指導を賜りますようお願い
　　　　　　申し上げます。
　　　　　・私が至らないばかりに、ご迷惑をおかけしてしまい、申し訳ございませんで
　　　　　　した。
　　　b 「行き届かない。」という意味で使われる例：
　　　　　・そこまで考えが至りませんでした。

・お手数をおかけいたしまして申し訳ございませんでした。

Tip：「お手数」とは、「手間」「労力」という意味。
　　　依頼するときのクッション言葉で使われる。

・お手数ですが、一度書類をご確認いただければ幸いです。

・お手数ですが、明日までに宜しくお願い致します。

2 宮川(女)：私の不手際で、ご迷惑おかけしてしまい、大変申し訳ございませんでした。

＜謝り方のコツ＞

1) 責任逃れをしないことで、信用を回復する。

「私に責任がある。」という意味で使われる例：

・私の不手際で、ご迷惑おかけしました。

・私の配慮が足りませんでした。

・私の責任です。

2) 誠意をみせる。善後策を提示する。

(善後策とは、「後始末を適切にするための方法」という意味。)

・私にできる事は、あるでしょうか。

・こういう場合はどうしたらいいのでしょうか。教えていただけますか。

・ミスをした自分が提案するのは厚かましいかもしれませんが、○○をするというの
　は、いかがでしょうか。

Tip：「厚かましい」とは、「図々しい」「おこがましい」という意味。
　　　【日常会話で使われる例】
　　　・厚かましい人。
　　　・厚かましい性格。
　　　・勝手に使うなんて、厚かましいにもほどがある。

　　　【ビジネスシーンで使われる例】
　　　・誠に厚かましいお願いですが、ご検討のほどよろしくお願いいたします。

・厚かましいとは存じますが、ご連絡をいただけると幸いです。

❀ まとめ ❀

　ここでは、ミスをした時の謝罪の仕方について学びました。プライベートの場では「ごめんなさい。」や「すみません。」が一般的ですが、ビジネスシーンでの適切な謝罪の言い方について色々なフレーズについて学習しました。

Quiz

　ビジネスシーンでの適切な謝罪の言い方は次のうち、どれですか。正しいものをすべて選びなさい。

① すみません。
② ごめんなさい。
③ 大変失礼いたしました。
④ 誠に申し訳ございませんでした。

正解：③ ④

解説：プライベートの場では「① すみません。」や「② ごめんなさい。」が一般的ですが、ビジネスシーンでは、「③ 大変失礼いたしました。」や「④ 誠に申し訳ございませんでした。」と言うのが適切です。

Clip 3

電話で苦情を言う

✿ はじめに ✿

学習内容：電話で苦情を言うときは、事前に伝える内容をメモしておきましょう。ここでは、購入した品物の欠陥について購入先と電話でやり取りする内容について学習します。

学習目標：クレームの内容を簡潔に伝えるコツや言い方について学ぶ。

Quiz

買った商品が不良品でした。新品と交換してほしいと購入先に言いたいです。次のNG例を適切な表現に変えてみましょう。

NG例）買った商品が不良品だったんですよ。新品と交換してよ！

✿ 単語 ✿

☐	オンラインショップ	온라인 샵
☐	イヤホン	이어폰
☐	当社	당사
☐	不備	미비함(제대로 갖춰지지 않음)
☐	ボリューム	볼륨

☐	かすか	희미함/살짝
☐	レシート	영수증
☐	新品 しんぴん	새물건(새상품)
☐	返金 へんきん	환불

電話での会話

店員：お電話ありがとうございます。赤井マートでございます。

田中：先日、そちらでイヤホンを購入したんですが、なんか故障しているようで。

店員：大変申し訳ございません。ご購入いただいた商品に不備がございましたでしょうか。故障の状況を詳しく説明していただけますか。

田中：はい。音がよく聞こえなくて、ボリュームを最大に上げても、音がかすかに聞こえる程度です。

店員：ご迷惑をおかけして申し訳ございません。お手数ですが、レシートはお持ちですか。

田中：はい、あります。

店員：ご確認ありがとうございました。では、商品とレシートをお持ちいただいて、新品と交換させていただくということで、よろしいでしょうか。

田中：あの、できれば返金してもらいたいんですが。

店員：かしこまりました。恐れ入りますが、返金は店長の対応となっておりまして、あいにく今は席をはずしております。後ほど店長からご連絡させていただいて、よろしいでしょうか。

田中：分かりました。よろしくお願いします。

表現 Check

会話に出てきた表現をチェックしていきましょう。

---

1 店員：お電話ありがとうございます。赤井マートでございます。

田中：先日、そちらでイヤホンを購入したんですが、なんか故障しているようで。

＜購入先に電話で苦情を言うときのコツ1＞
不良品に気づいたら早めに伝える。

＜購入先に電話で苦情を言うときのコツ2＞
不良品について、客観的に事実を伝える。

「不良品(ふりょうひん)」とは、「機能上に欠陥がある工業製品」のこと。
【不良品の種類】
1 部品などの不足。
2 本体が壊れている。
3 外装が破損している。

・自宅に帰ってから改めて中身を確認したら、商品の一部が破損していました。
・パッケージが破損して送られてきたんですが。
・注文していたものと違うものが届いたんですが。色もサイズも違います。

---

2 店員：大変申し訳ございません。ご購入いただいた商品に不備がございましたでしょうか。
故障の状況を詳しく説明していただけますか。

田中：はい。音がよく聞こえなくて、ボリュームを最大に上げても、音がかすかに聞

180 회화, 전화, 메일, 문자 실전 커뮤니케이션 일본어회화

こえる程度です。

<購入先に電話で苦情を言うときのコツ3>
どのような欠陥があったのかについて正確に説明する。
まずは相手が事実確認を行って事態の改善策を検討できるように配慮を示すことが
大切。

3 店員：ご確認ありがとうございました。では、商品とレシートをお持ちいただいて、
　　　　新品と交換させていただくということで、よろしいでしょうか。
　田中：あの、できれば返金してもらいたいんですが。

<購入先に電話で苦情を言うときのコツ4>
新品と交換、返金、修理など自分の要望をはっきりと伝える。

Tip：購入先がオンラインショップの場合
事前に注文番号などを確認しておく。
例) 店員：ご不便をおかけいたしました。お手数ですが、ご注文日とご注文番号を伺って
　　　　　よろしいでしょうか。
　田中：えっと、注文したのは10月15日で、注文番号はSQ4321です。

Tip：「ご不便をおかけします」とは、「ご迷惑をおかけします」という意味。
・ご不便をおかけしますが、ご理解ご協力のほど宜しくお願い致します。
・ご不便をおかけするかと存じますが、何卒宜しくお願いいたします。

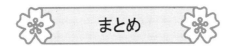
まとめ

ここでは、電話で不良品の交換・返金などを上手に伝える内容について学習しました。

電話では、いつ購入した商品に、どのような不良や欠陥があったのかについて、冷静に、正確に説明し、まずは相手が事実確認を行って事態の改善策を検討できるように配慮を示すことが大切です。

Quiz

買った商品の一部が破損していました。購入先に電話して新品と交換してほしいと伝えたいです。あなたは、何と言いますか。次のNG例を適切な表現に変えてみましょう。

NG例) 買った商品が不良品だったわよ。新品と交換して！

OK例) そちらで購入した商品の一部が破損していたので、新品との交換をお願いしたいのですが。

<ruby>一言芳恩<rt>いちごんほうおん</rt></ruby>

「<ruby>一言芳恩<rt>いちごんほうおん</rt></ruby>」：<ruby>一言声<rt>ひとことこえ</rt></ruby>をかけてもらった<ruby>事<rt>こと</rt></ruby>を<ruby>忘<rt>わす</rt></ruby>れずに<ruby>感謝<rt>かんしゃ</rt></ruby>すること。

Clip 1

感謝(かんしゃ)する

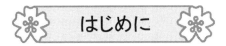

はじめに

学習内容(がくしゅうないよう)：感謝(かんしゃ)は人間関係(にんげんかんけい)を円滑(えんかつ)にします。感謝(かんしゃ)は言葉(ことば)にしてこそ、伝(つた)わるのものです。

ここでは、お世話(せわ)になった相手(あいて)に感謝(かんしゃ)の言葉(ことば)を伝(つた)える会話(かいわ)について学(まな)びます。

学習目標(がくしゅうもくひょう)：お礼(れい)を言(い)うときのいろいろな表現(ひょうげん)について学(まな)ぶ。

Quiz

お礼(れい)の言葉(ことば)をいくつ知(し)っていますか。「ありがとう。」以外(いがい)にどんな言葉(ことば)がありますか。

単語(たんご)

☐ 大(たい)したこと	대단한 일 (별일)
☐ プレゼンテーション	프레젠테이션/발표
☐ 照(て)れる	부끄러워하다(수줍어하다)

会話(かいわ)

宮川(みやがわ)(女)：鈴木(すずき)さん、昨日(きのう)は書類作(しょるいづく)りを手伝(てつだ)ってくれて、ありがとうございました。お

陰で助かりました。

鈴木(男): 　大したことしてないですよ。

宮川(女): 　いえ、一人だったら一日で終わらなかったと思います。今日のプレゼン
テーションが上手く行ったのも鈴木さんのお陰です。

鈴木: 　いや、照れるな。

宮川(女): 　本当になんてお礼をして良いのか分かりません。

鈴木(男): 　いや、役に立ったようで、ぼくもうれしいよ。また手伝えることがあったら、
いつでも言って。

宮川(女): 　はい。ありがとうございます。私も何かお手伝いできることがあれば、いつ
でもおっしゃってください。

表現 Check

会話に出てきた表現をチェックしていきましょう。

1　宮川(女): 鈴木さん、昨日は書類作りを手伝ってくれて、ありがとうございました。
お陰で助かりました。

宮川(女): 本当になんてお礼をして良いのか分かりません。

＜お礼の言い方1＞　お礼の言葉を言う。

【「ありがとう。」以外の感謝の言葉】

・おかげさまで助かりました。

・お力添えに感激しました。

・うれしいです。

・光栄です。

- 大変感謝しています。

- 恩に着ます。

- なんてお礼をして良いのか分かりません。

【目上の人への言葉】

- 心よりお礼申しあげます。

- お礼の申しあげようもございません。

- 感謝しております。

- 恐縮しております。

- 感激しております。

- うれしく存じます。

【敬語での感謝の言葉】

1) 何か贈り物をいただいたとき:

　　・お心遣いいただき、ありがとうございました。

2) スピーチやビジネスの文章での言葉:

　　・心より御礼申し上げます。

---

2 鈴木(男)：大したことしてないですよ。
　宮川(女)：いえ、一人だったら一日で終わらなかったと思います。
　　　　　　今日のプレゼンテーションが上手く行ったのも鈴木さんのお陰です。

<お礼の言い方2> 具体的な事柄を示す。

「〜のお陰で」

- 木村さんのお陰で、仕事がはかどりました。

「〜してくださって、〜」

- 木村さんが手伝ってくださって、仕事がはかどりました。

＜お礼の言い方3＞　どのようにうれしかったかを伝える。

「あの時、〜していただき、とても助かりました。」

・あの時、助けていただき、とてお助かりました。

「〜のも〜さんのお陰です。」

・企画が通ったのも木村さんのお陰です。

3　鈴木(男)：大したことしてないですよ。

＜お礼を言われたときの返事＞

・どういたしまして。

・お気になさらず。

Tip：お礼を言われたときの返事−関西方言−

　　　・気にせんといて。

　　　・かまへん。

　　　・ええから。

4　鈴木(男)：いや、役に立ったようで、ぼくもうれしいよ。また手伝えることがあったら、
　　　　　　　いつでも言って。

＜「役に立つ」を使った返事のフレーズ＞

・お役に立てたなら幸いです

・お役に立てて嬉しいです。

・お役に立てたようで大変嬉しく思います。

・お役に立てたとのことで光栄です。

＜目上の人への返事＞

・恐縮です。

・ とんでもございません。

・ そのようにおっしゃって頂けて光栄です。

・ 他にも何かございましたらおっしゃって下さい。

まとめ

　ここでは、相手に感謝するときのお礼の言い方や、お礼を言われた時の返事の仕方について学習しました。

Quiz

　お礼の言葉をいくつ知っていますか。「ありがとう。」以外にどんな言葉がありますか。

＜「ありがとう。」以外の感謝の言葉＞

・ おかげさまで助かりました。

・ お力添えに感激しました。

・ うれしいです。

・ 光栄です。

・ 大変感謝しています。

・ 恩に着ます。

・ なんてお礼をして良いのか分かりません。

Clip 2

昇進を祝う

（しょうしん）（いわ）

❀ **はじめに** ❀

学習内容（がくしゅうないよう）：普段（ふだん）、お祝（いわ）いの機会（きかい）はたくさんあると思（おも）いますが、「おめでとう。」以外（いがい）にお祝（いわ）いの言葉（ことば）を知（し）っていますか。ここではお祝（いわ）いの場面（ばめん）での色々（いろいろ）な表現（ひょうげん）について学（まな）びます。

学習目標（がくしゅうもくひょう）：友人（ゆうじん）の昇進（しょうしん）を祝（いわ）う会話（かいわ）からお祝（いわ）いの言葉（ことば）について学（まな）ぶ。

Quiz

「おめでとう。」以外（いがい）にお祝（いわ）いの言葉（ことば）を知（し）っていますか。ていねいなお祝（いわ）いの言葉（ことば）に、どんな表現（ひょうげん）がありますか。

❀ **単語**（たんご） ❀

☐	昇進（しょうしん）	승진
☐	大役を務める（たいやく つと）	중대한 역할을 맡다
☐	就く（つ）	취임하다/오르다
☐	存分（ぞんぶん）	마음껏, 뜻대로
☐	祝杯（しゅくはい）	축배
☐	席をもうける（せき）	자리를 마련하다

会話

大学時代の友人同士の会話。

山崎(女)：山川さんから聞いたんだけど、この4月に部長に昇進したんだってね。

鈴木(男)：そうなんだよ。大役を務めることになって、ちょっと緊張してる。

山崎(女)：良かった。本当におめでとう！

鈴木(男)：ありがとう。周りに支えてもらったおかげだよ。

山崎(女)：今後さらに責任ある立場に就いて、大変だと思うけど、今までの経験を
存分に活かして、ますます頑張ってね。

鈴木(男)：うん。応援ありがとう。

山崎(女)：近々、祝杯の席をもうけないとね。

鈴木(男)：ありがとう。僕も久しぶりにみんなに会いたいな。

山崎(女)：うん。日にち決めたら連絡するね。

表現 Check

会話に出てきた表現をチェックしていきましょう。

1 山崎(女)：山川さんから聞いたんだけど、この4月に部長に昇進したんだってね。

＜昇格、昇進、栄転＞

◆ 昇格：社内での評価が上がること。身内だけでお祝いすることが多い。

◆ 昇進：同じ部署で、より高い役職に会社から任命されること。社外にも発表され、
取引関係のある会社であれば、昇進祝いを贈ることが企業マナーと言える。

◆ 栄転：他府県などの異なる部署に移動して役職が上がること。

2 鈴木(男)：そうなんだよ。大役を勤めることになって、ちょっと緊張してる。

<大役を務める>

大役(たいやく)：大切な役目。重大な任務。

大役を務める：重大な任務を果たすこと。

Tip：「務める」「努める」「勤める」

務める：任務を果たす。

例) 司会役を務める。

努める：努力する。

例) 解決に努める。

勤める：勤務する。

例) 会社に勤める。

3 山崎(女)：良かった。本当におめでとう！

<「おめでとう」のていねいな表現>

・誠におめでとうございます

・心よりお祝い申し上げます

・謹んでお慶び申し上げます

4 鈴木(男)：ありがとう。周りに支えてもらったおかげだよ。

<「支えられる」>

助けられること。応援されること。

・たくさんの方に支えられて今がある。

・いろいろな人に支えられて生きている。

5 山崎(女)：今後さらに責任ある立場に就いて、大変だと思うけど、今までの経験を
存分に活かして、ますます頑張ってね。

＜目上の人に応援の気持ちを伝える表現＞

目上の人には「×頑張ってください。」とは言わず、言い換え表現を使う。

・ご健闘をお祈りしています。

・陰ながら応援しています。

・成功をお祈りしています。

6 山崎(女)：近々、祝杯の席をもうけないとね。

＜「昇進祝い」「栄転祝い」＞

● 贈り物：現金(商品券)、お酒、花(胡蝶蘭)、ビジネスアイテム(バッグや文房具、ネク
タイ、名刺入れなど)、宴席など

【お祝いに不向きな贈り物】

・靴や靴下、下着など・・・踏みつけたり下に敷くもの

・花瓶や食器など・・・割れやすい品物、壊れやすい品物

● 「昇進祝い」「栄転祝い」
相場：友人・知人・親戚5,000円～10,000円、会社関係3,000円～30,000円
(水引は紅白または金銀の蝶結びにして、のしをつけます。表書きは「祝 御昇進」「祝
御栄転」)

水引(みずひき)：贈り物の包み紙などにかける飾りで、紅白などの帯紐のこと。

のし：祝い事の贈り物に添える飾りのこと。

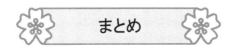

まとめ

ここでは、お祝いの言葉や昇進に関する内容について学習しました。

Quiz

お祝いする時の、ていねいなお祝いの言葉に、どんな表現がありますか。

・ 誠におめでとうございます

・ 心よりお祝い申し上げます

・ 謹んでお慶び申し上げます

Clip 3

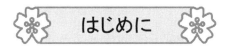

でんわ　いわ　れい　い
電話でお祝いのお礼を言う

はじめに

がくしゅうないよう　おく　もの
学習内容：贈り物をいただいたら、まずは相手に品物が無事に届いたことを知らせるた
めにも電話でお礼するのがマナーです。ここでは、子供の入学祝いの贈り物
をいただいたときの会話をみていきます。

がくしゅうもくひょう　でんわ　れい　かんしゃ　きも　つた　いろいろ　ひょうげん　まな
学習目標：電話でお礼と感謝の気持ちを伝えるときの色々な表現について学ぶ。

Quiz

でんわ　あいて　つごう　き　なん　き
電話をかけたときに、まず相手の都合を聞きましょう。何と聞けばいいですか。

たんご
単語

☐　にゅうがくいわ
　入学祝い　　　　　　　입학 축하

☐　たいしたもの　　　　　대단한 것(별것)

☐　デザイン　　　　　　　디자인

でんわ　かいわ
電話での会話

みやがわ　とお　す　しんせき　やまざき　こども　しょうがっこう　にゅうがくいわ　れい
宮川さんが遠くに住む親戚の山崎さんから子供の小学校の入学祝いをもらったお礼の

でんわ ないよう
電話の内容です。

みやがわ
宮川(女)： とうきょう みやがわ
東京の宮川です。 ぶさた
ご無沙汰しております。

やまざき
山崎(女)： ああ、宮川さん。 げんき す
お元気でお過ごしですか。

みやがわ
宮川(女)： はい。 おかげさまで。 いま じかん だいじょうぶ
今、お時間、大丈夫ですか。

やまざき
山崎(女)： はい。 だいじょうぶ
大丈夫ですよ。

みやがわ
宮川(女)： けさ にゅうがくいわ とど れい もう あ でんわ
今朝、えりかの入学祝いが届きましたので、お礼を申し上げたくてお電話

いたしました。 ありがとうございます。

やまざき
山崎(女)： いえ、たいしたものじゃないですけど、 つか
使ってください。

みやがわ
宮川(女)： はい、ありがとうございます。 てづく
手作りなんですね。 デザインがとてもかわい

くて、えりかがとても き い
気に入っています。

やまざき
山崎(女)： それは、 よ
良かったわ。

みやがわ
宮川(女)： たいせつ つか
大切に使わせていただきますね。

やまざき
山崎(女)： はい。 また お つ あそ き
また落ち着いたら遊びに来てくださいね。

みやがわ
宮川(女)： そうですね。 がっこう な あそ い
学校に慣れたらまた遊びに行きます。

やまざき
山崎(女)： また あ たの
また会えるのを楽しみにしていますね。

みやがわ
宮川(女)： はい。 やまざき からだ き げんき
山崎さんもお体にお気をつけて、お元気で。

やまざき
山崎(女)： はい。 ありがとう。

みやがわ
宮川(女)： では、また。 しつれい
失礼します。

ひょうげん
表現 Check

かいわ で ひょうげん
会話に出てきた表現をチェックしていきましょう。

1 宮川(女)：東京の宮川です。ご無沙汰しております。

　　山崎(女)：ああ、宮川さん。お元気でお過ごしですか。

<電話でのお礼の言い方1>　挨拶、安否を尋ねる。

・(どこ)の(誰)です。

　例) ○○でお世話になった○○です。

　例) ○年△組の○○の母でございます。

・お久しぶりです。

・お元気ですか。

・いつもお世話になっております。

2 宮川(女)：はい。おかげさまで。今、お時間、大丈夫ですか。

　　山崎(女)：はい。大丈夫ですよ。

<電話でのお礼の言い方2>　相手の都合を尋ねる。

・今、お電話大丈夫ですか。

・今、お電話できますか。

・今、お時間ありますか。

・今お話ししてよろしいですか。

・今少しお時間よろしいでしょうか。

<避けたい時間帯>

・早朝

・深夜

・食事中

・朝早くに恐れ入ります。

・夜分遅くに恐れ入ります。

・お忙しい時間に恐れ入ります。

<相手が都合が悪い場合>

・では、おかけ直ししてもよろしいですか。

・こちらから改めてお電話いたします。何時ごろならご都合よろしいでしょうか?

・では、後ほどおかけ直しいたします。

・(相手が電話すると言った場合)

　では、恐れ入りますが、お電話お待ちしております。

3　宮川(女)：今朝、えりかの入学祝いが届きましたので、お礼を申し上げたくてお電話
　　　　　　いたしました。ありがとうございます。

<電話でのお礼の言い方3>　お礼の言葉を言う。

・おこづかいを送っていただき、ありがとうございました。

4　宮川(女)：はい、ありがとうございます。手作りなんですね。デザインがとてもかわい
　　　　　　くて、えりかがとても気に入っています。

　　山崎(女)：それは、良かったわ。

<電話でのお礼の言い方4>　いただいた品物について具体的にうれしい内容を伝える。

・いただいたおこづかいで、週末、遊園地に行ってきました。

5　山崎(女)：また会えるのを楽しみにしていますね。

　　宮川(女)：はい。山崎さんもお体にお気をつけて、お元気で。

<電話でのお礼の言い方5>　相手の健康を願う。

・では、お元気でお過ごしください。

6 宮川(女)：では、また。失礼します。

<電話でのお礼の言い方6> 結びの挨拶。

・それでは失礼いたします。

Tip：電話のマナー

電話はかけたほうが先に切る。

相手が目上の人の場合は、相手が切ったのを確認してから切る。

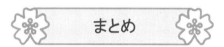

ここでは、電話でお礼を伝える会話を学習しました。お礼を伝えるのが一番の目的です。お礼の気持ちが伝われば成功です。ぜひ気負わずにお礼を伝えてみましょう。

Quiz

電話をかけたときに、まず相手の都合を聞きましょう。何と聞けばいいですか。

・今、お電話大丈夫ですか。

・今、お電話できますか。

・今、お時間ありますか。

・今、お話ししてよろしいですか。

・今、少しお時間よろしいでしょうか。

言_いい勝_がち功_{こうみょう}名

「言_いい勝_がち功_{こうみょう}名」：よくしゃべる者_{もの}が勝_かつという意味_{いみ}で、黙_{だま}っていては良_よい意見_{いけん}も通_{とお}らな

いことのたとえ。

Clip 1

意見を言う

はじめに

学習内容：会議などの公の場だけではなく、普段、プライベートでも相手に何か勧めたり、自分の意見を言う機会があると思います。ここでは、意見を言うときのコツについて学習します。

学習目標：理由や事例を説明して、自分の意見をうまく相手に伝える流れとフレーズを学ぶ。何かを見たり経験したときに感じた自分の感情(考え)をうまく伝える練習をする。

Quiz

日本人に韓国の観光地について、勧めてみましょう。何と言って勧めますか。

次のNG例を、理由や事例をあげてうまく相手に伝える内容に変えてみましょう。

NG例) エバーランドがお勧めですよ。すごく面白いんです。

単語

☐ お勧め	추천
☐ 1つ星	1성
☐ パティシエ	파티쉐
☐ オーガニック	오가닉/유기농

☐	小麦粉	밀가루
	クロワッサン	크로와상
☐	リーズナブル	(가격 등이) 적당함/리즈너블
☐	焼きたて	갓 구움

会話

同僚同士の会話。

佐藤(女)： 木村さん、どこに行くんですか。

木村(男)： 朝ご飯、食べてなくて、パンでも買いに行こうかと思って。

佐藤(女)： そうなんですか。パンだったら、郵便局の隣の「モーニング」っていうお店が
お勧めですよ。

木村(男)： 郵便局の隣？ああ、あそこね。

佐藤(女)： はい。あそこ美味しいですよ。フランス1つ星のパティシエが開いたお店
で、パンはオーガニックの小麦粉を使ってるんですよ。

木村(男)： へ～、そうなんだ。

佐藤(女)： 中でも、日本ではなかなか食べられない本場のクロワッサンは、午前中に
完売するらしいですよ。

木村(男)： へ～、すごい人気だね。

佐藤(女)： はい。しかも全体的に値段もリーズナブルで、よく行列ができています。

木村(男)： そうなんだ。

佐藤(女)： はい。それくらい人気なんですよ。今の時間だったら焼きたてのパンが食
べられますよ。

木村(男)： そっか。分かった。じゃあ、行ってみようかな。

表現 Check

会話に出てきた表現をチェックしていきましょう。

「意見を言う」というのは、「相手に自分の考えを伝える」ということです。

意見を言ったり、何かを進めるときは、根拠と理由をきちんと説明しましょう。

＜意見を言う流れ＞

1) 意見：「～がいいですよ。」「～だと思います。」

2) 理由：「なぜかというと、～」

   → 理由を具体的にして、考える価値のある意見だということを伝える。

3) 事例：「たとえば、～」

   →自分の体験談を言ったり、具体的な数値を上げたりする。

4) 念押し：「ですので、～」

   →意見を再度強調する。

   提案：「どうですか。」

   →提案、問いかけをする。

Tip：＜話の内容をうまく伝えるコツ＞

   1 項目数を挙げる。

   例) ここでは、3つの事例を紹介します。

   2 接続詞を効果的に使う。

   「ところで」「というのも」「つまり」など

   3 ポイントを短く繰り返す。

   キーワードを繰り返す。

1 佐藤：パンだったら、郵便局の隣の「モーニング」っていうお店が美味しくてお勧めで
すよ。

<意見を述べる>

1) 勧める表現

「○○だったら、△△っていう××がお勧めですよ。」

「○○だったら、～してみてください。」

A：最近、面白い映画やってる？

B：最近の映画だったら、「ララ」っていう映画がお勧めですよ。

A：今度、ソウルに遊びに行くんだけど。

B：ソウルでしたら、ぜひ「景福宮」に行ってみてください。

2) 考えを述べる表現

「～と思います。」

例) この本は、小学生には難しいと思います。

例) 一度みんなで集まって、話し合う機会を持つべきだと思います。

2 佐藤：フランス1つ星のパティシェが開いたお店で、パンはオーガニックの小麦粉
を使って作ってるんですよ。

<理由を説明する>

1) 伝えた要点の根拠を述べる。「～んですよ。」を使う。

2) 単に、「おいしかった。」「良かった。」ではなく、事実、エピソード、数字などを使って、で
きるだけ詳しく知ってもらうことが大切。

例) △ 開店前から列ができていて、とにかく人気なんですよ。

○ 開店1時間前からすでに2, 30人の人が列を作って開店を待っているんですよ。

例) △ 以前、私も景福宮に行ったんですが、すごく良かったんですよ。

○ 景福宮は都心にあるんですが、昔の建物をそのまま残していて、タイムスリップした気分が味わえるんですよ。

---

3 佐藤：中でも、日本ではなかなか食べられない本場のクロワッサンは、午前中に完売するらしいですよ。

佐藤：しかも全体的に値段もリーズナブルで、よく行列ができていますよ。

「中でも」：「特に」「とりわけ」という意味。

例) 彼の作品はどれも好きですが、中でも去年出た短編小説が一番好きです。

「しかも」　：前の内容に付け加える接続詞。

Tip：＜添加の接続詞＞

しかも、そのうえ、それに、加えて、そして、それから、そればかりか、それどころか、おまけに

＜事例を言う＞

相手が要点のイメージをつかみやすいように具体例をあげる。

例) 中でも人気のアトラクションは、待ち時間が3時間らしいですよ。

例) それに韓服のレンタル屋さんが近くに何件もあって、韓服を着て入場すると無料だそうですよ。

---

4 佐藤：それくらい人気なんですよ。今の時間だったら焼きたてのパンが食べられますよ。

＜念押し・提案＞

もう一度、要点を繰り返すことで、相手の理解を定着させる。

「～たら、どうですか。」と提案につなげる。

例) お子さんを連れていくには、ピッタリですよ。午前中なら空いていて、お勧めです。

例) 今の季節は紅葉もきれいで、特にお勧めですよ。

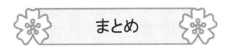
まとめ

考えを伝えるときに重要なことの一つとして、豊かな表現力があげられます。語彙力がないと情報が相手に正確に伝わりません。語彙力を磨くためにお勧めしたいことは、次の3つです。

1 大量の文章に触れる。
2 辞書で類語を調べる。
3 知らない言葉はメモする。

プライベートでも、ビジネスの場でも、伝える力を養うには、日々の積み重ねが必要です。まずは語彙を調べてメモする習慣をつけてみましょう。そのためには、たくさんの文章に触れてください。

Tip：上級者は日本の昔の詩集を読んでみましょう。お勧めは次の詩人の作品です。美しい語彙がたくさんあります。

中原中也、北原白秋、萩原朔太郎、大岡信

Quiz ────────────────────────────────────

日本人に韓国の観光地について、勧めてみましょう。何と言って勧めますか。

次のNG例を、理由や事例をあげてうまく相手に伝える内容に変えてみましょう。

NG例) エバーランドがお勧めですよ。すごく面白いんです。

OK例）　家族で楽しむなら、エバーランドがお勧めですよ。　→意見

韓国で一番大きいテーマパークで、ソウルからシャトルバスが出てるので
日帰りで楽しめるんですよ。→理由

しかも一日券を買ったら約４０個のアトラクションが乗り放題なんです。他にも
サファリパークがあったり、今ならハロウィンのパレードも見れますよ。→事例

ソウルに来たついでに、ぜひ行ってみてください。→念押し・提案

Clip 2

異論を唱える

はじめに

学習内容：「和を以て貴しとなす」という言葉を知っていますか。「みんな仲良く、争わないのが最も良い」という意味で、聖徳太子の時代から日本の美徳とされてきた考え方です。ですので、和を乱す人は「空気が読めない」人と言われたりします。しかし、「和を以て貴しとなす」には、もう一つ、「和の心で議論することが大切」という意味もあります。ここでは上手に意義を唱えてコミュニケーションをとる内容について学びます。

学習目標：相手と異なる意見をうまく相手に伝える流れとフレーズを学ぶ。

Quiz

相手の意見に納得がいかず、異論を唱えたいです。何と言いますか。次のNG例を適切な表現に変えてみましょう。

NG例)「その意見は間違っています。」

単語

☐ 効率が上がる   효율이 오르다

☐ 定期的   정기적

☐ 進捗   진척

先輩の塚本の提案に後輩の宮川が異論を唱える場面。

塚本(男)：これから毎週月曜日の朝8時に会議をしよう。

一週間の始まりに会議をしておけば、業務の効率も上がっていいと思うんだけど、どうかな。

宮川(女)：そうですね。いいと思います。

1時間後

宮川(女)：塚本さん、先ほどの会議の件なんですが、おっしゃるとおり定期的に集まるのはお互いの業務の進捗を確認できて、良いアイディアだと思います。

塚本(男)：そうだよね。

宮川(女)：でも実際に定期的に毎週となると、負担になる人も出てくると思われますし、かえって作業が遅れて支障が出ることも考えられます。

塚本(男)：うーん。そうかもね。

宮川(女)：それで考えてみたんですけど、2週間に一度、会議をするというのは、どうでしょうか。

塚本(男)：2週間に一度、月曜日にってこと？

宮川(女)：はい。2週間に一度、月曜日に定期的に集まれば、全員そろうこともできますし、業務にも支障が出ないと思うのですが。

塚本(男)：そうだね。じゃあ、この件については、もう少し考えてみるよ。

❀❀ 表現 Check ❀❀

会話に出てきた表現をチェックしていきましょう。

「異論を唱える」とは、相手と異なる意見を述べることですが、相手の意見を否定・批判するものではなく、お互いが納得できる「答え」を一緒に見つけ出していく交渉です。

＜異論を唱える流れ＞

1) まずは相手の意見を肯定する

2) 相手の意見の中で納得がいく所について述べる

3) 提案する

4) 理由やメリットを述べる

---

1 塚本(男)：来週から毎週月曜日の朝8時から会議をしよう。

　　宮川(女)：月曜日の朝8時ですか。

　　塚本(男)：うん。一週間の始まりに会議をしておけば、業務の効率も上がっていいと思うんだけど、どうかな。

　　宮川(女)：確かにそうですね。

＜相手の意見を肯定する＞

・それいいですね。

・確かにそうですね。

・おっしゃる事はよく分かります。

(友人・親しい仲)

・確かにそうかも。

・なるほどね。

・あ〜それは気づかなかった。

2 宮川(女)：塚本さん、先ほどの会議の時間の件なんですが、おっしゃるとおり定期的に集まるのは良いアイディアだと思います。今までは何かあるときだけ会議をしていたので、席をはずしている人が多くて、全員そろうことが少なかったと思います。

<相手の意見の中で納得がいく所について述べる>

意見や提案を言う前に、相手の意見の中で納得がいく所について述べる。

1) 感情的に否定する表現は避ける。

×「その意見は間違っています。」

2)「××という点」には納得しているが、「△△の点」について言いたいことがあると、内容を具体的に伝える。

○「確かに○○さんの意見の中で、××という点には納得できます。

しかし△△の点については、私は〜だと思うのですが、いかがでしょうか?」

○「私は〜と思うのですが、○○さんが〜と思う理由を教えていただけますか。」

3 宮川(女)：それで考えてみたんですけど、2週間に一度、会議をするというのは、どうでしょうか。

<提案する>

・先ほどの件ですが、〜だと難しそうです。

・〜だと難しいのではないかと思われます。

・こういった方法もあるのですが、どうでしょうか。

・一つ質問させてください。

→ 質問と言う形にして異論であるというニュアンスで表現する。

例) 一つ質問させてください。〜だと難しいのでしょうか。

＜前置きフレーズ＞

・私の考えを述べてもいいでしょうか。

・個人的な見解ですが、〜。

・私個人の考えですが、〜。

・個人的な意見ではありますが、〜。

・私見をもうしますと、〜。

・率直に申し上げますと、〜。

・無知でお恥ずかしいのですが、〜。

・見当違いだったらすみません。

例) 個人的な意見ではありますが、2週間に一度、会議をするというのは、どうでしょう

か。

Tip：目上の人には、「差し出がましい」を使う。

「差し出がましい」とは、出しゃばったまねやお節介という意味の敬語表現。

「厚かましい。」「おこがましい。」という意味。

・差し出がましいようですが。私のほうからも意見を申し上げますと、〜。

・差し出がましいこととは存じますが、〜。

・私がこのようなことを申し上げるのは、大変差し出がましいですが、〜。

4 宮川(女)：でも実際に毎週、定期的にとなると、負担になる人や業務の進捗に支障が
出ることも考えられます。

宮川(女)：はい。2週間に一度、月曜日に定期的に集まるなら、全員そろうこともでき
るし、業務にも支障が出ないと思うのですが。

<理由やメリットを述べる>

「考えられる」や「思う」を使う。

・～ということが考えられます。

・～であれば、～だと思うのですが。

Tip：理由やメリットを述べる時の工夫

　　1) データを見せて客観的に分かりやすく説明すると説得力が増す。

　　2) 数字でコミュニケーションしたほうが伝わる。

5　相手の意見に同意するとき

<同意の表現>

・賛成です。

・同意です。

・問題ありません。

<目上の人への同意の表現>

・承知いたしました。

・かしこまりました。

<都合の悪い事情や支障がないとき>

・差し支えございません。

<相手と違う意見はないとき>

・異論ございません。

<相手と違う意見はない。またそれに対する不満や不服な気持ちもないとき>

・異存ございません。

<相手と自分との2つの意見に違いがないとき>

・相違ございません。

<「異論」を使った表現例>

・本件について、私から異論はございません。

・本件について、弊社から異論はございません。

・異論はありませんが、1点だけ確認させていただきたい内容がございます。

6 自分の意見が間違っていた場合のお詫びの表現

・失礼ながら、大変差し出がましいことを申し上げました。

まとめ

ここでは、相手と異なる意見をうまく相手に伝える流れとフレーズを学びました。

<異論を唱える流れ>

1) まずは相手の意見を肯定する

2) 相手の意見の中で納得がいく所について述べる

3) 提案する

4) 理由やメリットを述べる

Quiz

相手の意見に納得がいかず、異論を唱えたいです。何と言いますか。

NG例)「その意見は間違っています。」

OK例)　前置き表現を入れて、提案や意見を言う。

・ 個人的な意見ではありますが、こういった方法もあるのですが、どうでしょうか。

・ 率直に申し上げますと、〜だと難しそうです。

・ 私個人の考えですが、〜というのはどうでしょうか。

　→ この後、理由やメリットを説明する。

Clip 3

電話で意見を聞く

はじめに

学習内容（がくしゅうないよう）：全体（ぜんたい）の意見（いけん）をまとめるために、電話（でんわ）で意見（いけん）をやりとりすることが多（おお）いと思（おも）います。ここでは以前（いぜん）、話（はな）していた話題（わだい）について、相手（あいて）と電話（でんわ）でやりとりする会話（かいわ）についてみていきます。

学習目標（がくしゅうもくひょう）：親（した）しい仲（なか）での電話（でんわ）での会話表現（かいわひょうげん）を学（まな）ぶ。

時間（じかん）や場所（ばしょ）などを電話（でんわ）で交渉（こうしょう）するときの表現（ひょうげん）を学（まな）ぶ。

相槌（あいづち）やリアクションの表現（ひょうげん）について学（まな）ぶ。

Quiz

来月（らいげつ）の同窓会（どうそうかい）の時間（じかん）が2時（じ）からになったことを相手（あいて）に伝（つた）えようと思（おも）います。何（なん）と伝（つた）えますか。次（つぎ）の(　)に適当（てきとう）な言葉（ことば）を入（い）れて会話文（かいわぶん）を完成（かんせい）しましょう。

(　　　　　　　　　　　　　　　　)、2時（じ）からになりました。

単語（たんご）

☐ クラス	반
☐ 少（すく）なくても	적어도
☐ わがまま	제멋대로

宮川(女)： 宮川ですけど。今、大丈夫ですか？

田中(女)： はい、大丈夫ですよ。

宮川(女)： クラスのお母さんたちで集まろうって言ってた食事会のことなんですけど。

田中(女)： はい。どうなりましたか。

宮川(女)： 来週の水曜日のお昼はどうかって話が出ていて。田中さん、その日、空いていますか。

田中(女)： 水曜日のお昼ですか。何時から何時ごろまでやりますか。

宮川(女)： まだはっきりとした時間は決まっていなくて。みんなの意見を聞いて、時間を調整しようと思っているんですけど。

田中(女)： あ、そうなんですか。ちょっと、水曜日は2時に子供のピアノ教室があって、連れて行かないといけないんですよ。

宮川(女)： あ、そうなんですね。

田中(女)： ええ。なので、もし参加したとしても1時半には少なくても出ないといけないと思います。

宮川(女)： 分かりました。 そうなると場所も学校の近くがいいですよね。

田中(女)： そうですね。わがままを言ってすみませんが。

宮川(女)： いえいえ。じゃあ、場所と時間を調整して、また連絡しますね。

田中(女)： はい、宜しくお願いします。

表現 Check

会話に出てきた表現をチェックしていきましょう。

1 宮川(女)：クラスのお母さんたちで集まろうって言ってた食事会のことなんですけど。

＜まず何についての話なのかについて言う＞

「〜って(い)た〜のこと」を使った表現例

・面白いって言ってた映画のこと

・本場のカレーが食べられるって言ってたお店のこと

・9月に集まることになってた集会のこと

「〜なんですけど。」の類似表現

・〜なんですが。

　食事会なんですが。

・〜の件ですが。

　食事会の件ですが。

・〜の件なんですが。

　食事会の件なんですが。

2 田中(女)：はい。どうなりましたか。

＜日程などを聞く表現＞

・いつになりましたか。

・どこになりましたか。

・決まりましたか。

・いつ頃になりそうですか。

・どこになりそうでそうですか。

・決まりそうですか。

3 宮川(女)：来週の水曜日のお昼はどうかって話が出ていて。

・「〜って」＝「〜という」の会話表現。

・「〜はどうかって話が出ていて。」=「〜はどうかという話が出ているのですが。」の
会話表現。

・「〜って話が出ていて。」

　例) もう少し後にしようって話が出ていて。

　例) 10月に集まろうって話が出ていて。

・「〜って言っていて。」

　例) 新宿で集まろうって言っていて。

4 宮川(女)：田中さん、その日、空いていますか。

<相手の都合を聞く>

・田中さんの都合はどうですか。

・水曜日でも大丈夫ですか。

・夜じゃなくてもいいですか。

(目上の人)

・ご都合は、いかがでしょうか。

・お時間よろしいでしょうか。

・お差支えございませんか。

5 田中(女)：水曜日のお昼ですか。何時から何時ごろまでやりますか。

疑問文ではない場合の「か」は、下降調にする。

水曜日のお昼ですか。 ↘(下降調)

何時から何時ごろまでやりますか。 ↗(上昇調)

下降調(↘)の「か」は、「知ったことを受け止める」という意味を表す。

例) A：明日、出張で東京に行きます。

B：あ、東京ですか。↘(下降調)

6 田中(女)：あ、そうなんですか。ちょっと、水曜日は2時に子供のピアノ教室があっ
て、連れて行かないといけないんですよ。

宮川(女)：あ、そうなんですね。

＜相槌＞

「そうなんですか。」

→「そのことを初めて知りました。」というニュアンス。

「そうなんですね。」

→ とりあえず相槌するときに使われる。目上の人には使えない。

例) A：昨日、部長に褒められたんですよ。

B：へえ、そうなんですね 。

→ 他人事に聞いているように感じられる。

B：へえ、そうなんですか。

→ 驚きや感心が感じられる。そのため、伝えた側はもっと話したいと思う。

7 田中(女)：もし参加したとしても1時半には少なくても出ないといけないと思います。

「～としても」

：「～と仮定しても」という意味。

例) 行くとしても10時以降になります。

例) 何かあったとしても、言葉が通じるから安心だ。

8 宮川(女)：分かりました。 そうなると場所も学校の近くがいいですよね。

「そうなると〜」は、「〜と仮定した場合」という意味。

「そうすると」「とすると」「となれば」と同じ。

例) 8時開始 {とすると / となれば} 7時には会場に到着しておいた方がいいですね。

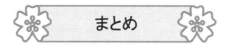

まとめ

ここでは以前、話していた話題について相手と電話でやりとりする会話について、表現や相槌などを学習しました。 電話では相手の顔が見えませんので、相槌やリアクションにも気をつけましょう。

Quiz

来月の同窓会の時間が2時からになったことを友人に伝えようと思います。 何と伝えますか。 次の( )に適当な言葉を入れて会話文を完成しましょう。

(来月の同窓会なんですが)、2時からになりました。
(来月の同窓会の件ですが)、2時からになりました。

物は相談

「物は相談」：困ったときは一人で悩まず、人に相談してみれば、解決できることもある という意味。

Clip 1

<ruby>相談<rt>そうだん</rt></ruby>する

❀ **はじめに** ❀

<ruby>学習内容<rt>がくしゅうないよう</rt></ruby>：「<ruby>物<rt>もの</rt></ruby>は<ruby>相談<rt>そうだん</rt></ruby>」という<ruby>言葉<rt>ことば</rt></ruby>を<ruby>知<rt>し</rt></ruby>っていますか。「<ruby>困<rt>こま</rt></ruby>ったときは<ruby>一人<rt>ひとり</rt></ruby>で<ruby>悩<rt>なや</rt></ruby>まず、<ruby>人<rt>ひと</rt></ruby>に<ruby>相談<rt>そうだん</rt></ruby>してみれば、<ruby>解決<rt>かいけつ</rt></ruby>できることもある」という<ruby>意味<rt>いみ</rt></ruby>です。<ruby>相談<rt>そうだん</rt></ruby>は<ruby>話<rt>はな</rt></ruby>しかける

きっかけにもなりやすいもので、コミュニケーションの<ruby>一<rt>ひと</rt></ruby>つです。

また、「<ruby>仕事<rt>しごと</rt></ruby>には<ruby>報連相<rt>ほうれんそう</rt></ruby>(<ruby>報告<rt>ほうこく</rt></ruby>・<ruby>連絡<rt>れんらく</rt></ruby>・<ruby>相談<rt>そうだん</rt></ruby>)が<ruby>大事<rt>だいじ</rt></ruby>だ」とよく<ruby>言<rt>い</rt></ruby>われます。ここ

では<ruby>上手<rt>じょうず</rt></ruby>に<ruby>相談<rt>そうだん</rt></ruby>して、<ruby>目上<rt>めうえ</rt></ruby>の<ruby>人<rt>ひと</rt></ruby>とも<ruby>円滑<rt>えんかつ</rt></ruby>なコミュニケーションができる<ruby>会話<rt>かいわ</rt></ruby>に

ついて<ruby>学<rt>まな</rt></ruby>んでいきます。

<ruby>学習目標<rt>がくしゅうもくひょう</rt></ruby>：<ruby>相談<rt>そうだん</rt></ruby>する<ruby>際<rt>さい</rt></ruby>に<ruby>必要<rt>ひつよう</rt></ruby>な<ruby>表現<rt>ひょうげん</rt></ruby>をマスターする。

Quiz

これからの<ruby>進路<rt>しんろ</rt></ruby>について<ruby>相談<rt>そうだん</rt></ruby>をしたいです。<ruby>何<rt>なん</rt></ruby>と<ruby>話<rt>はな</rt></ruby>しかけますか。

❀ **<ruby>単語<rt>たんご</rt></ruby>** ❀

☐ パート   파트

☐ <ruby>契約<rt>けいやく</rt></ruby>   계약

☐ <ruby>時間帯<rt>じかんたい</rt></ruby>   시간대

☐ <ruby>社員<rt>しゃいん</rt></ruby>   사원

□	責（せ）める	꾸짖다
□	事情（じじょう）を聞（き）く	사정을 듣다/묻다

会話（かいわ）

パートの宮川（みやがわ）が店長（てんちょう）に相談（そうだん）する場面（ばめん）。

宮川（みやがわ）（女）： 店長、パートの宮川です。お忙（いそが）しいところ、すみません。今（いま）、お時間（じかん）よろしいでしょうか。

店長（てんちょう）（男）： はい、どうぞ。どうしたの？

宮川（みやがわ）（女）： 実（じつ）は、契約時間外（けいやくじかんがい）の労働内容（ろうどうないよう）のことで店長（てんちょう）にご相談（そうだん）したいんですが。

店長（てんちょう）（男）： えっと、宮川（みやがわ）さんは午後（ごご）の時間帯（じかんたい）だよね。

宮川（みやがわ）（女）： はい。私（わたし）は午後（ごご）1時（じ）から6時（じ）の時間帯（じかんたい）なのですが、6時（じ）から働（はたら）いていた三田（みた）さんが先週（せんしゅう）辞（や）めたので、三田（みた）さんの仕事（しごと）も私（わたし）がやるようにと島崎（しまざき）さんに言（い）われまして。

店長（てんちょう）（男）： 社員（しゃいん）の島崎（しまざき）さんね。

宮川（みやがわ）（女）： はい。契約時間以外（けいやくじかんいがい）の労働内容（ろうどうないよう）だと思（おも）うので、お断（ことわ）りしたのですが、それでは困（こま）ると責（せ）められまして、店長（てんちょう）にご相談（そうだん）に上（あ）がりました。

店長（てんちょう）（男）： そうか。分（わ）かった。島崎（しまざき）さんにも事情（じじょう）を聞（き）いて確認（かくにん）してみるよ。

宮川（みやがわ）（女）： ありがとうございます。宜（よろ）しくお願（ねが）いいたします。

表現（ひょうげん） Check

会話（かいわ）に出（で）てきた表現（ひょうげん）をチェックしていきましょう。

1 ＜相談する流れ＞

1) 相手の都合を事前に聞く。

2) ポイントをまず伝える。

3) 具体的に相談する。

4) お礼を言う。

2 宮川(女)：店長、パートの宮川です。お忙しいところ、すみません。今、お時間よろしいでしょうか。

1) 相手の都合を事前に聞く。

・今、お時間よろしいですか。

・今、お時間ございますか。

(より丁寧な表現)

・今、お手すきでいらっしゃいますか。

・今、お手すきでしょうか。

(友人)

・今、ちょっといい？

・今、時間ある？

＜今ではなくてもいい場合の表現＞

・お時間がある時で結構ですので。

・お手すきの際にお願いいたします。

・後ほどお時間をいただけますか。

3 宮川(女)：実は、契約時間外の労働内容のことで店長にご相談したいんですが。

2) ポイントをまず伝える。

最初に何を相談したいのかについて簡単に伝える。

・○○のことで、

・○○の件で、

・○○について

例)・○○のことでご相談したいことがありまして。

　　・○○について相談がございます。

　　・実は、○○の件で頭を痛めておりまして。

< 「ご相談」以外の表現>

・○○の件で確認したいことがあるのですが。

・○○のことでお聞きしたいことがあるのですが。

・○○のことでお伺いしたいことがあるのですが。(「聞く」の謙譲語「伺う」を使う)

<あらかじめ自分の考えがまとまっている場合>

・書類を作成したのですが、一度見ていただいてもいいですか。

・書類を作成したのですが、ご意見をお聞かせください。

＊「お時間ある時に」、「お暇なときに」、「お手すきの際に」と一緒につかう。

・書類を作成したのですが、お時間ある時に一度見ていただいてもいいですか。

(友人)

・○○のことなんだけど。

・○○のことでちょっと相談したいんだけど。

・○○のことで、ちょっと聞きたいことがあるんだけど。

4 宮川(女)：私は午後1時から6時の時間帯なのですが、6時から働いていた三田さんが
先週辞めたので、三田さんの仕事も私がやるようにと島崎さんに言われまして。

宮川(女)：契約時間以外の労働内容だと思うので、お断りしたのですが、それでは困
ると責められまして、店長にご相談に上がりました。

3) 具体的に相談する。

1 自分なりに考えた上で、本当にこれで合っているのかについて聞く。

2 分からない所についてのアドバイスをしてもらう。

5 店長 (男)：そうか。分かった。島崎さんにも事情を聞いて確認してみるよ。

宮川(女)：ありがとうございます。宜しくお願いいたします。

4) お礼を言う。

・お手数をおかけしますが、よろしくお願いいたします。

・恐れ入りますが、よろしくお願いいたします。

まとめ

　ここでは上手に相談する会話について学びました。相談する際に必要な表現を覚えておく
ことで、コミュニケーションの幅が広がります。特に目上の人に相談するときのフレーズを覚
えておいて、先輩や上司と上手にコミュニケーションを図りましょう。

Quiz

　これからの進路について相談をしたいです。何と話しかけますか。

・ 今、お時間よろしいですか。これからの進路の件で確認したいことがあるのですが。

・ 今、お時間よろしいですか。これからの進路のことでお聞きしたいことがあるのですが。

・ 今、お時間よろしいですか。これからの進路のことでお伺いしたいことがあるのですが。

・ 今、お時間よろしいですか。これからの進路について相談がございます。

Clip 2

なぐさめる

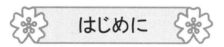

はじめに

学習内容：人間関係や仕事上の悩みがあったり、嫌なことがあると落ち込んでネガティブ

な発言をしたくなるものです。それを日本語で「弱音を吐く」と言います。ここで

は、弱音を吐く同僚をなぐさめる会話についてみていきます。

学習目標：落ち込んでいる友人や同僚をなぐさめるフレーズを学ぶ。

Quiz

落ち込んでいる友人をなぐさめたいです。何と言ってなぐさめますか。

単語

☐ 操作　　　　　　　　　조각

☐ 昇進する　　　　　　　승진하다

☐ 未だに　　　　　　　　아직까지도

☐ 元気がわく　　　　　　기운이 솟다(나다)

☐ 親身になる　　　　　　가족처럼

同僚同士の会話。

佐藤(女)：　木村さん、なんか今日は元気ないですね。

木村(男)：　実は、今朝も部長に怒られたんですよ。

佐藤(女)：　そうだったんですか。

木村(男)：　最近怒られてばかりで、今日はやる気が出ないんですよね。

佐藤(女)：　そうですか。私も入社したての頃は怒られてばかりでしたよ。

木村(男)：　そうなんですか。でも、こんなに怒られていたら、昇進するのも難しいです

　　　　　　よね。

佐藤(女)：　そんなことないですよ。実力のある部下を育てる為に言ってくれてるんだと

　　　　　　思いますよ。

木村(男)：　そうなんですかね。未だにパソコンの操作も上手くできなくて。

佐藤(女)：　それは少しずつ覚えれば大丈夫ですよ。私もそうでしたから。

木村(男)：　そうなんですか。

佐藤(女)：　はい。なんとかなりますよ。

木村(男)：　そうですね。

佐藤(女)：　まだ入社して2ヶ月しかたってないじゃないですか。これからですよ。

木村(男)：　そうですね。元気がわいてきました。親身になって聞いてくれて、ありがと

　　　　　　うございます。

会話に出てきた表現をチェックしていきましょう。

1 佐藤(女)：木村さん、なんか今日は元気ないですね。

<相手の様子を伺う言葉>

様子を伺う：相手の状況がどうであるか、気にかけるという意味。

・何かあった？

・どうかしたの？いつもと違うようだけど。

・悪いことしちゃったかな？

<返事>

・何でもない。大丈夫。

2 木村(男)：実は、今朝も部長に怒られたんですよ。

佐藤(女)：そうだったんですか。

木村(男)：最近怒られてばかりで、今日はやる気が出ないんですよね。

<悩みを相談する>

1) 困っている現状について説明する。

2) 自分の思う理想の状態について話す。

3) 理想の状態になるために自分がやりたいこと。

4) その上で、分からないこと。

3 佐藤(女)：そうですか。私も入社したての頃は怒られてばかりでしたよ。

<共感する返事(友人)>

・そっか。それは大変だね。

・そうだったんだ。それは大変だったね。

・うんうん、分かる分かる。

・えー、それは信じられない。

・あるある、私もそういう経験。

4 木村(男)：そうなんですか。でも、こんなに怒られていたら、昇進するのも難しいですよね。

弱音を吐く(よわねをはく)：「意気地のない言葉を口に出して言う」という意味。

5 佐藤(女)：それは少しずつ覚えれば大丈夫ですよ。私もそうでしたから。

  佐藤(女)：はい。なんとかなりますよ。

  佐藤(女)：まだ入社して2ヶ月しかたってないじゃないですか。これからですよ。

<なぐさめる・フォローする言葉>

・大丈夫だよ。

・そんなに気にすることないよ。

・大したことないって。何とかなるよ。

・(相手が謝ってきた時)もういいよ。気にしないで。

6 木村(男)：そうですね。元気がわいてきました。親身になって聞いてくれて、ありがとうございます。

<共感してもらった後の返事>

(友人)

・なんだか元気になった。ありがとう。

・話して楽になった。良かった話して。

・もうちょっと考えてみるね。また相談にのって。

まとめ

　ここでは、落ち込んでいる同僚をなぐさめる会話について学習しました。励ますフレーズを覚えて、活用してみましょう。

Quiz

　落ち込んでいる友人をなぐさめたいです。何と言ってなぐさめますか。

・大丈夫だよ。

・そんなに気にすることないよ。

・大したことないって。何とかなるよ。

Clip 3

電話でお悔やみの言葉を述べる

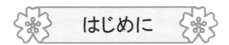

はじめに

学習内容：お悔やみの言葉とは故人を悼む言葉です。ここでは、電話でお悔やみの

言葉を述べる会話についてみていきます。

学習目標：相手をいたわる表現をマスターする。

（「いたわる」：傷ついた人に思いやりの気持ちで接する。）

Quiz

電話でお悔やみの言葉を言ってみましょう。何と言えばいいですか。

単語

☐ お悔やみ　　　　　　　　문상(조상)

☐ 癒えない　　　　　　　　아물지 않다

☐ 力を落とす　　　　　　　낙담하다

電話での会話

職場で交流がある相手の親戚が亡くなったという訃報を聞いて、電話でお悔やみの言葉

を述べる場面。

田中(女)：この度は誠に残念なことになりまして、心からお悔やみ申し上げます。

佐藤(女)：恐れ入ります。

田中(女)：突然のことでお慰めの言葉もございません。ご家族の皆様、どうぞお力落としのございませんように。

佐藤(女)：御丁寧にありがとうございます。

田中(女)：悲しみも癒えないうちにお尋ねするのは心苦しいのですが、今後の業務上のことについてお尋ねしても宜しいでしょうか。

表現 Check

会話に出てきた表現をチェックしていきましょう。

1 田中(女)：この度は誠に残念なことになりまして、心からお悔やみ申し上げます。

＜電話で使われるお悔やみの言葉＞

＊「お悔やみ」：故人を悼むこと。

　訃報を受けた際に、故人を忍んで遺族を慰める言葉として、「お悔やみ申し上げます」と声をかけるのが一般的です。葬儀に参列できないときは、弔電(ちょうでん)などで伝えることもあります。

＊「訃報」：死去したという知らせ。

　・心からお悔やみ申し上げます。

　・この度は、誠にご愁傷でございます。

　・突然のことでお慰めの言葉もございません。

・故人には生前大変お世話になりましたので残念でなりません。

・この度は思いもかけないことで、さぞお力落としのことと存じます。

・人望が厚かっただけに社内でも皆悲しんでおります。

Tip：「人望が厚い」：誰からも慕われて人気の高い人のこと。

　　　例) 彼は上司に信頼され、同僚からの人望も厚かった。

Tip：お悔やみの言葉を述べる時期

　　　1ヶ月から49日を過ぎていない頃に述べる。

　　　(四十九日(しじゅうくにち)：仏教用語。亡くなってから49日目に行う儀式。)

　　　ビジネス関係の場合、よほど親しい仲でなければ、49日程度を過ぎた後は、むし

　　　ろこの話題に触れないで会話をする方が自然です。

＜訃報を知っていてもお悔やみの言葉を述べる機会がなかった場合＞

・お悔やみを申し上げる機会がなくて、大変失礼いたしました。

・先日は突然のことで、ご愁傷でした。お悔やみを申し上げる機会がなくて大変失礼い

　たしました。

＜訃報を知らずにいた場合＞

・全く存じ上げず、大変失礼いたしました。心からお悔やみ申し上げます

＜相槌＞

・左様でございましたか。

・お寂しくなりますね。

2　佐藤(女)：恐れ入ります。

　　佐藤(女)：御丁寧にありがとうございます。

＜お悔やみの言葉を頂いた場合の返事＞

・お気遣いありがとうございます。

・わざわざありがとうございます。

3 田中(女)：悲しみも癒えないうちにお尋ねするのは心苦しいのですが、今後の業務上のことについてお尋ねしても宜しいでしょうか

＊ ビジネス上の相手であってもまずはお悔やみの言葉を述べる。ビジネスの要件をいきなり切り出さず、話題を変える時にはひとこと添える。

＜訃報を知らせる電話を受けたとき＞

1) まずはお悔やみの言葉を述べる。

・突然のことで言葉も見つかりません。お悔やみ申し上げます。

(友人の場合)

・それは大変だったね。つらい時に力になれなくてごめんね。何か私にできることがあれば、何でもするよ。

2) 事務的な内容を知りたいとき

・ご連絡ありがとうございます。できればお悔やみに伺いたいのですが、故人のお名前と喪主のお名前、お通夜や葬儀の日程と場所、宗教と喪主のお名前を教えていただけますか？

Tip：「喪主」：葬儀を主催する人のこと。
　　　「お通夜」：葬儀・告別式の前夜に行う儀式のこと。

・心身共にお辛いところを、お知らせ頂き本当にありがとうございます。
　あいにく遠方のため今すぐに伺うことができないのですが、今後の日程などはお決まりでしょうか？
・お辛いところをお尋ねすることになり、本当に申し訳ないのですが、今後の日程などはお決まりでしょうか？

・よろしければ会社として色々とお尋ねしたいのですが、お別れの式の日程については
　すでにお決まりですか？

＜避ける表現＞

生死に対する直接的な表現

・「死亡」、「死去」、「亡くなった」は、「ご逝去」に言い換える。

・「ご存命」、「生きていた頃」は、「ご生前」「お元気な頃」に言い換える。

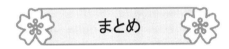

まとめ

　ここでは、電話でお悔やみの言葉を述べる会話について学習しました。とっさに出てくる
ように、大切なフレーズを覚えておきましょう。

Quiz

　電話でお悔やみの言葉を言ってみましょう。何と言えばいいですか。

・心からお悔やみ申し上げます。

・この度は、誠にご愁傷でございます。

・突然のことでお慰めの言葉もございません。

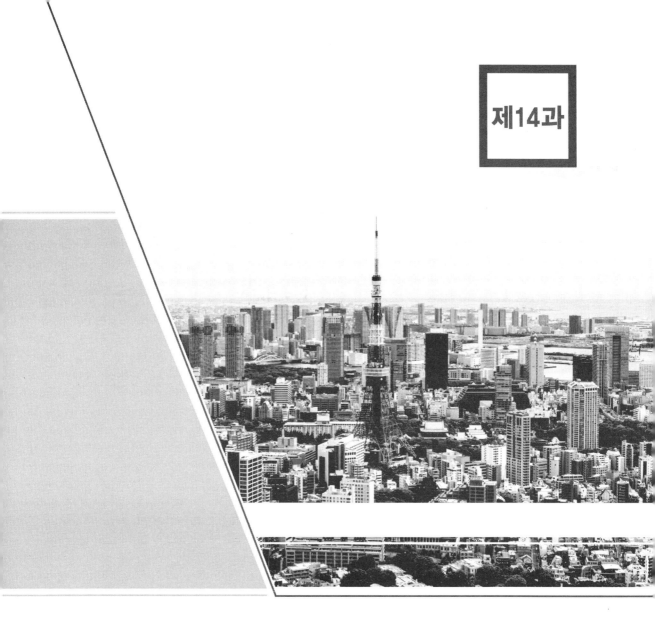

筋道を立てる

「筋道を立てる」：因果関係をはっきりとさせて、順を追って、論理的に説明する。

Clip 1

案件を説明する
あんけん　せつめい

はじめに

学習内容：因果関係をはっきりとさせ、ことの首尾を一貫させることを「筋道を立てる」と言
がくしゅうないよう　　いんがかんけい　　　　　　　　　　　　しゅび　いっかん　　　　　　　　すじみち　た　　　　い

います。「筋道を立てて説明する」というのは、因果関係をはっきりとさせて、
すじみち　た　せつめい　　　　　　　　　　　　　いんがかんけい

順を追って、論理的に説明することです。
じゅん　お　　ろんりてき　せつめい

ここでは、筋道を立てて起承転結を正しく組み立てた話し方について学習します。
すじみち　た　きしょうてんけつ　ただ　く　た　はな　かた　　　　　がくしゅう

学習目標：筋道を立てて説明するコツを学ぶ。
がくしゅうもくひょう　すじみち　た　せつめい　　　　まな

司会進行役でよく使うフレーズを学ぶ。
しかいしんこうやく　　　つか　　　　　　　まな

Quiz

筋道を立てて説明するときに、話を転換する接続詞を有効に使ってみましょう。
すじみち　た　せつめい　　　　　　　はなし　てんかん　せつぞくし　ゆうこう　つか

次の(　　)に入る言葉を一つ選びなさい。
つぎ　　　　　　はい　ことば　ひと　えら

A：ちょっと辛くても大丈夫ですか。
　　　　　　から　　　だいじょうぶ

B：辛くても食べられます。(　　)辛い物が好きで普段からよく食べるんですよ。
　から　　　た　　　　　　　　　　から　もの　す　　ふだん　　　　　た

　① だから　　　② そして　　　③ つまり　　　④ むしろ

単語
たんご

☐ 町内会　　　　　　　　　　　지역 자치회
　　ちょうないかい

☐ お祭り　　　　　　　　　　　축제
　　　まつ

☐ 開催 かいさい	개최	
☐ 設定する せってい	설정하다	
☐ 住民 じゅうみん	주민	
☐ 抗議 こうぎ	항의	
☐ 検討 けんとう	검토	
☐ 変更 へんこう	변경	
☐ 苦情が出る くじょう で	불평이 나오다	
☐ 職員 しょくいん	직원	

❀ **会話** かいわ ❀

会議の場面。
かいぎ ばめん

田中(女)： じゃあ、始めてください。

木村(男)： はい。今回は、町内会のお祭りの開催場所について、ご相談させていただく為に会議を設定しました。去年までは佐々木公園で行っていましたが、公園近くの住民から今年はやめてほしいと抗議がありました。そのため場所の検討をする必要があります。

田中(女)： そうですか。日程は8月3日で変更はありませんね。

木村(男)： はい。8月3日の5時から9時で決まりました。問題は、公園近くの住民から騒がしいからやめてほしいといった苦情が出ていることです。

田中(女)： そうですか。

木村(男)： そこで開催場所を山口小学校の体育館に移す計画を立てています。今後は小学校の職員たちと相談して進めていく必要があると思うのですが、いかがでしょうか。

表現 Check

会話に出てきた表現をチェックしていきましょう。

1 会議やミーティングで司会進行する時に効果的に話を進めるポイント
　　：聞き手が要点をつかめるように、伝えたいポイントについて、なぜそう思うのか、
　　　明確な根拠を準備して、分かりやすく端的に伝えることが大切。

<案件の説明の順番・ポイント>

ポイント1) 説明の概要
　　：何についての会議なのか。何について説明するのか。

ポイント2) 背景
　　：議題の背景や理由について。

ポイント3) 問題点・課題
　　：何が問題なのか。

ポイント4) 現状
　　：今行っている取り組みについて。

ポイント5) 今後の計画
　　：意見を伺う。

2 田中(女)：じゃあ、始めてください。
　　木村(男)：今回は、町内会のお祭りの開催場所について、ご相談させていただく為に
　　　　　　会議を設定しました。

<会議の始まりを告げるフレーズ>

・では、時間が参りましたので、会議を始めさせていただきます。

・時間になりましたので、今から会議を始めさせていただきます。

・本日はお忙しい中、お集りいただき、ありがとうございました。

・本日はご多忙の中、お集まりいただきましてありがとうございます。

・本日、司会進行役を務めます、○○と申します。

ポイント1) 説明の概要

　：何について説明するのか。

・本日のテーマは○○です。

・本日の議題は○○です。

・只今から○○に関する会議を始めます。

・○時までに△△についての結論を出したいと思っておりますので、ご協力よろしくお願いします。

3 木村(男)：去年までは佐々木公園で行っていましたが、公園近くの住民から今年はやめてほしいと抗議がありました。そのため場所の検討をする必要があります。

ポイント2) 背景

　：議題についての明確な根拠、理由を提示する。

4 木村(男)：はい。8月3日の5時から9時で決まりました。問題は、公園近くの住民から騒がしいからやめてほしいといった苦情が出ていることです。

ポイント3) 問題点・課題

　：何が問題なのかについて説明する。

5 木村(男)：そこで開催場所を山口小学校の体育館に移す計画を立てています。

ポイント4) 現状

　：今行っている取り組みについて。

<**話を転換する言葉(接続詞や副詞)を有効に使う**>

今までは○○という流れできた。現在は○○という状況である。

↓

さらに、△△という状況である。　(さらに：加えて。その上。)

↓

ところが、××という意見が出た。(ところが：しかしながら。だが。)

↓

むしろ、□□というのが良いのかもしれない。(むしろ：どちらかといえば。いっそ。)

↓

では、どうしたらいいのだろうか。(では：それでは。それなら。)

・「さらに」：添加を表す。「その上に」という意味。

　　例) さらに地震対策についても検討する必要がある。

・「ところが」：逆接を表す。相反する内容が続くときに使われる。

　　例) みんなで旅行に行くことにしていた。ところが、彼が急に反対し始めた。

・「むしろ」：二つを比べた時に、これの方が良いという気持ちを表すときに使われる。

　　例) 意見を言うよりは、むしろ黙っている方が良さそうだ。

・「では」：転換を表す。「それでは」という意味。区切りをつけるときに使われる。

　　例) では、始めましょう。

Tip：個々の説明を順番にする言葉

　　　まずは、～　→　次に、～　→　さらに、～　→　最後に、～

6 木村(男)：今後は小学校の職員たちと相談して進めていく必要があると思うのですが、
　　　　　　　いかがでしょうか。

ポイント5) 今後の計画

　　：意見を伺う。

・みなさんの意見をお聞かせください。

・質問・意見がある場合は、挙手をお願いします。

<意見が出た後に>

・つまり○○さんのご意見は、～ということでよろしいでしょうか。

・この件に関して、○○さんの意見を伺いたく思います。

<意見が出ないとき>

・どうでしょうか。意見のある方は、いらっしゃいませんか。

<話が逸れたとき>

「お話し中、申し訳ありません。」、「お話の途中で失礼します。」と一言断った後で、次のフレーズを言う。

・大変興味深い内容ですが、時間も限られますので、本題に戻りたいと思います。

・その件につきましては、後ほどメールにて参加者に配信をお願いします。

・本会議の趣旨からはちょっと離れてしまったようですので、本題に戻りたいと思います。

・そのお話は別の機会に伺うことにして、本題に戻りたいと思います。

・いったんこのあたりで、出た意見を整理してみましょう。

<次の議題に移るとき>

・○○の件は、これで終了いたします。では、次の議題に移らせていただきます。

<締めの言葉>　A＋B

A

・みなさんのおかげで実りある会議になりました。

・素晴らしい意見を頂き、ありがとうございました。

・皆様のご協力のもと、最善の結論を導き出すことができました。

B

・以上で閉会いたします。本日はお疲れさまでした。

・それでは、そろそろ会議をこれで終了させていただきます。お疲れさまでした。

・以上で○○に関する会議を終了させていただきます。ありがとうございました。

まとめ

ここでは、筋道を立てて説明するコツと、司会進行役でよく使うフレーズについて学びました。

Quiz

筋道を立てて説明するときに、話を転換する接続詞を有効に使ってみましょう。

次の(　　　)に入る言葉を一つ選びなさい。

A：ちょっと辛くても大丈夫ですか。

B：辛くても食べられます。(　　　)辛い物が好きでよく食べるんですよ。

① だから　　　② そして　　　③ つまり　　　④ むしろ

正解：④

Clip 2
あらすじを説明する

はじめに

学習内容：友達に先週観た映画を紹介したり、誰かに物語を伝える場面が日常会話でよくありますね。

ここでは、友達に読み終わった小説についてあらすじを交えて説明するときのポイントについて学習します。

学習目標：自分が観たり読んだりした物語のあらすじを説明する。

本の種類や出版の種類について理解する。

Quiz

友達に小説のあらすじを説明してみましょう。次は小説の要約です。これを参考にして言ってみましょう。

- ＜主人公＞19歳の女子大生
- ＜主人公がどこで何をするのか＞ただの旅行で行ったヨーロッパで日本食のレストランを開く。
- ＜主要な事件＞ある日偶然出会った日本人に誘われて日本食のお店を手伝う。
- ＜主人公の苦労＞現地の人におにぎりやみそ汁などがめずらしく、お客さんが全然来ない。
- ＜事件の解決＞彼女がおにぎりを美味しそうに食べてる姿を見て、少しずつお客さんが入ってくる。
- ＜自分の感想＞内容は平凡だが、言葉が通じない人たちが分かり合っていく描写が

コミカルで面白い。

単語

☐	新人賞	신인상
☐	作家	작가
☐	一気に	단숨에
☐	南米	남미
☐	実の姉	친 언니
☐	描写	묘사
☐	リアル	사실적, 리얼

会話

友人に小説のあらすじを説明する場面。

大塚(男)： それ、いつも読んでるけど、何の本？

山崎(女)： これ？小説だよ。最近、新人賞をとった作家の作品で、面白くて一気に読

んじゃったよ。

大塚(男)： へえ。どんな内容なの？

山崎(女)： 19歳の女子大生が旅行先の南米で、死んだはずの実の姉と再会する話な

んだけど。

大塚(男)： へえ。

山崎(女)：最初は一人で観光しているんだけど、ある日偶然出会った日本人の女性と仲良くなって、観光地を案内してもらったりするんだよね。

大塚(男)：うん。

山崎(女)：そのうち、色々なことが重なって、彼女が実の姉なんじゃないかって気づき始めるわけ。

大塚(男)：そうなんだ。

山崎(女)：でも、実の姉は幼い頃亡くなっていて、確かめるのが難しくて。

大塚(男)：だろうね。

山崎(女)：でも実は彼女が旅行している期間がちょうど死者のお祭りの時期と重なっていたことが分かって、お姉さんが現実の世界に戻ってきていたことが分かるんだ。

大塚(男)：へえ。なるほどね。

山崎(女)：内容はどこかで聞いたような話なんだけど、死んだ姉と生きている妹が時空を超えて再会する描写がリアルで面白いんだ。

大塚(男)：それは面白そうだね。

表現 Check

会話に出てきた表現をチェックしていきましょう。

1 あらすじとは

「粗筋」あるいは「荒筋」。

「粗」「荒」：大まか、おおざっぱ。

「筋」：ストーリー、筋書

物語の進行に沿って、全体的な内容を大まかに表したもの。

<あらすじの順番とポイント>

ポイント1) 主人公の紹介

　：ストーリーの背景や設定、主人公についての説明。

ポイント2) 主要な事件

　：どんなアクシデントや出来事が起きたのか。

ポイント3) 主人公の苦労

　：主人公にどんな苦労があったのか。

ポイント4) 主要な事件の解決

　：主人公がどうやってその問題に立ち向かい、苦労を乗り越えたのか。

あらすじを説明した後に自分の感想を付け加えてみましょう。

ポイント5) 自分の感想

　：自分が感じた物語の魅力や、考えたことについて語る。

2　大塚(男)：それ、いつも読んでるけど、何の本？

　　山崎(女)：これ？小説だよ。

<本の種類>

・小説

・エッセイ

・詩集

・コミック

・ビジネス書

・レシピ本

・写真集

<出版の種類>

・単行本

・文庫本

*「単行本」とは、

全集ではなく、単独で刊行される本のこと。
一般的に、雑誌や新聞で連載されたものをまとめて刊行される。

*「書き下ろし」とは、

掲載や連載を経ずに、作者が執筆後そのまま書籍化されるもの。

*「文庫本」とは、

A6判サイズで出版される小型の叢書。(「叢書」：全集やシリーズ物で刊行されたもの。)
単行本として刊行されたものの中から人気の高いものを後で文庫本として発売すること
が多い。

3 大塚(男)：へえ。どんな内容なの？
山崎(女)：19歳の女子大生が旅行先の南米で、死んだはずの実の姉と再会する
　　　　　話なんだけど。

ポイント1) 主人公の紹介

：ストーリーの背景や設定、主人公についての説明。
主人公がどこで、何をしたのかをまず簡潔に述べる。

・～する話なんだけど。

・～という話なんだけど。

<会話に出てきた表現>

1)「死んだはず」

「～たはずだ」：「～だったと思う」という意味。客観的な理由があって、確信していた

事柄が違っていたときに使われる。

例) 伝えたはずなのに、ちゃんと伝わっていなかった。

2)「実の姉」

「実の〜」:「血のつながりのある」という意味。

例) 二人が実の兄弟であることが分かった。

4 山崎(女): 最初は一人で観光しているんだけど、ある日偶然出会った日本人の女性と仲良くなって、観光地を案内してもらったりするんだよね。

山崎(女): そのうち、色々なことが重なって、彼女が実の姉なんじゃないかって気づき始めるわけ。

ポイント2) 主要な事件

: どんなアクシデントや出来事が起きたのか。

<会話に出てきた表現>

1)「〜じゃないかって〜」

:「〜ではないのかと〜」という意味のくだけた言い方。

例) 駅前のスーパーにあるんじゃないかって言われて、行ってみたんだけど、やっぱり売っていなかった。

例) 犯人は彼なんじゃないかって思ったけど、違ったみたい。

2)「〜わけ。」

: 文末表現「わけだ」。

「既成の事実や発言の内容が根拠・情報となり、論理的に結論づける」ときに使われる。

色々なことが重なった。 [根拠] → 気づき始めたわけだ。 [結論・判断]

例) A：あ、今日は休館日だ。

　　　B：ああ、それで電話を取らないわけだ。

5 山崎(女)：でも、実の姉は幼い頃亡くなっていて、確かめるのが難しくて。

ポイント3) 主人公の苦労

　　: 主人公にどんな苦労があったのか。

6 山崎(女)：でも実は彼女が旅行している期間がちょうど死者のお祭りの時期と重なっ
　　　　　　ていたことが分かって、お姉さんが現実の世界に戻ってきていたことが
　　　　　　分かるんだ。

ポイント4) 主要な事件の解決

＜会話に出てきた表現＞

「実は〜」：「打ち明けて言うと」という意味。本当の事情を打ち明けるときに使われる
　　　　　表現。

　　例) A：昨日のパーティはどうでした？

　　　B：実は、行けなかったんです。急に調子が悪くなって。

　　　A：え？ そうだったの？ てっきり行ったのかと思ってた。

7 山崎(女)：内容はどこかで聞いたような話なんだけど、死んだ姉と生きている妹が
　　　　　　時空を超えて再会する描写がリアルで面白いんだ。

ポイント5) 自分の感想

　　: 自分が感じた物語の魅力や考えたことについて語る。

＜会話に出てきた表現＞

「どこかで聞いたような話」

・どこかで○○したような△△

・どこかで見たような風景

・どこかで聞いたような歌

まとめ

ここでは、友達に読み終わった小説についてあらすじを交えて説明するときのポイントについて学習しました。

Quiz

友達に小説のあらすじを説明してみましょう。

会話例：

A：どんな内容なの？

B：19歳の女子大生がヨーロッパで日本食のレストランを開く話なんだけど。

A：うん。

B：最初は、ただの旅行で行くんだけど、ある日偶然出会った日本人に誘われて日本食のお店を手伝うんだよね。でも現地の人におにぎりとか、みそ汁とかってめずらしくてお客さんが全然来ないわけ。

A：だろうね。

B：でも彼女がおにぎりを美味しそうに食べてる姿を見て、少しずつお客さんが入ってくるんだ。

A：へえ。

B：内容は平凡なんだけど、言葉が通じない人たちが分かり合っていく描写がコミカルで面白いんだよね。

Clip 3

電話で会場の行き方を説明する

❀ はじめに ❀

学習内容：最近はスマホのマップアプリが充実していて、初めての場所でも迷わず行けるようになりましたね。 しかしマップアプリでもわからない場合は、道を聞かないといけません。ここでは、電話で道を案内する会話についてみていきます。

学習目標：基本的な道案内の用語を学ぶ。

道を案内する側、される側、どちらでも自信を持ってコミュニケーションできるようになる。

Quiz

友人から会場への行き方が分からないと電話がかかってきました。マップを見ながら次の□の中に入る適当な説明文を考えて、道案内の文章を完成させてください。

MAP

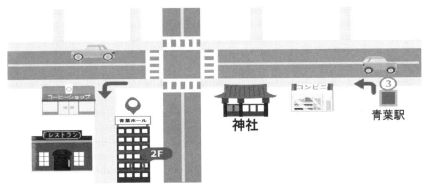

【説明】

青葉ホールの最寄りの駅は、青葉駅です。

_____

_____

_____

_____

_____

レストランの向かいの6階建ての黒いビルです。そこが会場になります。正面口から入るとすぐに階段が見えると思います。階段を上がった2階が受付となっております。

単語

☐	マップ	지도(맵)
☐	横断歩道	횡단 봐
☐	大通り	큰 길/ 대로
☐	手前	바로 앞
☐	路地	골목(길)
☐	角	모퉁이
☐	看板	간판

電話での会話

宮川が田中に集まりのあるレストランの行き方について電話で説明する場面。

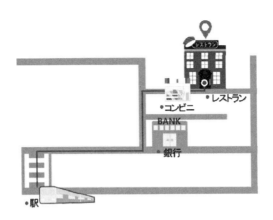

田中(女)：すみません、今、レストランに向かっているんですけど、スマホのマップだと徒歩の行き方が今いちよく分からなくて。今、駅の南口なんですが。

宮川(女)：あ、そうですか。じゃあ、南口から横断歩道を渡って、大通りに出てください。

田中(女)：はい。

宮川(女)：大通り沿いを3分ぐらい行くと、銀行が見えると思うんですが、銀行の手前で左に曲がってください。

田中(女)：銀行の手前の路地ですね。

宮川(女)：はい。路地に入ったら、2つ目の角で右に曲がってください。コンビニがありますので、その向かいの建物です。

田中(女)：そうですか。分かりました。はい、建物の3階ですよね。

宮川(女)：はい。大きな看板が出ているので分かると思うのですが、路地に入ったところで、また分からなかったら電話してください。

田中(女)：分かりました。ありがとうございます。

会話に出てきた表現をチェックしていきましょう。

1 田中(女)：すみません、今、レストランに向かっているんですけど、スマホのマップ
だと徒歩の行き方が今いちよく分からなくて。今、駅の南口なんですが。

<電話で道を尋ねる>

・バスで会場に向かっているんですけど、どの停留所で降りればいいか分からなくて。

・これから御社に伺いたいのですが、駅からどう行けばいいか教えてください。

2 宮川(女)：じゃあ、南口から横断歩道を渡って、大通りに出てください。

宮川(女)：大通り沿いを3分ぐらい行くと、銀行が見えると思うんですが、銀行の手前
で左に曲がってください。

宮川(女)：路地に入ったら、2つ目の角で右に曲がってください。コンビニがありますの
で、その向かいの建物です。

<位置の表現>

1)「角」모퉁이

・そこの角で曲がってください。

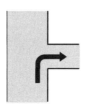

2)「隣」옆

・コンビニの隣です。

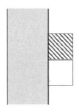

3)「向かい」「真向い」 건너편

　　・コンビニの向かいです。

　　・コンビニの真向いのビルです。

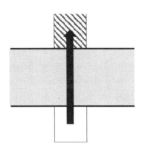

4)「突き当り」 막다른 곳

　　・コンビニは突き当りにあります。

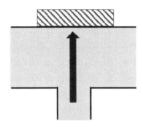

5)「手前」 앞, 전

　　・コンビニの手前を曲がります。

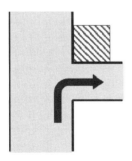

6)「右側 / 左側、右手 / 左手」오른쪽, 왼쪽

・右手/左手にコンビニがあります。

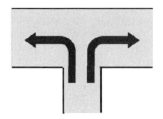

<行き方の表現>

・ 道に沿って行って下さい。 길 따라 가 주세요.

・ ○○通り沿いにあります。 길 따라 있습니다.

・ まっすぐ行って下さい。 곧바로 가 주세요.

・ 〜を通り過ぎて、 〜를 지나서

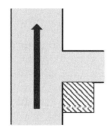

3 道案内の仕方

1) 起点をはっきりする。

　: 相手がどこから、どこへ向かうのかを明確にする。

・今、どこですか。

・何に乗って来ますか。

・どちらからいらっしゃいますか。

2) まず、全体像を伝える。

：細かい説明をする前に、大まかな位置について伝える。

・駅の南口からですと、南西の方向に歩いて１０分ぐらいの所にあります。

3) 目印を伝える。

：目立つ建物の情報を伝える。

銀行、ファミレス、郵便局、スーパー

4) 建物の情報を正確に伝える。

：何階建て、何色など。

・銀行の隣にある５階建ての白いビルが弊社の入居するビルです。事務所はビルの２
階にあります。

❀❀ まとめ ❀❀

　ここでは、基本的な道案内の用語を学び、道を案内する側、される側、どちらでも自信を
持ってコミュニケーションできるように学習しました。

Quiz ───────────────────────────────

　友人から会場への行き方が分からないと電話がかかってきました。マップを見ながら
相手に説明してあげてください。

【正解例】

青葉ホールの最寄りの駅は、青葉駅です。

青葉駅の3番出口から出てください。出口を出ると道が左右に分かれます。左側にコンビニが見えますので、左側に進んでください。コンビニを過ぎて、そのまま真っすぐ行くと、左手に神社が見えます。さらに直進すると交差点に到着します。まっすぐ横断歩道を渡って直進してください。しばらく進むとコーヒーショップが見えます。コーヒーショップの手前を左に曲がってください。コーヒーショップを過ぎると「青葉ホール」の看板が見えると思います。

レストランの向かいの6階建ての黒いビルです。そこが会場になります。正面口から入るとすぐに階段が見えると思います。階段を上がった2階が受付となっております。

한글 해석

제1과
날씨에 대해 말하기

Clip 1 공통점을 찾는다

들어가기

　초대면의 상대나 그다지 친하지 않은 상대 등, 혹은 아직 안면이 얕은 사람과의 화제로 곤란할 때, 가장 편리한 것은 날씨 이야기죠?

　학습 내용 : Yes/No로 대답할 수 있는 질문이 아닌, 상대방이 말하기 쉬운 질문을 하여
　　　　　　공통점을 찾는다.
　학습 목표 : '오늘은 날씨가 좋군요' '그렇네요' 라고 하는 단순한 [사교 사령]을 [대화]로 발
　　　　　　전시키는 커뮤니케이션 능력을 배우고 익힌다.

Quiz
날씨 이야기를 계기로 이야기를 펼쳐봅시다.
당신 "오늘은 날씨가 좋네요"
상대방 "그렇네요…"
당신은 뭐라고 이어가겠습니까?

문형

1 날씨가 좋네요
　지갑이 떨어졌어요
　같이 가실 거죠?

종조사(終助詞) ね・よ・よね

　발화의 마지막에 붙이는 종조사는 화자의 태도를 나타낸다. 다만, 제한적인 상황에서 사용되기 때문에 시용법을 틀리면 부자연스러워지므로 주의가 필요.

1) ね
　① 상대방도 알고 있는 것에 대하여 동의를 구하는 표현
　　예) A : 오늘은 비가 오네요.
　　　　B : 그렇네요.

　② 상대방의 이야기에 대하여 확인하는 표현
　　예) A : 내일 모임은 참가합니다.
　　　　B : 내일은 참가하시는군요.

2) よ
　　① 상대방이 모르는 것에 대하여 주의를 주는 표현
　　　　예) 단추가 떨어졌어요.
　　②「～んですよ」의 형태로 자신의 일을 서술한다.
　　　　예) 어제, 선생님한테 칭찬받았어요.

Tip : 사용방법을 틀리면 부자연스러워지거나 불쾌감을 주기 때문에 주의가 필요.
　　　이유를 묻는 의문문의 대답에는「よ」를 붙이지 않는다.

　　　　A : 연휴에 어디 가시나요?
　　　　B : 오키나와에 갑니다.

　　　　A : 이름이 뭐에요?
　　　　B : 저는 김보현 입니다.

3) よね
① 상대방도 아는 것으로, 상대방이 자신보다 더 잘 알 것으로 생각되는 것에 대하여 확인을 할 때 사용
된다.
　　예) A : 회의는 10시부터 맞죠?
　　　　B : 확실히 그랬어요.

② 자신의 일에 대하여, 자신의 생각을 서술하는 표현.
　　예) A : 내일 모임에 오니?
　　　　B : 내일은 집에서 좀 쉬고 싶어.
　　　　A : 그래? 어딘가 안좋은 거야?
　　　　B : 계속 바빴으니까, 내일은 쉬고 싶어.

2 비가 드디어 그쳤네요.

간신히, 마침내, 드디어~
오랫동안 기다리던 사태가 마침내 실현된다는 의미.(＝겨우)
예) 마침내 그가 나타났습니다.

3 A : 벌써 돌아가시는 건가요?
　　B : 조금 (몸)상태가 나빠서요.

「～んですか。」는 상대방에게 설명을 요구하는 질문을 할 때 사용된다.「～んですか。」라고 질문을 받으면
보통「～んです。」라고 대답한다.
　　① 이유를 묻는다　② 질문 받은 이유에 대하여 답한다.

　　① ～んですか。
　　② ～んです。

1) ～んですか(～요?)
　　뭔가 특별한 것을 발견하여 놀라거나, 흥미나 관심을 갖거나, 걱정했을 때 상대방에게 그것에 대한
　　설명을 요구하는 질문을 하거나, 이유를 물을 때 사용된다.

① (큰 정장을 가지고 있는 상대방을 보며)
　　A : 어디 가시나요?

B : 저녁 편으로 홋카이도에 갈 거에요.

② (비명을 듣고)
　　A : 무슨 일 있었나요?
　　B : 바퀴벌레가 나왔어요.

2) ～んです（～요. / ～다.）
　　자신의 행동이나 발언에 대하여 이유를 설명하거나 강조할 때 사용된다.

　　① 어제 이상한 꿈을 꿨어요.
　　② 이 신발, 300엔이었어요.

Tip : 「～んです」이 사용될 수 없는 경우
　　1) 단순한 사실을 말할 때에는 「～んです」를 사용할 수 없다.
　　　（자기소개 할 때）
　　　○저는 서울에서 왔습니다.
　　2) 단순히 화자의 회만과 의견을 말할 때에는 「～んです」이 사용되지 않는다.
　　　○저는 일본에서 취직하고 싶습니다.

회화

김 :　　　안녕하세요. 오늘은 날씨가 무척 좋아서 기분이 좋네요.
하치노 :　안녕하세요. 정말로 날씨가 좋네요.
김 :　　　사사키공원에 벌써 벚꽃이 폈어요.
하치노 :　그래요? 지난주는 추웠었는데 이제야 겨우 봄 같아 졌네요.
김 :　　　이번주는 좋은 날씨가 계속 이어질 것 같아요. 이번 휴가에는 어디 가시나요?
하치노 :　아니요, 특별한 예정은 없어요. 아이는 그저 게임만 하고 있고요.
김 :　　　저도 그래요. 어느 쪽이냐고 물으면 인도어 파 쪽이에요. 방에 틀어박혀서 음악 감상 같은 걸
　　　　　해요.

표현 Check

회화에 나온 표현을 체크해봅시다.

1 김 : 오늘은 날씨가 무척 좋아서 기분이 좋네요. 사사키공원에 벌써 벚꽃이 폈어요.

날씨에 대한 화제는 상대방과의 공통점이므로 여기서부터 시삭.
그날의 날씨나 기후에 맞춰서 말을 걸어 봅시다.

〈날씨/기후 문구〉
　봄
　• 많이 따뜻해졌네요. 따뜻해서 오늘은 코트 없이 출근 했습니다.
　• 따뜻해졌다고 생각했는데, 다시 추워졌네요.
　• 오늘은 꽃가루가 적은 것 같네요.

　비
　• 오늘은 공교롭게도 비가 오네요.

- 기대하고있었는데 날씨가 나빠서 아쉽네요.
- 한바탕 비가 올 것 같네요. 이거로 조금은 선선해 지겠네요.
- 최근 비 오는 날이 많네요.

여름
- 매일 덥네요. 나고야는 37도라고 해요.
- 날씨가 푹푹 쪄서 덥네요.
- 조금 있으면 피안인데도 더운 날이 계속 되네요.

가을
- 오늘은 쾌청한 가을 날씨네요. 공기가 신선하고 시원해요.
- 꽤 지내기 쉬워졌네요.
- 오늘은 하늘이 새파랗고 구름 한 점 없네요.

겨울
- 12월 치고는 따뜻하네요.
- 거리가 온통 크리스마스 분위기네요
- 오늘 아침은 쌀쌀하네요. 그러고보니 삿포로는 오늘 아침에 폭설이었다고 해요.

2 김 : 이번주는 쭉 좋은 날씨가 이어질 것 같아요. 내일 휴가에는 어디 가시나요?

〈질문을 하다〉

1) Yes/No로 대답할 수 있는 질문이 아닌, 상대방이 말하기 쉬운 질문을 합시다.
   예 : • 쉬는 날은 어떤 것을 하시나요?
        • 내일 휴가는 어떻게 보내실건가요?

2) 자신에 대해서 먼저 이야기를 해봅시다.
   예 : • 저는 골프를 치러 갑니다만, 골프는 치시나요?

3 하치노 : 아니요, 특별한 예정은 없어요. 아이는 그저 게임만 하고있고.
   김   : 저도 그래요. 어느 쪽이냐고 물으면 인도어 파인 사람이에요. 방에 틀어박혀서 음악 감상 같은
          걸 해요.

→ 상대방의 태도를 보고, 공통점이나 화제를 찾는다.

〈～でして。〉
「～ですので。」의 구어체

4 인도어 파 쪽

〈～파〉
경향을 나타내는 단어를 만드는데 요긴한 단어. 양자택일의 경우에 사용이 된다.

예 : • 인도어 파 ⇔ 아웃도어 파
     • 밥 파 ⇔ 빵 파
     • 딸기에 연유를 뿌리는 파
     • 디저트는 먼저 먹는 파

〈~한 편〉

비교에서 우세한 측을 나타낼 때 이용한다.

예 : • 그는 얌전한 편입니다.
　　• 그녀는 조용한 편입니다.
　　• 자주 먹는 편입니다.
　　• 아직 이해해주는 편입니다.

5 음악감상 이라던지 해요.

　음악감상 이라던지(, 영화감상 이라든가를)합니다.

두 번째 사항은 생략한 형태.

〈이라던지/이라든가〉

「とか」의 본래의 의미는 병렬조사에서 일반적으로는 「…とか…とか」와 같이 열거하는 것의 말미의 사항에 「とか」를 붙이지만, 최근에는 회화에서 많이 쓰이고 있다.

① '등 여러가지' 라는 의미.
　예 : 모토군이 돌아오지 않는데, 학교 라던지 찾아 봐 줄래?(학교 등 여러 곳)

② '일반적인~, 이른바~' 라는 의미.
　예 : 이 코트 어제 샀는데, 이거라면 겨울이라던지 추울지도.(일반적인 겨울, 이른바 겨울)

연습

문형연습

1 ね/よ/よね
• 오늘 아침은 쌀쌀하네요.
• 문이 열려 있어요.
• 내일은 휴일이네요.

2 ようやく (드디어,마침내)
• 오늘 아침에 드디어 원고가 완성되었습니다.

3 ~んですか。(~요?) / ~んです。(~요. / ~다.)
　• A : 왜 그래요?
　　B : 스마트폰을 누고 본 것 같아요.

연습문제

다음의 (　)에 들어갈 말을 a,b,c,d 중에서 하나 고르시오.

A : 무슨 일 있었나요?
B : 다나카씨와 연락이 되지 않습니다.

a ね　b よ　c よね　d んです

정답 : d んです

인사에서 대화로 발전시키는 커뮤니케이션 방법에 대하여 배웠습니다.

Quiz
날씨 이야기를 계기로 이야기를 펼쳐봅시다.
당신　"오늘은 날씨가 좋네요"
상대방 "그렇네요…"
당신　"　　　　　　　　"
회화 예 :
① 주말까지 이어주면 좋겠어요. 주말에 가족과 드라이브하러 가거든요.
② 날씨가 좋으면 세탁물이 금방 말라서 감사하죠.
③ 주말은 어디 가시나요?

Clip 2 주제를 찾는다.

학습내용 : 상대방이 이야기하기 쉬운 질문을 해서 화제를 찾는다.
학습목표 : 대답의 방법이나 리액션에 대하여 배운다.

Quiz
상대방의 대답을 듣고 대화를 이어가 봅시다.
당신　"주말은 어디 가셨어요?"
상대방 "아니요, 집에서 빈둥거렸어요…"
당신　"　　　　　　　　"

당신은 뭐라고 이어가겠습니까?
어떤 리액션을 하겠습니까?

1 쉬었던 만큼 바쁘다.

~分(だけ)
'그 정도에 따라' '그것에 따른 양' 이라는 의미. 주로 '~하면, ~한 만큼' '~하면, 그 만큼'의 형태로 사용된다.

예 : 늦으면 그 만큼 잔업이 많아집니다.

2 요즘은 거의 외식합니다.

もっぱら

'거의 그것 만' 이라는 의미.

예 : 휴일에는 거의 집에 있습니다.

3 뭔가 제가 도와드릴 수 있는 것은 없나요?

何か〜 ありませんか。（ありますか。）
확실하게 지시할 수 없는 일을 표현한다.

예 : 뭔가 먹을 것은 없나요?

회화

김 :　　　오늘은 더욱 무덥네요.
하치노 :　그러게요. 오늘 밤도 열대야 같아요.
김 :　　　더운 만큼 맥주가 맛있네요. 어제는 비어 가든에 들렸다 왔어요.
하치노 :　그래요? 저는 오래간만에 헬스장에 다녀왔습니다.
김 :　　　우와, 평소에도 운동을 하나요?
하치노 :　그게 헬스장에 등록만 하고는 좀처럼 안가요.
김 :　　　그렇군요. 저는 쉬는 날에 골프 치러 가긴 하는데, 골프는 치시나요?
하치노 :　아니요, 골프는 쳐본적이 없어요.
김 :　　　그래요? 쉬는 날은 어떤 일을 하시나요?
하치노 :　덥기 때문에 최근에는 거의 집에서 영화만 보고 있습니다.
김 :　　　그렇습니까? 뭔가 추천할 만한 영화가 있나요? 저는 코미디 영화를 좋아합니다만.

표현 Check

회화에 나온 표현을 체크해봅시다.

1 김 : 오늘은 더욱 무덥네요.
　하치노 : 그러게요. 오늘 밤도 열대야 같아요.
　김 : 더운 만큼 맥주가 맛있네요.

〈대답하기 곤란할 때〉
① 연상 게임처럼 펼친다
　예 : A : 매일 덥네요
　　　B : (덥다고 하면……맥주!)
　　　　　더운 만큼 맥주가 맛있네요

② 눈에 보이는 것을 말한다
　예 : • (행렬을 보며)
　　　　　우와...줄이 엄청나네요!
　　　• (일루미네이션을 보며)
　　　　　예쁜 일루미네이션이네요.

2 김 : 어제는 비어 가든에 들렸다 왔어요.

〈날씨 이야기를 통해서 자신에 관한 이야기를 한다〉
• 최근, 비가 많이 오네요. 세탁물이 마르지 않아서 곤란해요.

3 하치노 : 그래요? 저는 오래간만에 헬스장에 다녀왔습니다.
　김 : 우와, 평소에도 운동을 하나요?

〈리액션을 한다〉
• 우와, 성실하네요
• 우와, 대단하네요.
• 우와, 언제나 그래요?

4 하치노 : 그게 헬스장에 등록만 하고는 좀처럼 안가요.
　김 : 그렇군요.

리액션을 하기 곤란할 때에는 '그렇군요'
긍정적인 화제에서도 부정적인 화제에서도 사용할 수 있다.

5 김 : 저는 쉬는 날에 골프 치러 가긴 하는데, 골프는 치시나요?
　하치노 : 아니요, 골프는 쳐본적이 없어요.
　김 : 그래요? 쉬는 날은 어떤 일을 하시나요?

〈상대방의 나오는 태도를 보고 질문한다〉
대답을 듣고, 상대방이 말하기 쉬운 질문을 합시다.

예: A : 저는 쉬는 날에는 자주 등산을 하는데, 등산은 하시나요?
　　B : 등산은 별로.
　　A : 그래요? 쉬는 날은 어떤 일을 하시나요?

Tip : 〈화제에 곤란할 때의 화제〉
　　　1 날씨
　　　2 출신지
　　　3 살고 있는 장소
　　　4 취미
　　　5 직업
　　　6 오늘의 뉴스
　　　7 혈액형
　　　8 재미있었던 책/영화

연습

문형연습

1. ~만큼(만)
　노력한 만큼(만) 보(답)상 받을 거에요.

Tip: '보(답)상을 받다(**われる**)'이란, '나날의 노력이나 고생한 것에 대하여, 그에 상응하는 결과나 성공을 얻는 것'을 의미한다.
    예) 노력은 반드시 보답한다.
    예) 긴 세월의 고생이 보상 받다.

2. 거의
    요즘 점심은 거의 라면입니다.

3. 뭔가 ~ 없나요? (있어요?)
    뭔가 재미있는 일은 없나요?

연습문제
a부터 e를 알맞은 순서로 나열하여 문장을 완성 하시오.
a 살찝니다   b 만큼   c 먹은   d 만   e 먹으면

정답 : 먹으면 먹은 만큼 살찝니다.

총정리

날씨 이야기라도 그 후의 이야기 전개 방법에 따라서 대화가 진행이 됩니다.
날씨 이야기를 계기로 하여 능숙하게 이야기를 펼쳐 가면, 자연스러운 커뮤니케이션을 취할 수 있게 됩니다.

Quiz
상대방의 대답을 듣고 대화를 이어가 봅시다.

당신 "주말에는 어디 가셨어요?"
상대방 "아니요, 집에서 빈둥거렸어요.."
당신 "   "

당신은 뭐라고 이어가겠습니까?
어떤 리액션을 하겠습니까?

회화 예 :
그렇네요. / 그래요?
• 최근에는 거의 집에서 지내나요?
• 쉬는 날은 집에서 빈둥빈둥 하는 것이 제일 좋지요.

Clip 3 메일 주소의 변경을 메일로 전하기

들어가기

학습내용 : 메일 주소 변경을 전하는 메일을 보낸다.
학습목표 : 오랫동안 연락 안한 상대방에게 메일을 보낸다.

나카야마씨 에게

① 안녕하세요.
② 4월에 스페인 요리 이벤트에서 만난 오가와 입니다.
③ 오래간만입니다만, 어떻게 지내고 계신지요.
④ 이번에 메일 주소를 변경했습니다. 괜찮다면 새로운 주소를 등록해 주세요.
　다음에 다시 만날 날을 기다리겠습니다.
⑤ 계절이 바뀌는 시기(환절기)이니, 부디 몸조심하세요.

오가와 로부터

표현 Check

기억해두면 편리한 문구

1 안녕하세요.

서두 인사

〈서두의 기본 인사〉
• 잘 지내셨나요?
• 건강하게 잘 지내고 계신가요?
• 건강하게 잘 지내셨나요?
• 언제나 신세지고 있습니다.
• 언제나 감사합니다.
• 일전에는 감사하였습니다.

2 4월에 스페인 요리 이벤트에서 만난 오가와 입니다.

구체적으로 이름을 댄다
• 작년 다도교실에서 함께 했던 ○○입니다.
• 1월에 학교 행사에서 만난 ○ ○입니다.

3 오래간만입니다, 어떻게 지내고 계신지요.

근황을 묻는다
• 건강하신가요?
• 감기에 걸리지는 않으셨나요.
• 오래간만입니다.

'오래간만입니다'는 정중한 표현 방법으로, 비즈니스 상황에서 사생활에 까지 두루 쓰이는 문구 중 하나 입니다.

〈'오래간만입니다'의 형식적인 표현〉
• 오래간만입니다.
• 오래간만입니다.

- 오래간만입니다. (오래도록 연락을 취하지 못하여 죄송하다는 마음이 전해진다)

4 계절이 바뀌는 시기(환절기)이니, 부디 몸조심하세요.

끝맺음 말

〈끝맺음 말〉
- 그럼 이만.
- 바쁘신 것은 알지만, 건강도 조심하기 바랍니다.
- 더위도 지금부터가 본격적인 만큼, 부디 몸 상태가(건강이) 무너지지 않기를 바랍니다.
- 엄한 추위가 계속되지만, 부디 건강하세요.

Tip : ● 두어(편지의 첫머리에 쓰는 말)와 결어(문장의 끝맺는 말)를 사용한다.
　　　두어 '배계'로 쓰기 시작하는 경우에는, 결어 '경구'로 묶습니다.
　　　두어와 결어의 짝은 정해진 조합이 있습니다.
　　　◎ 두어 '배계' –결어 '경구'
　　　◎ 두어 '근계' –결어 '경구'
　　　이러한 두어와 결어는 딱딱하게 느껴지므로 친한 사이라면 생략해도 좋습니다.

총정리

오랫동안 연락 안한 상대방에게 메일을 보내는 내용에 대하여 학습했습니다.
　자신의 근황을 보고하면서, 상대방과의 공통된 이야기 등을 주고 받으면서 문장을 만드는 연습을 해봅시다.

연습

다음의 a-h의 문장을 올바른 순서대로 나열해봅시다.

에리카씨 에게

a 반 친구들과 연말에 한 번 식사라도 하자고 이야기하고 있어요.
b 또 일정 등 자세한 것이 정해지면 연락하겠습니다.
c 안녕하세요.
d 건강하게 잘 지내셨나요?
e 바쁘신 것은 알지만, 건강도 조심하기 바랍니나.
f 영국회화교실에서 함께 했던 나카가와 입니다.
g 그럼 이만.
h 그때는 꼭 에리카씨도 참석해주세요.

나카가와 로부터

정답 :
에리카씨 에게

c 안녕하세요.

f 영국회화교실에서 함께 했던 나카가와 입니다.

d 건강하게 잘 지내셨나요?

a 반 친구들과 연말에 한 번 식사라도 하자고 이야기하고 있어요.

h 그때는 꼭 에리카씨도 참석해주세요.

b 또 일정 등 자세한 것이 정해지면 연락하겠습니다.

e 바쁘신 것은 알지만, 건강도 조심하기 바랍니다.

g 그럼 이만.

나카가와 로부터

제2과

사교인사

Clip 1 자신을 어필한다

들어가기

파티에서 사외 인사와 초대면에서의 인사하는 대화를 학습합니다.
처음 만나는 사람에게 자신을 어필하는 것은 용기가 필요합니다.
비즈니스 세계에서는 명함이 편리합니다.

학습내용: 자신을 어필한다.
학습목표: 사교장에서 처음 보는 사람에게 인사할 때의 표현을 배우고 익힌다.

Quiz
1 상대방에게 명함을 주고 싶습니다. 뭐라고 말하면 좋을까요?
　① 예, 이거 제 명함입니다.
　② 명함을 줘도 되나요?
　③ 명함을 건네 드려도 되겠습니까?

2 명함을 받을 때에는 뭐라고 하면서 받으면 좋을까요?
　① 받습니다.
　② 잘 받겠습니다.
　③ 고마워.

3 상대방의 명함을 받고 싶을 때에는 뭐라고 하면 좋을까요?
　① 명함을 받을 수 있을까요?
　② 명함을 받을 수 있나요?
　③ 명함을 주겠습니까?

문형

1 사장님, 짐을 들어드리겠습니다.

겸양표현 : お + 동사ます형 + する

'자신이 상대방을 위하여 어떠한 행위를 한다'라는 의미.

276 회화, 전화, 메일, 문자 **실전 커뮤니케이션 일본어회화**

	ます形			お～する （謙譲表現）			
I	送	り	ます	お	送	り	する
	呼	び	ます	お	呼	び	する
	出	し	ます	お	出	し	する
II	見せ		ます	お	見せ		する
	迎え		ます	お	迎え		する

* 「来る(오다)」의 겸양어→「まいる(오다)」
* '명사＋する'의 겸양어→ 'ご＋명사＋する'(ご説明する、ご案内する)

예) お聞きする。(듣다)
예) お待ちする。(기다리다)

2 잠시 시간을 내어주실 수 있으신가요?

겸양표현＋てもよろしいでしょうか(～도 되겠습니까?)

윗사람에게 매우 정중하게 허가를 요구하는 표현으로, 「お時間(시간)」이나 「いただく(받다)」와 같은 경어 표현과 함께 사용된다.
「でしょうか」는 「ですか」보다 정중한 표현.

예) A : 지금 여쭤봐도 되겠습니까?
　　B : 괜찮아요.

3 어디로 가면 좋을까요?

의문사＋동사 가정형＋よいでしょうか(좋을까요)

「どう(어떻게)」「どこ(어디)」 등의 의문사를 수반하는 의문문으로, 수단·방법을 묻는 경우에 사용된다.
「でしょうか(～일까요?)」는 「ですか」보다 정직한 표현. 「よいでしょうか(좋을까요?)」 보다 정중한 표현은 「よろしいでしょうか」이다.

동사의 가정형
1 그룹 : 어미를 「え」단으로 바꾸고 「ば」를 붙인다.
　　　行く(가다)→行けば(간다면)
2 그룹 : 어미를 떼고 「れば」를 붙인다.
　　　食べる(먹다)→食べれば(먹으면)
3 그룹 : 来る(오다)→来れば(오면)、する(하다)→すれば(하면)

예) どうすれば、よいでしょうか。(어떻게 하면 좋을까요?)
예) 誰に聞けば、よいでしょうか。(누구에게 물어보면 좋을까요?)

다음 회화는, 일적인 관계자와의 회식이나 파티 등에서 처음으로 만나는 사람과의 회화입니다.

(파티 회장)

김 :   안녕하세요. 처음 뵙겠습니다.
            오늘부터 신세 지겠습니다. 김보성이라고 합니다.
            명함을 건네 드려도 되겠습니까?
하치노 :   네, 잘 받겠습니다. 김보성 님이시군요. 후쿠치물산의 하치노라고 합니다. 저야말로 신세 지
            겠습니다.
김 :   죄송합니다만, 이 성함은 뭐라고 읽으면 좋을까요?
하치노 :   「八野(하치노)」,「友香(토모카)」라고 읽습니다.
김 :   하치노 토모카 님이시군요. 저는 한국에서 음식점을 경영하고 있습니다. 잘 부탁드립니다.
하치노 :   저야말로 잘 부탁드립니다.

표현 Check

회화에 나온 표현을 체크해봅시다.

1 김 : 오늘부터 신세 지겠습니다. 김보성이라고 합니다.
   하치노 : 저야말로 신세 지겠습니다. 하치노 토모카라고 합니다.

〈비즈니스 장면에서 자주 쓰이는 인사 표현〉
· 오늘부터 신세 지겠습니다.
· 항상 신세를 지고 있습니다.

〈만남의 인사〉
· 이전부터 만나고 싶다고 생각하고 있었습니다.
· 어떻게 부르면 좋을까요?

2 김 : 명함을 건네 드려도 되겠습니까?
   하치노 : 잘 받겠습니다.

〈명함교환〉
· 밍함을 건네 트러도 되겠습니끼?
· 명함 교환을 해도 되겠습니까?
· 명함을 받아도 되겠습니까?

Tip
만약 명함을 다 써버린 경우에는,
'죄송합니다. 공교롭게도 명함을 다 써버렸습니다. 다음에 가지고 오겠습니다.'
라고 사과한 후, '자신의 회사명' '부서명' '이름'을 구두로 알려드립시다.
훗날 명함을 건넬 때,
'일전에는 대단히 실례가 많았습니다.'
라고 말하며 건네 드립시다.

3 김 : 죄송합니다만, 이 성함은 뭐라고 읽으면 좋을까요?

　　하치노 : '하치노' '토모카'라고 읽습니다.

〈상대방의 이름의 한자 읽는 방법을 모르는 경우〉
· 죄송합니다만, 이 성함은 뭐라고 읽으면 좋을까요?
· 죄송하지만 성함은 어떻게 읽으면 좋을까요?

이름을 확인한 후에, '드문 이름이네요'나 '잘 틀리지 않나요?' 등과 계속해 봅시다.

4 김 : 저는 한국에서 음식점을 경영하고 있습니다.

〈자신을 어필한다〉
· 저는 한국에서 무역회사를 경영하고 있습니다.
· 저는 한국의 ○○이라는 회사에서 일하고 있습니다.
· ○○에서는 영업부에 6년간 근무하고 있습니다.
· 3년 전에 일본에 와서, ○○이라는 회사에서 일하고 있습니다.
· 일본에 오기 전에는, 한국의 ○○이라는 회사에서 일했습니다.

〈Plus1〉
[자기소개의 흐름]

① (머리숙여)인사
　　　↓
② 첫 인사
　　　↓ 「처음 뵙겠습니다.」 「안녕하세요.」 「오늘부터 신세 지겠습니다.」
③ 이름을 대기
　　　↓ 「○○○○라고 합니다.」
④ 자신을 어필하는 코멘트
　　　↓ ※당신의 강점이나, 약간의 에피소드를 간략하게 덧붙입니다.
⑤ 마무리 인사
　　　↓ 「잘 부탁드립니다.」
⑥ (머리숙여)인사

연습

문형 연습

1. 겸양 표현: お～する(～하겠습니다)
　　짐을 들어드리겠습니다.

2. 겸양 표현＋てもよろしいでしょうか。(～도 되겠습니까?)
　　여기서 기다려도 되겠습니까?

3. 의문사＋ば(～하면 : 동사의 가정형)＋よいでしょうか (좋을까요?)
　　뭐라고 하면 좋을까요?

연습 문제

다음 문장을 겸양표현으로 바꾸시오.

1. 내일 전화 해도 될까요?
2. 누구를 부르면 좋을까요?

정답:
1. 내일 전화를 드려도 되겠습니까?
2. 누구를 불러드리면 좋을까요?

총정리

여기에서는 일적인 관계자와의 회식이나 파티 등에서 처음으로 만나는 사람과의 회화를 배웠습니다.

Quiz
1 상대방에게 명함을 주고 싶습니다. 뭐라고 말하면 좋을까요?
　① 예, 이거 제 명함입니다.
　② 명함을 줘도 되나요?
　③ 명함을 건네 드려도 되겠습니까?

정답:③

2 명함을 받을 때에는 뭐라고 하면서 받으면 좋을까요?
　① 받습니다.
　② 고마워.
　③ 잘 받겠습니다.

정답:③

3 상대방의 명함을 받고 싶을 때에는 뭐라고 하면 좋을까요?
　① 명함을 주겠습니까?
　② 명함을 받을 수 있나요?
　③ 명함을 받을 수 있겠습니까?

정답:③

Clip 2 초대면에서의 질문

들어가기

학습내용 : 초대면에서 질문한다.
학습목표 : 초면인 사람과 즐겁게 대화를 이어갈 수 있는 회화 표현이나 매너를 배우고 익힌다.

Quiz

1. 비즈니스 상황에서, 상대방에게 어떤 것에 대하여 알고 있는지 물어보고 싶습니다. 뭐라고 말하면 좋을까요?
   ① ○○을 알고 있나요?
   ② ○○을 아나요?
   ③ ○○을 알고 계시나요?

2. 비즈니스 상황에서, 상대방이 말한 내용을 모릅니다. 뭐라고 말하면 좋을까요?
   ① 알지 못합니다.
   ② 모릅니다.
   ③ 알고 있지 않습니다.

문형

1 커피를 드시겠습니까?

존경표현 :
상대의 행동을 치켜세우는 존경표현.

例) **お書きになる。**（쓰시다.）
例) **お帰りになる。**（돌아오시다.）

[1, 2그룹 동사] お＋동사ます형＋になる

	ます형			お〜になる (존경표현)			
I	待	ち	ます	お	待	ち	になる
	泊	まり	ます	お	泊	まり	になる
	着	き	ます	お	着	き	になる
II	つかれ		ます	お	つかれ		になる
	生まれ		ます	お	生まれ		になる

・「명사＋する」의 존경어 → ご＋명사＋になる

例) **ご入学になる。**（입학하시다.）
例) **ご卒業になる。**（졸업하시다.）

[존경을 표하는 특별한 동사]

行く	가다	いらっしゃる	가시다
来る	오다	お見えになる おこしになる いらっしゃる おいでになる	오시다
いる	있다	いらっしゃる	계시다
食べる・飲む	먹다・마시다	めしあがる	드시다, 잡수시다
寝る	자다	お休みになる	주무시다

言う	말하다	おっしゃる	말씀하시다
見(み)る	보다	ご覧になる	보시다
着る	입다	お召しになる	입으시다

2 다나카 씨와 만나신 적이 있나요?

존경어＋ことがありますか。(～해보신 적이 있나요?)
상대방이 어떤 일을 경험한 적이 있는지에 대하여, 정중하게 묻는 표현.

예) A : 이 책을 읽어보신 적이 있나요?
　　B : 어렸을 때 읽은 적이 있습니다.

3 야마다 씨에게 물어보면, 알지도 모릅니다.

～たら/ば　～かもしれません。(～하면～일지도 모릅니다.)
가정 조건의 「たら(～하면)」이나 「ば」에 추측을 나타내는 「かもしれない(～일지도 모른다)」를 이어서, '그럴 가능성이 있다' 라고 하는 의미를 나타낸다.

예) 서두르면 시간에 맞을지도 모릅니다.

회화

처음 만난 사람과 공통사항이 있으면 이야기가 진행되겠죠?

하치노：　김씨는 한국 어디에 사시나요?
김 :　　　부산에 삽니다. 하치노씨는 부산에 와보신적이 있으신가요?
하치노：　네, 부산은 2년 전에 한 번 여행 갔었어요.
김 :　　　그래요? 부산 감천문화마을이라는 곳을 알고계시나요?
　　　　　한국어로 감천문화마을이라고 합니다. 다채로운 건물이 즐비한 관광지입니다.
하치노：　감천문화마을이요? 잘모르겠습니다만, 사진을 보면 알지도 모르겠네요.
김 :　　　그래요? 다음에 사진을 보여드릴게요.
하치노：　그래요. 조만간 다시 만나 뵐 것을 기대하고 있겠습니다.

표현 Check

1 하치노 : 긴씨는 한국 어디에 사시나요?

〈만났을 때의 질문〉
· 부산의 기후는 어떻나요?
· 도쿄에는 자주 오시나요?
· 일본은 몇 번째이신가요?

2 김 : 부산 감천문화마을이라는 곳을 알고계시나요?
　　하치노 : 감천문화마을이요? 잘모르겠습니다만, 사진을 보면 알지도 모르겠네요.

〈「知っていますか？(알고 있나요?)」의 존경표현－「ご存知ですか。(알고계시나요?)」〉

· 다나카씨가 결혼하신 것은 알고계시나요?
· 행사장 장소는 알고계시나요?

〈「知る(알다)」의 겸양표현-「存じる。(알다)」〉
· 네, 알고 있습니다. / 알고 있습니다.
· 아니오, 모릅니다. / 모르겠습니다.

그 밖에도 「知りません。(모르겠습니다.)」의 겸양 표현에 「分かりかねます。」이나 「知見がございません。」 등이 있다.

Tip 사적인 질문
· 대학 전공은 뭐였어요?
· 일본음식은 입에 맞으신가요?
· 출신은 어디세요?
· 자택은 어디세요?
· 가장 가까운 역은 어디인가요?

3 김 : 그래요? 다음에 사진을 보여드릴께요.
　　하치노 : 그래요.

〈맞장구를 치다〉
· 그런가요?
· 정말이에요?
· 그렇죠.
· 그거 굉장하군요.
· 그거 매우 흥미롭네요.
· 확실히.

A : 저는 한국인이지만, 18살까지 일본에서 자랐습니다.
B : 그런가요?

4 하치노 : 조만간 다시 만나 뵐 것을 기대하고 있겠습니다.

〈작별인사〉
· 오늘은 매우 즐거웠습니다.
· 이야기를 할 수 있어서 기뻤습니다.

연습

문형 연습

1. 존경표현
　お+동사ます형+になる
　읽으십니다.

　ご+する동사의 명사 부분+になる
　출발하십니다.

존경을 표하는 특별한 동사
보십니다.

2. 존경표현+ことがありますか。(~해보신 적이 있나요?)
유람선을 타보신 적이 있나요?

3. ~하면 ~일지도 모릅니다.
빨리 가면 앉을 수 있을지도 모릅니다.
비가 오면 중지될지도 모릅니다.

연습 문제

다음 문장을 존경표현으로 바꾸시오.
이 책을 읽은 적이 있습니까?
정답 : 이 책을 읽어보신 적이 있나요?

총정리

처음 만나는 사람과 즐겁게 대화가 이어질수 있는 회화표현이나 매너에 대하여 배웠습니다.

Quiz
1. 상대방에게 어떤 것에 대하여 알고 있는지 물어보고 싶습니다. 뭐라고 말하면 좋을까요?
   ① ○○을 알고있나요?
   ② ○○을 아나요?
   ③ ○○을 알고계시나요?

정답:③

2. 비즈니스 장면에서 상대방이 말한것에 대하여 모릅니다. 뭐라고 대답하면 좋을까요?
   ① 몰라요.
   ② 모릅니다.
   ③ 모르겠습니다.

정답:③

Clip 3 감사 메일을 보내다

들어가기

비즈니스 장면에서 예전에는 편지나 팩스로 이루어졌던 통지와 연락도 최근에는 이메일로 주고 받는 경우가 부쩍 늘었습니다.
여기에서는 실제로 사용할 수 있는 감사 메일의 쓰는 방법과 예문을 학습합니다.

다음 메일은 김씨가 어제 파티회장에서 만난 하치노씨 앞으로 보낸 감사의 내용입니다.

⑥ 후쿠치물산 주식회사
　도쿄지점　영업부 부장
　하치노 토모카님

① 평소에 신세를 많이 지고 있습니다.
② 어제는 정말 즐거운 시간을 보낼 수 있게 해주셔서 감사합니다.
③ 여러분과 함께 시간을 보내며, 뜻밖에 여러분들의 귀중한 의견을 들을 수 있게 된 것은,
　저에게 있어 매우 공부가 되었습니다.
④ 부디 앞으로도 지도해 주시길 바라며 잘 부탁드리겠습니다.
⑤ 우선 감사의 말씀을 드리기 위해 편지를 보냈습니다.
　감사합니다.

....
⑦ 주식회사 코리아푸드
　김보성
　tel.03-0000-0000
　E-mail:**@*.**
....

기억해두면 도움이 되는 문구

① 평소에 신세를 많이 지고 있습니다.

〈서두의 인사〉
・평소에 신세를 많이 지고 있습니다.

사외 인사에게 접대를 받은 경우,「平素は格別のご高配を賜り厚く御礼申し上げます。(평소에는 각별한 배려를 해 주셔서 진심으로 감사드립니다.)」라고 쓴다.

② 어제는 정말 즐거운 시간을 보낼 수 있게 해주셔서 감사합니다.

〈감사의 내용〉
・그저께의 후한 대접에 감사드립니다.
・그저께는 큰 배려를 받아, 정말 감사합니다.
・어제는 심야까지 장시간에 걸쳐 폐를 끼쳐 죄송합니다.

③ 여러분과 함께 시간을 보내며, 뜻밖에 여러분의 귀중한 의견을 들을 수 있게 된 것은, 저에게 있어 매우 공부가 되었습니다.

〈자신의 마음을 정중히 전한다〉

공손한 말투에 유의하며, 자기 나름의 말로 써봅시다.
· 여러분들의 귀중한 이야기를 들을 수 있게 되어 매우 공부가 되었습니다.
· 스즈키씨의 체험담이나, 여러분들의 귀중한 의견을 들을 수 있게 되어 매우 공부가 되었습니다.
· 저는 아직 부족점이 많습니다만, 가르침을 받은 점을 조금이라도 활용하고 싶습니다.

④ 부디 앞으로도 잘 부탁 드리겠습니다.

〈마지막 인사〉
· 앞으로도 여러가지 도움을 받을 것으로 생각합니다만, 잘 부탁 드리겠습니다.
· 앞으로도 지도해 주시길 바라며 잘 부탁 드리겠습니다.

⑤ 우선 감사의 말씀을 드리기 위해 편지를 보냈습니다.

〈맺음 말〉
· 우선 감사 인사만으로 실례합니다. 감사합니다.
· 우선 감사 인사만으로 실례합니다. 다음에 인사드리고 싶습니다.
· 간략하게나마, 우선 메일로 감사의 말씀드립니다.

Tip : 감사 메일에서는 「取り急ぎ(급히)」는 쓰지 않고, 「まずは(우선)」「略儀ながら(간략하게나마)」등으
로 바꿔 말한다.

⑥ 본문의 서두에 수신자의 명칭을 쓴다.
⑦ 서명(sign)의 기능을 활용하여, 문말에는 발신인의 연락처나 메일 주소를 명기한다.

총정리

　여기서 소개한 문례는 비교적 정중한 표현입니다. 상대방과의 관계성에 따라서는 조금 더 친근한 문체를 씀으로써, 기분이 더 잘 전해질 수도 있습니다.
　장면이나 상대방에게 맞춰서 자유롭게 바꾸어 가면서, 감사의 기분을 제대로 전할 수 있도록 궁리해 보세요.

연습

　다음 a, b, c, d, e의 문장을 올바른 순으로 나열해 보세요.

a 어제는 정성어린 배려에 정말 감사느립니다.
b 간략하게나마, 우선 메일로 감사의 인사드립니다.
c 하치노님과 즐거운 대화를 나누게 된것을 매우 기쁘게 생각합니다.
d 평소에 신세를 많이 지고 있습니다.
e 향후에도, 변함없는 만남을 부탁드립니다.

후쿠치물산 주식회사
도쿄지점　영업부 부장
하치노 토모카님

```
(              ①                    )
(              ②                    )
(              ③                    )
(              ④                    )
(              ⑤                    )
```

....

주식회사 코리아푸드
김보성
tel.03-0000-0000
E-mail:**@**.**

....

정답 :
후쿠치물산 주식회사
도쿄지점 영업부 부장
하치노 토모카님

　　(① d 평소에 신세를 많이 지고 있습니다.)

　　(② a 어제는 정성어린 배려에 정말 감사드립니다.)

　　(③ c 하치노님과 즐거운 대화를 나누게 된것을 매우 기쁘게 생각합니다.)

　　(④ e 향후에도, 변함없는 만남을 부탁드립니다.)

　　(⑤ b 간략하게나마, 우선 메일로 감사의 인사드립니다.)

....

주식회사 코리아푸드
김보성
tel.03-0000-0000
　　E-mail:**@**.**

....

식사에 초대하기

들어가기

학습내용 : 좋아하는 요리를 듣고, 식사에 초대한다.
학습목표 : 날씨 이야기에서 식사 이야기로 넓혀본다.

Quiz
당신이 자주 가는 불고기 가게로 초대면에 가까운 사람을 초대해봅시다. 뭐라고 말하며 권유하겠습니까?

문형

회화에 나오게 될 중요 문형을 먼저 확인해 봅시다.

1 저 가게는 싼데도 제법 맛있어요..

제법~
'완전하지는 않지만 나름대로 충분하다', '예상보다 정도(수준)가 높다' 라는 의미.
예) 제법 재미있다.

2 너무 피곤해서 일할 상황이 아니다.

~할 상황이 아니다
'~하는 상황, 때가 아니다' 라는 의미.
예) 야근이 많아서 술자리에 갈 상황이 아니다.

3 9일인데도 한어름의 더위다.

~인데(도)
상반된 사항을 연결하여 의외감을 나타낼 때 사용된다. 인과관계가 성립하지 않는〈역원인〉의 용법.
예) 휴일인데도 출근하시나요?

회화

(엘리베이터 안에서)

김 :   오늘은 비가 많이 오네요. 아침부터 제법 쌀쌀하네요. 이래서는 꽃놀이 갈 상황이 아니네요.

하치노 :　그렇네요. 지난주는 따뜻했는데, 다시 겨울로 되돌아간 느낌이에요.

김 :　몸이 식으면 따뜻한 것을 먹고 싶어지네요. 나베라던가.

　　　　그러고 보니 주말에 친구들을 불러서 나베를 먹을 건데, 아직 어떤 나베로 할지 못정했요.

　　　　하치노씨는 어떤 나베를 좋아하세요?

하치노 :　나베말이죠, 좋네요. 저는 김치나베를 집에서 자주 만들어 먹어요.

　　　　간단하고, 몸 속까지 따뜻해지고.

김 :　김치나베 맛있죠. 맛있는 김치나베를 먹을 수 있는 가게를 알고 있습니다만,

　　　　다음에 같이 먹으러 가지 않으실래요? 본고장의 김치나베를 먹을 수 있어요.

표현 Check

회화에서 나온 표현을 체크해 봅시다.

1 하치노 : 다시 겨울로 되돌아간 느낌이에요.

〈~느낌〉

'인상이나 감상 등 사물을 접하고 느낀 기분', '그 물건 특유의 분위기'를 의미한다.

① 꿈을 꾸고 있는 듯한 느낌이에요.

② 부드러워서 좋은 느낌이네요.

2 김 : 그러고 보니 주말에 친구들을 불러서 나베를 먹을 건데, 아직 어떤 나베로 할지 못정했요.

　　　하치노씨는 어떤 나베를 좋아하세요?

〈어떤 나베〉

'무슨 나베' '어떤 나베'의 의미.

여러 종류가 있을 때, 상대방에게 물어보는 표현.

・어떤 나베 : 곱창나베, 창코나베, 어묵, 전골, 복어나베, 스키야키, 샤브샤브, 두유나베, 민족 전통 나

　　　　　　 베, 중에서 어떤 나베가 좋을지 묻는 표현

・어떤 덮밥(동) : 소고기 덮밥, 오야코 덮밥, 김치 덮밥, 돼지고기 덮밥

・어떤 소바 : 카케소바, 자루소바, 청어소바, 새우튀김 소바, 튀김 소바 ...

① 어떤 덮밥으로 하시겠어요?

② 어떤 소바가 좋아?

3 맛있는 김치나베를 먹을 수 있는 가게를 알고 있습니다만, 다음에 같이 먹으러 가지 않으실래요?

〈식사에 초대하는 표현〉

・맛있는 ○○을 먹을 수 있는 가게를 알고 있습니다만, 다음에 같이 먹으러 가지 않으실래요?

・역앞에 맛있는 파스타 가게를 찾았어요. 점심으로 먹으러 가지 않으실래요?

・(저녁/점심)은 어떻게 하실거에요?

친한 사이

・(잔업 후) 조금 있다가 밥이라도 먹으러 갈래?

・오늘 같이 점심 먹을래?

4 본고장의 김치나베를 먹을 수 있어요.

〈본고장〉
어느 물건이 본식으로 행해지는 장소.

· 본고장에서 배움/익힘
· 본고장 이탈리아 요리

연습

문형연습

1. 제법~
   이 곡은 제법 오래 전에 유행했었다.

2. ~할 상황이 아니다
   너무 바빠서, 연애를 할 상황이 아니다.

3. ~인데(도)
   들었는데도 잊어버렸습니다.

연습문제

다음( ) 에 들어갈 a부터 f를 올바른 순서대로 나열하여, 문장을 완성하시오.

(   ), 아침부터 계속 비가 내리고 있어요.

a 말했다   b 개다   c 은/는   d 일기예보   e 라고   f ~인데(도)

정답: d 일기예보 c 은/는 b 개다 e 라고 a 말했다 f ~인데(도)

총정리

Quiz
당신이 자주 가는 불고기 가게로 초대면에 가까운 사람을 초대해봅시다. 뭐라고 말하며 권유하겠습니까?

A : 맛있는 불고기를 먹을 수 있는 가게를 알고 있습니다만, 다음에 같이 먹으러 가지 않으실래요?
B : 좋지유 갑시다

Clip 2 점심 이야기

들어가기

학습내용 : 점심 이야기
학습목표 : 친구끼리 스스럼 없이 말하는 방법을 배운다.

Quiz
친구가 '점심은 항상 어떻게 해결해?' 라고 물어보면 뭐라고 대답하나요?

문형

1 장래에 대하여 생각하지 않을 수 없다.

~하지 않을 수 없다. (해야한다)

그렇게 하는 것 외에 선택지가 없는 것을 나타낸다. '그렇게 하지 않을 수 없다' 라는 의미.

	ない形			~ざるを得ない		
I	行	か	ない	行	か	ざるを得ない
	待	た	ない	待	た	ざるを得ない
	帰	ら	ない	帰	ら	ざるを得ない
II	見		ない	見		ざるを得ない
	食べ		ない	食べ		ざるを得ない

* 「来る(오다)」→「来ざるを得ない(오지 않을 수 없다.)」
* 「する(하다)」→「せざるを得ない(하지 않을 수 없다.)」

예) 일이기 때문에 하지 않을 수 없다.

2 잠와서 견딜 수 없다.

~해서 견딜 수 없다. / ~해서 참을 수 없다.
감정이나 욕구를 참을 수 없다.

예) 새 차가 갖고 싶어서 견딜 수 없어.

3 젊은 만큼 무리가 통한다.(=젊은 만큼 무리를 해도 끄떡없다.)

~인 만큼
앞의 사정의 당연한 결과로서 후의 상황이 나온다는 것을 나타낸다.'~이니까, 더욱~', '~이니까, 거기에 어울리게~' 라는 의미.

예) 보통, 바쁜 만큼 휴일에는 아이들과 있으려고 하고있다.

회화

친구끼리 점심에 대하여 이야기하고 있습니다.

사토 :   점심은 항상 어떻게 해결해?
하치노 : 음... 요즘은 바쁘니까, 빵이랑 샐러드를 사와서 해결하는 일이 많을려나.
사토 :   바쁜 시기는 그렇게 될 수밖에 없지.
하치노 : 사실은 밖에 나가고 싶어서 참을 수 없지만 말이야.

사토 :　정말로. 바쁜 시기인 만큼 여유가 없네. 평소에는 어떤 곳으로 밥 먹으러 가니?

하치노 :　파스타 가게에 자주 가려나.

사토 :　그렇구나! 맛있는 이탈리아 가게가 있는데, 다음 휴가때 먹으러 가지 않을래?

하치노 :　좋아. 하지만 언제 휴가를 낼 수 있을지 어떨지...

사토 :　그럼 일이 안정 되면 연락해줘.

표현 Check

회화에서 나온 표현을 체크해 봅시다.

1 하치노 : 음... 요즘은 바쁘니까, 빵이랑 샐러드를 사와서 해결하는 일이 많을려나.

〈해결하다, 끝내다〉

종료, 해결의 의미. 「済ます(끝내다)」와 같다.

· 식사를 서둘러 끝내다.

· 볼일을 해결하고 나서, 일하러 갈 생각입니다.

· 지불은 이미 끝냈습니다.

〈~해버리다〉

*친한사이에서 사용된다

「~てしまう(~해버리다)」의 스스럼 없는 표현

· 이런 소비법을 하면, 돈을 다 써버린다.

· 벌써 다 먹어버렸다.

「で」의 경우는 「じゃう」가 된다.

· **読んでしまう。** →**読んじゃう。** (읽어 버리다)

· **遊んでしまう。** →**遊んじゃう。** (놀아 버리다)

2 하치노 : 파스타 가게에 자주 가려나.

〈~이려나?〉

*친한사이에서 사용된다

자기 자신에게 질문할 때 사용된다.

· 쉬는날은 대개 집에 있으려나?

· 평소에는 집에서 먹으려나?

그 밖에도,

1) 의지를 확인할 때 사용된다.

　　· TV라도 볼까나?

　　· 슬슬 자볼까나?

2) 의문을 나타낼 때 사용된다.

　　· 역시 그만두는게 좋으려나?

- 오늘은 추우려나하고 생각하고, 코트를 입고 왔다.
- 선물로 좋으려나하고 생각하고, 사왔다.

3 하치노 : 하지만 언제 휴가를 낼 수 있을지 어떨지...

〈~인지 어떨지(모르겠다)〉

'언제 휴가를 낼 수 있을지 어떨지 모른다.'의 '모른다'를 생략한 형태.

A : 이 안건, 너에게 맡길게.
B : 내가 할 수 있을지 어떨지...

4 사토 : 그럼 일이 안정 되면 연락해줘.

〈~(해)줘〉
*친한사이에서 사용된다.
「ください(주세요)」의 스스럼 없는 표현.
「連絡ちょうだい(연락해줘)」는「連絡ください(연락해 주세요)」의 스스럼 없는 표현.

- 이거, 줘.
- 나중에 전화해줘.
- 힘내줘.

연습

문헌연습

1. ~하지 않을 수 없다. (해야한다)
   학교 행사여서 참여하지 않을 수 없다.

2. ~해서 견딜 수 없다. / ~해서 참을 수 없다.
   라면이 먹고 싶어서 참을 수 없다.

3. ~인 만큼
   그녀는 현직 의사인 만큼, 병에 대하여 잘 알고 있다.

연습문제

다음 a부터 f를 올바른 순서대로 나열하여, 문장을 완성하시오.

( )( )( )( ), 이번 부상은 충격이었다.
a 좋아하다 b 으로 c 운동이 d 만큼

〈정답〉 운동을 좋아하는 만큼

Quiz

친구가 '점심은 항상 어떻게 해결해?' 라고 물어보면 뭐라고 대답하나요?

A : 점심은 항상 어떻게 해결해?

예1) B : 항상 회사 식당에서 먹어.
예2) B : 편의점에서 뭐 사와서 해결하고 있어.

Clip 3 SMS로 식사에 초대하기

| 들어가기 |

학습내용 : SMS로 친구를 식사에 초대하기.
학습목표 : 간단한 문장을 적어본다.

| 메일 |

SMS로 친구를 식사에 초대하기

잘지내? 회사 앞에 새로 카페가 개점 한 것 같은데, 이번 주 목요일이나 금요일 같이 점심 먹으러 가자!

| 표현 Check |

〈SMS의 단골 인사말〉
· 안녕.(점심)
· 안녕.(아침)
· 안녕.(저녁)
· 헬로우
· ○○씨

〈본문은 상대방이 대답하기 쉽게 쓴다〉
· 언제, 어디서, 무엇을 하는지.

| 메일 |

친구와 SMS을 주고 받아 본다

하치노 :   요전의 휴일에는 뭐했야?
다나카 :   친구와 오랜만에 술을 마셨어.
하치노 :   우와~ 술을 좋아하는구나. 평소에는 어디서 마셔?
다나카 :   요즘은 시부야에서 많이 마시려나?
하치노 :   그렇구나. 시부야라면, ○○라는 가게가 최근 생겼지?

가 본 적 있어?

다나카 : 아, 알고 있어. 그 가게 지금 인기가 있어. 가 본 적 없지만.

하치노 : 그럼, 다음에 같이 가지 않을래?

표현 Check

1 지난 번에 휴일은 뭐하고 지냈어?

예) 지난 번에 휴일은 어딘가 외출했어?

2 평소에 어디서 마시고 있어?

예) 항상 어디쯤에서 쇼핑해?

3 시부야라면 ○○라는 가게가 최근에 생겼지. 가본적이 있어?

예) ○○라면, △△가 유명하지. 가본적이 있어?

총정리

친구들끼리 SMS를 사용한 왕래가 많아졌네요. 간결한 문장으로 능숙하게 권해봅시다.

연습

당신이라면 뭐라고 답신하시겠어요? 자유롭게 생각해 봅시다.

〈답변 예〉
・잘 있었어. 좋네. 가자! 그럼, 금요일날 비워둘께.
・알았어. 목요일이든 금요일이든 어느쪽이든 좋아.
・아, 오픈했구나. 이번주는 좀 시간이 없을 것 같아. 다음주는 어때?

제4과

여행에 대하여 말하기

Clip 1 여행 관련 화제를 공유하기

들어가기

여행은 같은 장소라도 숙박하는 곳이나 식사, 관광지 등이 다르기 때문에 이야기를 들을 때마다 새로운 발견을 할 수 있습니다. 또한, 여행 관련 화제는 누구와도 공유할 수 있기 때문에 특히 초면에 가까운 사람과는 여행 관련 화제를 개시로 커뮤니케이션을 취할 수 있습니다.

학습내용 : 여행 관련 화제를 공유한다.
학습목표 : 여행 과련 화제로 커뮤니케이션을 취해보자.

Quiz
상대방에게 뭐라고 말하며 여행이야기를 꺼내겠습니까?

문형

1 산책 하는 김에 쇼핑을 해왔습니다.

~하는 김에 (**がてら**) [N1]
어떤 일을 할 때, 그것을 기회로 다른 일도 한다는 의미(＝겸하여)

예) 출장을 간 김에 교토 관광을 하고 왔습니다.

2 기온이 내려갔다고 해도 영하는 아닙니다.

~라고 해도 (**といっても**) [N2]
'~라고 하지만, 실제는 ~'라는 의미. 앞에서 서술한 부분으로부터 생각할 수 있는 것과 실제가 다를 때에 사용된다.

예) 일본어를 할 수 있다고 해도 인사 정도입니다.

3 이 시계는 스위스에서 샀습니다. 참고로 15만엔이었습니다.

참고로 (**ちなみに**) [N2]
앞에서 말한 것에 관련 있는 것을 덧붙여 말할 때 사용한다. 주로 문어체로 쓰인다. (＝또, 상)
예) 참고로 이 이야기는 실화입니다.

회화

김 : 쉬는 날에 무엇을 하시나요?

하치노 : 음... 쇼핑 하는 김에 산책하거나. 가끔 아이와 놀러가거나 해요. 그렇다고 해도 집 근처이지만요.

김 : 그래요? 오래 휴가를 내서 여행을 가기도 하시나요?
참고로 저는 지난해 이집트에 2주간 다녀왔습니다.

하치노 : 와~좋았겠네요. 저도 가끔 해외 여행을 가요.

김 : 지금까지 갔던 곳 중에서 어디가 좋았어요?

하치노 : 작년에 갔던 스페인이 좋았어요.

김 : 스페인이요? 스페인에서는 무엇을 하셨나요?

하치노 : 여름에 가족과 갔었는데 지중해에서 수영하거나, 스페인 음식도 맛있어서 모두 좋아했어요.
다시 가고 싶네요.

표현 Check

회화에 나온 표현을 체크해봅시다.

1 김 : 오래 휴가를 내서 여행을 가기도 하시나요?

〈여행에 대하여 묻기〉
· 최근에 어딘가 가셨나요?
· 제일 기억에 남은 여행지는 어디인가요?

2 김 : 참고로 저는 지난해 이집트에 2주간 다녀왔습니다.

자기 이야기를 한다.
'OO씨는 어떠신가요?' 라고 대화를 이어 본다.

3 김 : 스페인에서는 무엇을 하셨나요?

여행 이야기를 상대방이 하면, 여행지에서 있었던 일에 대해 여러가지 듣고 이야기를 넓혀보자.

〈여행 이야기를 듣다〉
· 어디를 둘러 보셨나요?
· 현지에서 어떤 이야기를 들으셨나요?
· 식사는 어떠셨나요?

연습

문형연습

1. ~하는 김에
운동을 하는 김에 걸어서 출근하고 있습니다.

2. ~라고 해도

　　운동을 시작했다고 해도 하루에 10분 뿐입니다.

3. 참고로

　　할머니께서 골프 대회에서 우승하셨어요. 참고로 할머니는 80살입니다.

연습문제

(　) 안에 들어갈 단어를 올바른 순으로 나열하여, 회화 문장을 완성 해보세요.

A : 살이 좀 빠지셨네요.

B : 최근에 운동을 하고있어요. 하지만. (　　　).

A 2키로 정도 b 살이 빠졌다 c 입니다. d ~라고 해도

正解 : b, d, a, c(살이 빠졌다고 해도 2키로 정도 입니다.)

총정리

Quiz

뭐라고 말하며 여행이야기를 꺼내겠습니까?

예 1 : A : 최근에 어딘가 여행을 가셨나요?

　　　 B : 작년 여름에 하와이에 다녀왔습니다.

예 2 : A : 올해 여름에는 어디 놀러 가시나요?

　　　 B : 친구랑 오키나와에 갈까 생각 중입니다.

Clip 2 여행지에서 즐거웠던 체험에 대하여 이야기하기

들어가기

　상대와 좋은 커뮤니케이션을 취하기 위해서는 즐거운 화제로 대화를 나누는 것이 중요합니다.

　즐거웠던 체험에 대한 화제는 상대방이 좋아할겁니다. 즐거운 체험이라면 역시 여행의 추억이 최고라는 사람이 많습니다.

　학습 내용 : 여행지에서 즐거웠던 체험에 대하여 이야기한다.

　학습목표 : 날씨 이야기를 계기로 하여, 여행 이야기로 능숙하게 주제를 넓혀서 자연스런 커뮤니케이션을 취한다.

Quiz

날씨 이야기를 계기로 하여, 여행 이야기로 주제를 넓혀 봅시다.

밖에는 눈이 쌓여 있습니다. 당신은 상대방에게 뭐라고 말을 걸겠습니까?

자신의 여행 체험을 이야기해 봅시다.

1 매일 이렇게 바빠서는 견딜 수 없다.

~ 할 수 없다/견딜 수 없다 (てはかなわない) [N2]
현재 일고 있는 불만을 말할 때 사용된다.
회화표현 : ては→ちゃ、では→じゃ

예) 공부를 하러 왔는데, 이렇게 시끄러워서야 공부 할 수가 없다.
예) 공부를 하러 왔는데, 이렇게 시끄러워서야 공부 할 수가 없어.

2 무슨 일인가 했더니, 그냥 정전이었다.

~인가 했더니 (かと思ったら)[N2]
이미 발생한 것에 대하여 의외의 발견이나 놀라움, 어처구니없음 등을 객관적으로 말하는 용법.

예) 조용해서 공부하고 있는가 했더니, 자고 있었다.

3 마지막 콘서트라서 회장에는 많은 팬들이 몰렸다.

~라서/~이기 때문에 (とあって) [N1]
이미 일어난 일에 대하여, 당연하게 일어나는 일을 뒤에 기술하는 용법. '~였으니, 당연히~'라는 의미.

예) 오랜만의 재회였기 때문에, 시간이 가는 것도 잊은 채 이야기를 나누었다.

김 :　　　매일 이렇게 더워서는 견딜 수가 없네요. 아직도 호놀룰루에 갔을 때가 더 좋았던 것 같아요.
하치노 :　와~ 몇 도 정도였어요?
김 :　　　덥다고 해도 최고가 31도 정도였어요.
하치노 :　와~ 호놀룰루가 더 덥다고 생각했는데, 꽤 지내기 쉬운 기후네요.
김 :　　　리조트지이기도 하고, 해변의 아름다움과 더불어 자연을 만끽할 수 있는 액티비티도 알차서
　　　　　지금까지 갔던 여행 중에서는 최고의 장소였어요.
하치노 :　그래요? 가보고 싶네요. 다이빙이라면 작년에 오키나와 바다에서 처음 해봤어요. 오키나와
　　　　　의 대자연에는 정말 감동했어요.

회화에 나온 표현을 체크해봅시다.

1 매일 이렇게 더워서는 견딜 수가 없네요. 아직도 호놀룰루에 갔을 때가 더 좋았던 것 같아요.

날씨 이야기에서 여행지에서의 기후 이야기로 주제를 넓힌다.

· 요즘 추운 날이 계속 되고 있네요. 겨울의 홋카이도가 생각나게 끔하네요.
· 비가 계속 와서 습하네요. 발리섬에도 매일 비가왔지만 산뜻했어요.
· 비가 와서 공기가 맑네요. 뉴질랜드는 매일 이런 느낌으로 공기가 신선했어요.

2 리조트지이기도 하고, 해변의 아름다움과 더불어 자연을 만끽할 수 있는 액티비티도 알차서 지금까지 갔던 여행 중에서는 최고의 장소였어요.

〈명사+に加えて～(～에 더하여/～에다)〉
더욱 덧붙여지다라는 뜻.

예) 지금까지의 일에 더하여, 번역일도 맡아버렸습니다.
예) 육아에다 부모의 간호도 하고 있는 사람이 최근 많아졌습니다.

〈충실하다/알차다〉
'물건(일)이 풍부하다', '필요한 것이 충분히 갖추어져 있다' 라는 의미.

예) 작은 호텔입니다만, 설비는 충실합니다.
예) 서비스가 충실합니다.

연습

문형연습

1. ～ 할 수 없다/견딜 수 없다
   이렇게 일이 많아서야 견딜 수 없다.

2. ～인가 했더니
   오늘 흐린가 했더니 맑아졌습니다.

3. ～라서/～이기 때문에
   여름방학이라서 어디든 가족 동반으로 가득했습니다.

연습문제

( ) 의 안에 적당한 단어를 넣어서 회화문을 완성하시오.

A : 와~저 가게 줄이 엄청나네요.
B : 저기는 합리적인 가격으로 맛있는 요리나 음료를 즐길 수 있(   ) 인기가 많아요.

정답:～이기 때문에

총정리

날씨의 이야기라도 그 후의 이야기 전개 방법에 따라서는 대화가 진행됩니다.
날씨 이야기를 계기로 하여, 여행 이야기로 능숙하게 주제를 넓혀서 자연스런 커뮤니케이션을 취할 수 있게 됩니다

Quiz
날씨 이야기를 계기로 하여, 여행 이야기로 주제를 넓혀 봅시다.
예) • 오랫만에 눈이 쌓였네요. 삿포로는 이 3배는 쌓이고 있던데요.
   • 와, 새하얗네요. 핀란드에 갔을 때의 일이 생각나요.

들어가기

학습내용 : 오랫만의 상대를 만나러 가는 메일을 보낸다.
학습목표 : 비즈니스 메일이 아닌, 친하지만 신세를 진적이 있는 분에게 일상적인 언어를 사용하여 정중한 인상을 주는 메일을 쓰는 방법에 대하여 배운다.

메일

미카코씨에게

① 봄바람이 기분 좋은 계절이 되었습니다.
② 오래간만입니다만, 모두 모두 별고 없으신가요?
③ 그런데, 올해도 예년과 같이 5월에 장기 휴가를 가게 되어,
   그곳으로 놀러 갈 계획을 가족과 세우고 있는 중입니다.
   자세한 일정이 정해지면 다시 연락 드리겠습니다.
   미카코씨와의 재회를 가족 모두 기대하고 있습니다.
④ 부디 무리하지 마시고, 몸 조심 하시며 건강하세요.

치히로 드림

표현 Check

〈메일의 흐름〉
① 시후 인사말
② 근황 묻기
③ 본문
④ 맺음 말

① 봄바람이 기분 좋은 계절이 되었습니다.

〈시후 인사말〉
봄
· 하루 하루 따뜻해져가네요.
· 신록이 눈에 선명한 계절이 되었습니다.

장마
· 장마로 접어들어 찌무룩한 매일이 이어지고 있습니다.
· 흐릿한 날씨가 계속 되고 있습니다.

여름
· 복중 문안 인사드립니다.
· 늦더위에 문안 인사 드립니다.

가을
· 낮은 덥지만, 아침저녁으로는 이제 좀 견딜만하네요.

• 가을도 점점 깊어져 가고 있습니다.

겨울
• 요즘 날씨가 제법 추워졌네요.
• 겨울 바람이 사무치는 계절이 되었습니다.

② 오래간만입니다만, 모두 별고 없으신가요?

〈근황 묻기〉
오래간만입니다(오랫동안 연락 못 드렸습니다.)의 여러 표현
• 長らくご無沙汰しております。 오랫동안 연락 못 드렸습니다.
• 久しくご無沙汰しております。 오랫동안 연락 못 드렸습니다.
• 大変ご無沙汰しております。오랫동안 연락 못 드렸습니다. (오랫동안 연락을 취하지 못하여 죄송하다는
  마음이 전해진다.)
• すっかりご無沙汰いたしまして申し訳ありません。오랫동안 연락 못 드려서 죄송합니다.
• 大変ご無沙汰しておりますが、お変わりございませんでしょうか。 오랫동안 연락 못 드렸습니다만, 변함이
  없으십니까?

〈오래간만에 연락할때의 표현〉
• 오래간만입니다.
• 별고 없으신가요?
• 가족분들도 잘 지내고 계신가요?
• 별고 없이 지내시리라 생각합니다.

Tip : '별고 없으신가요?' 의 보다 정중한 예문
• 별고 없으십니까?
• 별고 없으십니까?
• 어떻게 지내시고 계십니까?
• 별고 없이 잘 지내고 계십니까?

연습

다음 시후 인사말의 계절은 무엇입니까?

① 연일 극심한 더위가 계속되고 있어요.
② 이곳에서는 단풍을 볼 수 있게 되었습니다.
③ 벚꽃의 소식이 들려올 때가 되었습니다.
④ 거리는 크리스마스 분위기로 가득합니다.

정답 : ① 여름 ② 가을 ③ 봄 ④ 겨울

총정리

편지나 엽서, 메일에서는 서두에 '시후 인사' 라고 하는 계절을 나타내는 말을 사용합니다.
'시후 인사'는 어느 정도 정해진 문구나 말입니다. 여기에서는 비즈니스에서도 사적으로도 사용할 수 있
는 시후 인사말과 편지의 예법에 대하여 배웠습니다.

제5과

몸 상태에 대하여 말하기

Clip 1 상태가 안좋아 보이는 동료를 걱정하기

들어가기

학습내용 : 상태가 안좋아 보이는 동료를 걱정하는 표현을 사용한 대화
학습목표 : 상대방을 걱정하는 사려 깊은 말을 배운다.

Quiz
상태가 안좋아 보이는 상대방에게 뭐라고 말을 건네겠습니까?

문형

1 감기에 걸린 것 같아요.

~같다/~스럽다 (っぽい)[N2]
'그 느낌이 든다', '그런 경향이 있다' 라는 의미

예) 싫증을 잘 내다.

2 일이 끝나지 않으면 돌아갈 수 없다.

~하지 않고서는 (からでないと) [N2]
'~한 후가 아니면, ~할 수 없다' 라는 의미

예) 부모님께 상담을 하지 않고서는 정할 수 없다.

3 다나카씨 대신에 제가 회의에 나옵니다.

대신에(代わりに) [N2]
사람의 대리나 사물의 대리로서 라는 의미.

예) 다나카씨가 없으니 대신 받아주시겠습니까?

회화

하치노 :   상태가 안좋아 보이는데 괜찮아?
다나카 :   그게 열이 좀 있는듯 해.

하치노 :	돌아가서 쉬는 게 좋지 않아?
다나카 :	아니, 이 일을 끝내지 않고서야.
하치노 :	내가 대신에 해놓을게.
다나카 :	어? 정말? 고마워. 그럼, 부탁해도 될까?
하치노 :	언제나 노력하고 있잖아, 푹 쉬고 기운내.

표현 Check

회화에 나온 표현을 체크해봅시다.

1 하치노 : 상태가 안좋아 보이는데 괜찮아?

〈상태가 안좋아 보이는 상대에게 건네는 말〉
· 괜찮아? 몸이 안좋아 보이는데.
· 컨디션 안좋아 보이는데 괜찮아?
· 안색이 않좋은데, 괜찮아?
· 안색이 안좋아요. 괜찮으세요?

2 하치노 : 돌아가서 쉬는 게 좋지 않아?

〈상태가 안 좋은 것 같은 상대를 염려하는 말〉
· 병원에 가보는 게 좋지 않아?
· 무리하지 않는게 좋아.

3 상대방을 걱정하는 말

– 부탁할 때 덧붙이는 말.
  · 언제나 감사합니다.
  · 수고스러우시겠지만,

"수고스러우시겠지만,"은, "귀찮은 일을 드려서 죄송합니다."라는 의미.

  예) 수고스러우시겠지만, 잘 부탁드립니다.
  예) 요전에는 폐를 끼쳐 드려서 죄송합니다.

– 직장 등에서 말을 걸고 싶을 때, "죄송합니다" 보다는 상대를 생각한 한마디를 덧붙인다..
  · 지금 잠깐 시간 괜찮으세요?
  · 바쁘신 와중에 죄송합니다.
  · 바쁘신 와중에 죄송합니다만.

「お手数おかけします」는 "바쁘신 와중에 죄송합니다."라는 의미

  예) 바쁘신 와중에 죄송합니다만, 검토 부탁드립니다.
  예) (전화로) 바쁘신 와중에 죄송합니다. ○○회사의 △△라고 합니다.

문형연습

1. ~같다/~스럽다
   요즘 잘 잊어버리는것 같아 곤란합니다.

2. ~하지 않고서는
   선생님께 말을 하지 않고서는 학교 건물 밖에으로 나갈 수 없습니다.

3. 대신(에)
   밥 대신 빵을 먹었습니다.

연습문제

다음( ) 에 공통으로 들어갈 말은 무엇입니까.

A : 미안. 이 책 (   ) 반납 해주지 않을래?
B : 그래. 그(   ) 오늘 점심 니가 사줘.

정답 : 대신에

총정리

상대방을 걱정하는 사려 깊은 말을 배웠습니다.

Quiz
상태가 안좋아 보이는 상대방에게 뭐라고 말을 건네겠습니까?

A : 상태가 안좋아 보이는데 괜찮아?
B : 뭔가 감기에 걸린 것 같은 느낌이야.

A : 안색이 안좋은데, 괜찮아?
B : 아침부터 몸 상태가 안좋네.

Clip 2 감기가 나은 후 복귀한 동료와의 대화

들어가기

학습내용 : 감기가 나은 후 복귀한 동료와의 대화.
학습목표 : 몸 상태를 걱정하는 말을 배운다.

Quiz
감기에 걸린 친구에게 몸 상태에 대하여 물어봅시다. 뭐라고 물으면 좋을까요?

1 사진으로 본것과 같이, 훌륭한 경치였어요.

~과 같이/~한대로 (とおり) [N2]
「~~과 마찬가지로」라는 의미
동사+とおり
명사+のとおり、명사+どおり

예) 일정은 이하와 같습니다.
　　예상한대로 그는 늦게 왔습니다.

2 최근에 살찌고 있는 것 같아요.

경향/상태 (気味) [N2]
그런 모습이나 경향이 있다는 뜻.

예) 조금 늦은 감이 있으므로, 페이스를 올립니다.

3 프로라고 해도, 실패할 수도 있습니다.

~이라해도 (とはいえ) [N1]
'그렇게 말해도' '~이긴 하지만' 이라는 의미(＝이라고는 하지만 (とはいうものの))

예) 우연이였다고 해도, 그와의 만남은 제 인생을 바꿨습니다.

하치노 :　몸 상태는 어때? 무리하지마.
다나카 :　보다시피 완전히 건강해졌어.
하치노 :　다행이다. 오늘은 내가 감기 기운이나요.
다나카 :　그래? 봄이라고 해도 아직 추우니까. 무리하지 말고 쉬는 게 어때?
하치노 :　응, 그렇게 할게.
다나카 :　내가 할 수 있는 일이 있으면 말해줘.
하치노 :　응, 고마워.

회화에 나온 표현을 체크해봅시다.

1 몸 상태는 어때?

〈몸 상태를 걱정하는 말 〉
· 감기는 어때?
· 몸 상태는 어때?
· 감기, 괜찮아졌어?

〈몸 상태를 걱정하는 정중한 표현 〉
・ 몸 상태는 어떻습니까?
・ 몸 상태는 어떻습니까?
・ 감기는 괜찮아졌습니까?
・ 어머님의 상태는 어떻습니까?

2 무리하지마.

〈'무리하다'를 사용한 표현〉
・ 무리하지 말아주세요.
・ 무리하시지 말아주세요.

3 상대방의 안좋은 컨디션에 대하여 걱정하는 말

〈몸조리 잘하세요./빨리 나으세요.〉
・ 몸조리 잘하세요.
・ 몸조리 잘하세요.(お大事になさってください。)
・ ×お大事にして下さい。

Tip :
'낫는 것' 은 상대방이므로, 「お大事になさってください。」가 올바른 표현.

〈건강하세요.〉
・ (몸)건강히 지내세요.
・ (몸)건강하세요.(お体にお気をつけください。)
・ ×お体にお気をつけてください。

Tip :
「気をつけてください」를「お〜ください」의 경어표현으로 쓸때에는,「(気を) つける」를 'ます형' 으로 하여, 「お＋気をつけ＋ください」로 된다.
　한편,「お体にお気をつけてお過ごしください」의 경우, 「気をつける」와「過ごす」를「て」를 사용하여 병렬적으로 연결한 경어표현이다. 즉 「体に気をつけて」의 경어표현「お体にお気をつけて」와 「過ごしてください」의 경어표현「お＋過ごし＋ください」를 연결한 형태이다.

> 연습

문형연습

〜과 같이/〜한대로
희망한대로 진학했습니다.
아래와 같습니다.

경향/상태
최근 몇 년간 빈혈기가 있습니다.

〜이라해도
건강 때문이라고 해도 아침 4시부터 달리는 것은 지나치다고 생각한다.

연습문제

다음( ) 안에 들어갈 말을 1~4 중에서 하나 고르시오.

( )라고 해도, 이정도로 문제가 커질 줄을 생각도 못했다.

1 예상이다
2 예상
3 예상했다
4 예상하고 있었어

정답 3

총정리

상대방의 몸 상태를 걱정하는 표현에 대하여 배웠습니다.

Quiz
감기에 걸린 친구에게 몸 상태에 대하여 물어봅시다. 뭐라고 물으면 좋을까요?

· 감기는 어때?
· 몸 상태는 어때?
· 감기, 괜찮아졌어?

Clip 3 쉬고 있는 상대에게 '몸조리 잘하세요!'라고 SMS를 보낸다.

들어가기

학습내용 : 친한 동료에게 '몸조리 잘해!' 라고 SMS를 보낸다.
학습목표 : 사려 깊은 말, 상대방을 걱정하는 말을 배운다.

메일

감기는 어때?
영양이 풍부한 것을 먹고, 느긋하게 쉬어.
하루 빨리 회복하기를 바랍니다.
부디 빨리 낫기를.

표현 Check

1 하루 빨리 회복하기를 바랍니다.

· 하루 빨리 회복하시길 바랍니다.
· 하루 빨리 복귀 하시기를 기다리고 있습니다.
· 빠른 회복을 바라고 있습니다.

2 상대방의 몸 상태를 걱정할때 사용되는 정중한 말 '몸조심하세요(ご自愛ください)'

· 몸조심하세요.
· 부디 몸조심하세요.
· ×お体ご自愛ください。

Tip:
「ご自愛ください。」는 「ご自身の体を大切にしてください。」라는 의미. 윗 사람뿐만 아니라 남녀노소 모든 사람에게 사용해도 된다.
「ご自愛」에는 「自分の体」라는 의미가 포함되어 있기 때문에 「×お体ご自愛ください。」는 중복된 잘못된 표현.

〈'몸 조심하세요(ご自愛ください。)'를 사용할 수 없는 사례〉
· 상대방이 감기나 병으로 입원해 있는 경우   ×ご自愛ください。
· 상대방이 이미 몸 상태가 나쁜 경우   ×ご自愛ください。
· 건강이나 몸 상태를 걱정하는 말로써 사용 할 경우   ○ご自愛ください。
· 환절기 인사말로써 사용 할 경우   ○ご自愛ください。

3 건강이나 몸 상태를 걱정하는 말

· 오늘은 매우 춥습니다만, 아프신 곳은 없으신가요.
· 오늘밤은 쌀쌀하네요. 아프지 않게 조심하세요.
· 추워졌으니, 건강 조심하세요.
· 추워졌으니, 더욱 몸조심하세요.
· 감기가 유행하고 있습니다. 부디 몸조심하세요.

4 환절기에 상대방의 건강을 걱정하는 말

· 계절인 만큼, 몸 조심하세요.
· 환절기인만큼, 감기 등에 걸리지 않도록 건강 조심하세요.

총정리

일본어에는 배려하는 상냥하고 정중한 말이 많이 있습니다. 대화에서도 그렇지만, 편지나 메일에서의 문장에서도 배려하는 상냥한 말로 전할 수 있도록 주의해 봅시다.

연습
당신이라면 뭐라고 회신하겠습니까? 자유롭게 생각해봅시다.

회신 예1
메일 고마워. 열은 내렸지만, 아직 나은지 얼마 안되서 어질어질해.
쉬는 동안 도와줘서 고마워.(도움 됐어.)

회신 예2
많이 좋아졌어. 신경 써 주셔서 고마워.
다시 아프면 안되니까, 당분간 푹 쉴꺼야.

제6과
취미에 대하여 말하기

들어가기

학습내용 : 상대방을 이해하거나 자기 자신에 대한 이야기를 할 때, 취미에 대한 화제를 빼놓을 수 없습니다.

취미에 대한 화제를 어떻게 꺼내야 하는지, 그리고 이야기 주제를 어떻게 넓히면 좋은지에 대하여 다양한 문구를 배웁니다.

학습목표 : 자신이 먼저 말을 걸어서 대화 주제를 넓히는 방법을 익혀봅시다.

Quiz
상대방이 어떤 것이 좋은지, 어떤 취미가 있는지 알고 싶습니다. 당신은 뭐라고 질문 하겠습니까?

문형

1 일본 애니메이션을 계기로, 일본어를 배우기 시작한 학습자가 많다.

~을 계기로 (~をきっかけに)[N2]
'~이 계기/동기가 되어' 라는 의미.

명사＋をきっかけに
동사의 보통형＋のをきっかけに

예) 아이가 태어난 것을 계기로, 담배를 끊었다.

2 커피를 마시는 바람에 밤에 잠을 못 잤다.

~때문에/~하는 바람에 (~せいで) [N3]
'~므로(ので)', '~때문에(ために)' 라는 의미. 좋지 않은 사태가 뒤에 계속 이어진다.
동사의 보통형＋せいで
い형용사＋せいで
な형용사＋なせいで
명사＋のせいで

예) 비 때문에 이벤트가 중지 되었다.

3 수학여행이 국내라면 몰라도, 해외로 가게 되면 조금 걱정이다.

A면 몰라도B (AならまだしもB)[N2]

'A였다면 이해할 수 있겠지만(괜찮지만), B는 할 수 없다.' 라는 의미(=A는 몰라도, B)

예) 10분이라면 몰라도, 1시간은 기다릴 수 없다.

회화

다나카(여) :   일 하지 않는 날 이라든지, 휴일에 뭐해?
하치노(여) :   음... 요전번 쉬는 날에는 집에서 요가를 했었어.
다나카(여) :   와~ 대단하다. 요가는 해 본 적이 없어. 다나카씨는 자주 해?
하치노(여) :   시간이 있을 때에는 집에서 해.
다나카(여) :   요가는 언제부터 시작했어?
하치노(여) :   3년 전에 다이어트를 계기로 시작했지만, 재미있어서 계속 하고 있어.
다나카(여) :   그렇구나. 나도 뭔가 운동을 해야겠어. 요즘 몸무게가 느는 바람에 옷이 안 들어가.
하치노(여) :   그래? 다나카씨도 요가 해보는 건 어때?.
타나카(여) :   응? 요가는 몸이 유연하지 않으면 못하지 않아? 난 몸이 뻣뻣해서 스트레칭이라면 몰
              라도 요가는 무리일 것 같은데.
하치노(여) :   처음에는 다 똑같아. 초심자용 동영상이 있는데 보내줄까?
다나카(여) :   그래? 그럼 부탁할게.

표현 Check

회화에서 나온 표현을 체크해 봅시다.

1 다나카 : 일 하지 않는 날 이라든지, 휴일에 뭐해?

화제를 꺼낸 후, 상대방이 취미를 가르쳐 준다면 거기서부터 화제를 넓히는 질문을 한다.

<휴일을 보내는 방법>
· 가족, 친구와 보낸다.
· 취미 시간을 갖는다.
· 휴일 출근

<상대방의 취미를 묻기>
· 일 하지 않는 날은 무엇을 하시나요?
· 휴일에는 무엇을 하시나요?
· 일이 끝난 후에는 보통 무엇을 하시나요?
· 휴일에는 하십니까? [정중히 묻는 법]
· 저번 휴일에는 뭐 했어? [친구에게 묻는 법]

2 하치노 : 음... 요전번 쉬는 날에는 집에서 요가를 했었어.

<휴일을 보내는 방법>
· 집에서 푹 쉬는 일이 많아요.
· 밥 먹으러 나가거나 쇼핑을 하면서 재충전을 합니다.
· 혼자서 외출을 많이 합니다. 얼마 전에는 미술관에 다녀왔어요.

- 와인을 좋아해서 자주 마시러 갑니다.
- 토요일은 밀린 가사일을 하고, 일요일에는 놀러 나갑니다.

3 다나카 : 와~ 대단하다. 요가는 해 본 적이 없어. 하치노씨는 자주 해?
　 다나카 : 요가는 언제부터 시작했어?

<질문의 재료를 상대방의 답변 안에서 찾기>
→ '요가'로부터 연상되는 질문을 다시 한다.
대답을 듣고 거기서 연상한 것을 질문하면 대화가 끊기지 않는다.

1) 우선 상대의 대답을 잘 듣는다.
2) 모르는 것을 질문한다.

<취미 화제를 넓힌다.>
- Q : 주에 몇 번 정도 하시나요?
　A : 주에 최저 2번은 합니다.

- Q : 언제부터 시작하셨나요?
　A : 작년 여름부터 했습니다.

- Q : OO를 시작한 계기는 무엇인가요?
　A : 처음에는 친구에게 권유받아 시작했습니다.

- Q : 어디서 하시나요?
　A : 요즘은 집에서 하고 있어요.

- Q : 일하면서 언제 하시나요?
　A : 요즘은 주말 밖에 할 시간이 없네요.

- Q : ○○은 해본 적 없습니다만, 꽤 힘든가요?
　A : 그 정도로 힘들지 않아요.

<반응>
- 재밌어보이네요.
- 우와! 대단하네요.
- 그거 좋네요!
- 와~ 그래요?
- 지금 굉장히 인기기 있죠?

연습

문형연습

1. ~을 계기로 (~をきっかけに)[N2]
　대학 입학을 계기로 자취를 시작했다.
　(=대학 입학이 계기가 되어 자취를 시작했다.)

2. ~때문에/~하는 바람에(~せいで)[N3]
   눈이 나쁘기 때문에 자주 사람을 착각한다.

3. A면 몰라도B(AならまだしもB)[N2]
   어린아이라면 몰라도 어른이 그런 말을 하다니 한심하다.

연습문제

a부터f를 올바른 순으로 나열하여 문장을 완성 하시오.

(   ), 일본어를 공부하게 되었습니다.

a일본여행   b~으로 c갔던   d계기 e를 f3년전에

정답 : f3년 전에 c갔던 a일본여행 e을 d계기   b~으로

총정리

취미에 대한 화제를 어떻게 꺼내야 하는지, 그리고 이야기 주제를 어떻게 넓히면 좋은지에 대하여 다양한 문구를 배웠습니다.

Quiz
상대방이 어떤 것이 좋은지, 어떤 취미가 있는지 알고 싶습니다. 당신은 뭐라고 질문 하겠습니까?

· 일 하지 않는 날은 무엇을 하시나요?
· 휴일에는 무엇을 하시나요?
· 일이 끝난 후에는 보통 무엇을 하시나요?
· 휴일에는 하십니까? [정중히 묻는 법]
· 저번 휴일에는 뭐 했어? [친구에게 묻는 법]

Clip 2 자신의 취미를 말하기

들어가기

학습내용 : 자신이 좋아하는 것, 흥미를 가지고 있는 것에 대하여 이야기해 봅시다.
학습목표 : 자신의 취미에 대하여 말하기.
상대방의 이야기를 듣고, 질문 소재를 찾기

Quiz
Q1 : 당신은 어떤 것이 좋은지, 어떤 취미가 있습니까? 자신의 취미에 대하여 이야기해 봅시다.
Q2 : 상대방이 다음과 같이 말하였습니다. 어떤 질문을 할 수 있는지 생각해 봅시다.
  A : 차를 좋아해서 자주 드라이브를 합니다.

1 이 요리는 세대에 관계없이 사랑받아 왔다.

~을 불문하고/~에 관계없이(~を問わず)[N2]
'~에 관계 없이' 라는 의미

예) 지금은 계절에 관계없이 여러가지 과일이 매장에 출회 된다.

2 어디든 평일은 한가하지만, 휴일이 되면 관광객으로 붐빈다.

~이 되면(と(も)なると)[N1]
'그렇게 된다면' 이라는 의민. 어떻게 되는지에 대한 평가, 판단이 뒤에 이어진다.

예) 중학생이 되면, 제대로 된 의견을 말할 수 있게 된다.

3 아버지도 어머니도 동생에게 무른 것 같다.

~도~도 / ~던지~던지(~にしても~にしても)[N2]
'어느 쪽이든' 이라는 의미. 장르가 같은 것, 또는 대립하는 두가지의 것을 다룬다.

예) 가든 안가든, 내일 아침에 연락 드리겠습니다.

사토(여)   :   기무라씨, 홋카이도는 어땠어요?
기무라(남) :   아주 좋았어요. 마침 라벤더 시즌이라서 사진을 많이 찍어 왔어요.
사토(여)   :   부럽네요. 기무라씨는 여행을 자주 가네요.
기무라(남) :   네, 국내외에 관계 없이 여행을 좋아해서, 연 2번 정도 장기 여행을 가요.
사토(여)   :   장기가 되면 준비 하는데 힘들지 않나요?
기무라(남) :   그렇지요. 그래서 국내 던지 국외 던지 대개 2달 전에는 행선지를 정하고, 관광지나 그 지방의 요리, 그리고 현지 교통 기관이나 주변 시설의 사전조사를 꼼꼼히 해요. 면밀히 계획을 세우는 것도 즐거움의 하나에요.
사토(여)   :   와, 2개월 전부터 꼼꼼히 알아보는 거네요. 그렇게 계획을 세우는 것도 재미있을 것 같네요.
기무라(남) :   네, '계획을 세울 때부터 여행은 이미 시작됐다' 고 하잖아요.

회화에서 나온 표현을 체크해 봅시다.

1 기무라(남) : 네, 국내외에 관계 없이 여행을 좋아해서, 연 2번 정도 장기 여행을 가요.

<자신의 취미를 말하기>
· ○○하는 것을 좋아합니다.
   예) 캠핑 가는 것을 좋아합니다.

· ○○에 빠져있습니다.
   예) 애니메이션에 빠져있습니다.

[빠지다]【はまる】(ハマる)
원래 '딱 들어 맞는다', '(강,연못에)빠져든다' 라는 의미

예) 연못에 빠지다.
예) 버튼이 맞지 않다.
   속어적으로, '열중하다/몰두하다' 라는 의미로 사용된다.

· ○○에 열중하고 있습니다.
   예) 커피에 열중하고 있습니다.

[열중하다/빠지다]【凝る】 '～에 열중하다'는 '～에 몰두하다'라는 의미.
                  「凝る」는 위의 의미 외에도 다음과 같은 의미를 가진다.
① 의장을 공들이다. 예) 이 디자인은 공들이고 있어.
② 근육이 걸리다 예) 어깨가 걸리다.

<취미의 종류>
【인도어】
· 영화
· 독서
· 요리
· 악기 연주
· 커피, 홍차
· 술, 칵테일
· 수예(편물, 자수, 펠트 세공)
· 근육 단련

【아웃도어】
· 스포츠
· 보드(스케이트보드, 스노우보드)
· 달리기
· 캠핑
· 오토바이
· 차, 드라이브
· 카페 순례, 온천 순례
· 카메라
· 혼자 여행
· 등산

2 사토(여) : 장기가 되면 준비 하는데 힘들지 않나요?

<질문 재료를 찾기>
상대방의 이야기를 듣고, 거기서부터 연상되는 것을 질문 한다.

'장기 여행'
↓
· 준비가 힘들다
· 장기라고하면, 어느 정도의 기간?
· 귀국 후의 시차는 괜찮은가?
· 언제 휴가를 내는가?
· 혼자서? 가족과?

3 기무라(남) : 그렇지요. 그래서 국내도 국외도 대개 2달 전에는 행선지를 정하고, 관광지나 그 지방의 요리, 그리고 현지 교통 기관이나 주변 시설의 사전조사를 꼼꼼히 해요. 면밀히 계획을 세우는 것도 즐거움의 하나에요.
　　사토(여) : 와, 2개월 전부터 꼼꼼히 알아보는 거네요.

<상대방의 이야기를 요약하기>
주어와 술어를 파악하여 요약한다.
주어'당신', 술어 '조사 하다.'이므로, '당신은 사전조사를 하는군요.'로 요약 할 수 있다. 이것을 좀 더 자연스러운 표현으로 '2개월 전부터 사전조사를 하는 거네요.' 혹은 '꼼꼼히 알아보는 거네요.' 등으로 말 할 수 있다.

이점 :
답변이 곤란할 때에 편리하다.
화자의 경우 상대방이 자신의 이야기를 이해해 주면 안심이 된다.

연습

문형연습

~을 불문하고/~에 관계없이 (~を問わず)[N2]
이 이벤트는 연령에 관계없이 참가 할 수 있다.

~이 되면 (と (も) なると) [N1]
1급이 되면 역시 어렵다.

~도~도 / ~던지~던지 (~にしても~にしても)[N2]
바다 던지 산이 던지 교통이 편리한 휴양지를 찾고 있다.

연습문제

다음 (　　) 에 들어갈 말을 1 ~ 4 중에서 하나 고르시오.

사회인 (　　　　　　　　),비록 아무리 힘든 상대라고 해도 같이 식사를 하거나, 술 마시러 가지 않으면 안되는 일이 자주 있다.

1 ともなると
2 ともなって
3 でもなると

4 でもなって

정답 1

총정리

자신의 취미에 대하여 말하거나, 상대방의 이야기를 듣고 질문의 소재를 찾는 내용에 대하여 학습하였습니다.

Quiz
1 당신은 어떤 것이 좋은지, 어떤 취미가 있습니까? 자신의 취미에 대하여 이야기해 봅시다.

해답 :
· 커피를 좋아해서 카페 순례에 빠져있습니다. 저번 주에 ○○의 카페에 갔다 왔습니다.
· 온천을 좋아해서 여기저기 온천 순례 다니는 것을 좋아합니다.
· 영화를 좋아해서 한달에 3편 정도 봅니다. 최근에 ○○를 봤습니다.
· 차를 좋아해서 자주 드라이브를 합니다.

2 어떤 질문을 할 수 있는지 생각해 봅시다.

A : 차를 좋아해서 자주 드라이브를 합니다.

해답 :
B : 차를 좋아 하시는군요.
· 추천하는 드라이브 코스는 어디에요?
· 언제 드라이브를 하시나요?
· 최근에는 어디로 가셨나요?
· 나는 운전에 자신이 없어요. 어떻게 하면 잘 할 수 있나요?

Clip 3 선물에 대한 감사 메일 보내기

들어가기

학습내용 : 선물(お土産, お歳暮, プレゼント)등 무엇인가를 받았을 때의 감사의 말을 쓰는 법에 대하여
          배운다.
학습목표 : 감사의 말의 구조에 대해 배운다.

메일

다음 메일은 가와이씨가 선물(お歳暮)로 과자를 받은 것에 대한 감사 인사를 야마모토씨에게 보낸 내용입니다.

야마모토씨에게

날이 갈수록 더워지고 있는데, 건강하게 지내시리라 생각합니다.
그리고, 어제 보내주신 과자를 잘 받았습니다.

언제나 세심한 배려를 해주셔서 감사합니다.
가족모두가 단것을 아주 좋아하여, 아이들도 매우 기뻐하며
소중하게 먹고 있습니다.
올해 여름은 더욱 덥다고 합니다.
감기 등에 걸리지 않도록 몸조심하세요.
또한, 가족분들께도 안부 전해 주세요.
급한 대로 감사의 말씀을 드립니다.
가와이 드림

표현 Check

1 <감사의 말의 구조>

무언가를 받았을 때의 감사 인사는 선물(**お土産**, **お歳暮**, **プレゼント**)의 경우 기본적인 구조는 바뀌지 않습니다.
이하의 필순으로 써 나가면, 읽기 쉬운 감사 인사가 됩니다.

① 시후 인사
② 감사의 말
③ 본문(받은 것에 대한 감상 등)
④ 맺음 말

2 날이 갈수록 더워지고 있는데, 건강하게 지내시리라 생각합니다.
　→ 시후의 인사와 동시에 상대방의 건강을 걱정하는 말을 더한다.
　→ 친한 사이에서는 시후 인사를 생략해도 괜찮다.

<① 시후 인사>
봄
하루 하루 따뜻해져가네요.
봄바람이 기분 좋은 계절이 되었습니다.
벚꽃의 소식이 들려올 때가 되었습니다

장마
장마철의 흐린 날씨가 이어지고 있습니다.
장마로 접어들어 찌무룩한 매일이 이어지고 있습니다.
장마가 걷히는게 기다려지는 요즘입니다.

여름
복중 문안 인사 드립니다.
연일 극심한 더위가 계속되고 있어요.
늦더위에 문안 인사 드립니다.

가을
드디어 가을도 깊어지고 있습니다.

가을이 깊어 졌음을 느끼는 요즘입니다.
스포츠의 가을, 미각의 가을이 되었습니다

겨울
요즘 날씨가 제법 추워졌네요.
추위가 더욱 심해졌습니다.
입춘은 이름뿐, 아직 추운 날이 계속되고 있습니다.

3 그리고, 어제 보내주신 과자를 잘 받았습니다.
   언제나 세심한 배려를 해주셔서 감사합니다.

<② 감사의 말 >
· 진심으로 감사합니다
· 감사합니다.
· 거듭 감사드립니다.
· 항상 감사하게 생각하고 있습니다.
· 배려해 주셔서 감사합니다.
· 따뜻한 말씀에 항상 힘을 받고 있습니다.

4 가족모두가 단것을 아주 좋아하여, 아이들도 매우 기뻐하며 소중하게 먹고 있습니다.

<③ 본문>
본문은 정중한 말투 사용에 유의하면서 선물에 대한 감상 등을 자기 나름대로의 말로 감사한 마음을 전
합시다.
선물에 대한 감사는 감사의 뜻을 전하는 것과 동시에, 선물이 무사히 도착한 것에 대한 보고도 겸하고
있습니다. 선물을 받았으면 그날 중으로 메일을 보냅시다.

5 올해 여름은 더욱 덥다고 합니다. 감기 등에 걸리지 않도록 몸조심하세요 .또한, 가족분들께도 안부
   전해 주세요.

→ 상대방의 건강이나 발전을 기원하는 말

6 급한 대로 감사의 말씀을 드립니다.

<④ 맺음 말>
친한 상대방에게 보내는 맺음 말 예
· 급한 대로 근황 보고 드립니다.
· 급한 대로 소식 전해 드립니다.
· 급한 대로 문안 인사 드립니다.
· 또 만납시다. 건강하세요.

무엇인가를 받았을 때의 감사의 말을 쓰는 법에 대하여 배웠습니다. 여기서 배운 시후 인사, 감사의 말, 맺음 말을 사용하여 친한 사람에게 메일을 보내 봅시다.

연습

가와이씨가 동료인 하치노씨에게 보낸 감사 인사 메일입니다.
다음 a-e의 문장을 올바른 순으로 나열해 보세요.

하치노 님께

a 이번에 선물을 주셔서 감사합니다.
b 기대하고있겠습니다.
c 또 시간이 날 때 여행 이야기 등을 들려주세요.
d 일본에서는 맛볼 수 없는 고급스러운 단맛으로 가족들과 함께 먹었습니다.
e 수고가 많으십니다. 가와이 입니다.

가와이 드림

정답 :
하치노 님께

e 수고가 많으십니다. 가와이 입니다.
a 이번에 선물을 주셔서 감사합니다.
d 일본에서는 맛볼 수 없는 고급스러운 단맛으로 가족들과 함께 먹었습니다.
c 또 시간이 날 때 여행 이야기 등을 들려주세요.
b 기대하고있겠습니다.

가와이 드림

1 수고가 많으십니다. 가와이 입니다.
  '수고가 많으십니다.'는 동료에게 보내는 인사로 사용되는 표현

2 <감사의 말> 이번에 선물을 주셔서 감사합니다..

3 <본문> 일본에서는 맛볼 수 없는 고급스러운 단맛으로 가족틀과 함께 믹있습니다. 또 시긴이 날 때 여행 이야기 등을 들려주세요.
  → 본문에 변함없는 만남을 부탁하는 말을 더한다.

4 <맺음 말> 기대하고있겠습니다.

Tip : <시후 인사의 예>
봄
하루 하루 따뜻해져가네요.

봄바람이 기분 좋은 계절이 되었습니다.
벚꽃의 소식이 들려올 때가 되었습니다.
싱그러운 오월이 되었습니다.
신록의 향기가 시원한 계절이 되었습니다.
신록이 눈에 선명한 계절이 되었습니다.

장마
장마철의 흐린 날씨가 이어지고 있습니다.
장마로 접어들어 찌무룩한 매일이 이어지고 있습니다.
장마가 걷히는게 기다려지는 요즘입니다.
흐릿한 날씨가 계속되고 있네요.

여름
복중 문안 인사 드립니다.
연일 극심한 더위가 계속되고 있어요.
늦더위에 문안 인사 드립니다.
잠들기 힘든 밤이 계속되고 있네요.
매일 찌는 듯한 더위입니다.
연일 혹서가 계속되고 있습니다.
늦더위에 문안 인사 드립니다.
늦더위가 심한 날이 이어지고 있습니다.

가을
낮은 덥지만, 아침저녁으로는 이제 견딜 만 하네요.
가을도 점점 깊어져, 공기가 기분 좋게 느껴지는 계절이 되었습니다.
가을이 깊어 졌음을 느끼는 요즘입니다.
이곳에서는 단풍을 볼 수 있게 되었습니다.
코스모스가 바람에 흔들리며, 아침 저녁은 견디기 쉬워져 왔습니다.
스포츠의 가을, 미각의 가을이 되었습니다.
드디어 가을도 깊어지고 있습니다.

겨울
요즘 날씨가 제법 추워졌네요.
겨울 바람이 사무치는 계절이 되었습니다.
올 겨울은 따뜻하네요.
추위가 더욱 심해졌습니다.
거리는 크리스마스 분위기로 가득합니다.
입춘은 이름뿐, 아직 추운 날이 계속되고 있습니다.
추위 속에도 때때로 봄을 느낄 수 있게 되었습니다.

제7과
자연재해, 환경문제에 대하여 말하기

Clip 1 지진 뉴스에 대하여 말하기

들어가기

학습내용 : 자연재해가 많은 일본에서는 매일의 회화에서도 자연재해에 관한 화제가 자주 나옵니다. 여기에서는 지진 등 재해에 관련된 용어를 사용한 회화문을 학습합니다. 뉴스 내용을 화제로 하여 상대방의 가치관이나 생각, 또는 상대방의 흥미나 관심 사항을 찾아 봅시다.

학습목표 : 초면인 사람과의 대화에서 금기 되는 화제를 피한다.

회화문에 나오는 추정의 의미를 가지는 조동사 '같다(ようだ、みたいだ、らしい)'를 구분하여 사용한다.

Quiz
옛날 일본인이 두려워했던 사항을 순서대로 나열한 말을 알고 있나요?
힌트 : 4가지 사항이 나열된다.

문형

1 아무래도 감기에 걸린 것 같아요,

~듯하다./~인 것 같다.(ようだ)
주관적인 판단을 기준으로 한 추측 표현. 스스로 얻은 정보에서 종합적으로 생각하여 추정했을 경우에 사용된다. 판단하는 근거가 '내가 본 결과, 그럭저럭~' 이라는 관찰에 의한 추측.

예) 다나카씨는 꽤 바쁜 것 같았습니다.

2 그녀의 말투는 마치 아이 같네요.

~인 것 같다./~같다 (みたいだ)
「ようだ」와 같다. 구어적 표현

예) 전차가 가버린 것 같아. 다음 전차에 타자.

3 초등학교 앞에 아파트가 세워진다는 것 같다..

~인 것 같다./~답다. (らしい)
객관적인 판단을 기준으로 한 추측 표현. 판단의 근거는 타인으로부터 얻은 정보나 신문, 잡지 등에 의한다.

예) 이 주스는 몸에 좋다는 것 같아요.

다나카(여) :   그러고보니, 오늘 아침 뉴스 보셨나요? 큐슈에서 지진이 또 났데요.
기무라(남) :   그래요? 몰랐어요. 지난 주 지진으로 피해가 있었는데 또 났군요.
다나카(여) :   이번에는 진도 5도라고 하는 것 같았어요. 아직 희생자는 확인되지 않은 것 같아요.
기무라(남) :   그래요? 비도 계속 내리는 것 같은데 피해가 커지지 않았으면 좋겠네요.
다나카(여) :   정말이지 그래요. 큐슈에 친구가 있어서 걱정이에요.
기무라(남) :   그래요? 연락이 안되나요?
다나카(여) :   오늘 아침에 LINE을 보내 봤는데, 아직 읽지 않았어요.
기무라(남) :   그래요? 외출하는 곳 근처에 WIFI가 없는 것 일지도 몰라요
다나카(여) :   그렇네요.

표현 Check

회화에서 나온 표현을 체크해 봅시다.

1 다나카 : 그러고보니, 오늘 아침 뉴스 보셨나요?

〈뉴스 화제〉
평소에 화제가 되고 있는 뉴스는 얼추 체크해 둔다.

· 뉴스를 아는 사람이라면 상대방의 생각을 알 수 있는 계기가 된다.
· 뉴스를 모르는 사람이라면 알기 쉽게 간결하게 이야기하여 상대방의 관심사항을 알아본다.

〈금기 되는 화제〉
특정 정당을 지지하거나 비판하는 발언이나 종교, 프로야구의 화제는 당신에게 아무런 악의가 없더라도 무의식적으로 차별과 편견으로 이어질 수 있다.

· 정치
· 종교
· 프로야구

2 다나카 : 이번에는 진도 5도라고 하는 것 같아요. 아직 희생자는 확인되지 않은 것 같아요.
　기무라 : 그래요? 비도 계속 내리는 것 같은데 피해가 커지지 않았으면 좋겠네요.

〈지진 용어〉
· 지진, 천둥, 가사, 아버지
  : 무서운 것을 순서대로 나열한 말.

· '여진에 주의하세요.' '여진이 무섭다.'
  여진 : 본진(큰 지진) 뒤에 다수 발생하는 지진.

· '호우 경보 때문에 피난 지시가 발령되었다.'
  '토사 재해 경보 때문에 신속하게 대피해 주시기 바랍니다.'
  '재해시의 대피소를 확인해 주세요.'
  '대피 지시가 해제되었습니다.'
  피난(대피) : 재해를 피하는 것. (피난 준비, 피난 권고, 피난 지시)

- '희생자를 애도한다.'
  희생자 : 재해로 사망한 사람.

  Tip: 애도하다 : 사람의 죽음을 슬퍼하며 한탄하는 것.

- '이재민은 1만명에 이르는 큰 수재였던 것 같습니다.'
  이재민 :재해에 봉변당한 사람. 특히 태풍이나 지진 등 자연재해에 당한 사람을 가리킨다.

- '올 가을에 복구공사가 완료 될 전망이라고 들었습니다.'
  복구 : 상처가 나거나, 망가진 것을 원래의 상태로 되돌리는 것.

- '조금씩 부흥이 진행되고 있습니다.'
  부흥 : 쇠약해진 것이 다시 기세를 되찾는 것.

- '지진에 대비하여 방재 상품을 구입하였습니다.'
  방재 : 재해를 방지하는 것. (방재 대책, 방재 상품, 방재 훈련)

- '지진 경보가 울려서 당황했습니다.'
  지진 경보(알람) : 긴급 지진 경보. 진도 별로 설정 가능.

- 진도
  : 지진의 강도.

- 진원지
  : 지진이 발생한 지역. 지진동이 두드러진 지역

- 이차 재해
  : 지진에 의해 일어나는 재해. 주로 화재, 해일, 액상화 현상이 있다.

- 지진에 대비하다.

- 흔들림을 느끼다.

3 다나카 : 오늘 아침에 LINE을 보내 봤는데, 아직 읽지 않았어요.

〈읽음(既読)〉
:이미 읽은 것

- 읽씹:수신 내용을 읽었음에도 불구하고 답신을 하지 않는 것. 또는, 답신이 오지 않는 것.
  '읽씹 당했어.'

연습

문형연습

1. ～듯하다./～인 것 같다. (ようだ)
   다나카씨는 직장 때문에 고민하는 것 같아요.

2. ～인 것 같다./～같다 (みたいだ)
   전차가 조금 지연되는 것 같아요.

3. ~인 것 같다./~답다. (らしい)
   다나카씨는 금년중에 결혼한다는 것 같아요.

연습문제

아침부터 아이가 기침을 하며 몸이 안좋아 보이기에 학교를 쉬게 하려고 합니다.
초등학교에 전화를 해서 아이가 쉰다는 것을 전하고 싶습니다. 뭐라고 말하면 좋을까요?

(   )에 들어가는 말을 a , b , c 중에서 하나를 선택하여 문장을 완성 하시오.

아이가 감기에 걸린(   )서 오늘은 쉽니다.
a ような   b みたい   c らしい

정답: a

총정리

여기서는 지진 뉴스에 대한 회화문을 학습 하였습니다.

Quiz
여러분은 몇 가지 속담을 알고 계시나요? 옛날 일본인이 두려워했던 것들을 순서대로 나열한 속담을 알고 있나요?

'지진 천둥 화재 친부(오야지)'

친부는 아버지라는 뜻이 아닌 태풍이라는 설도 있습니다. 옛날에는 '태풍'을 '오야마지(大山嵐)'이나 '오야지(大嵐)' 라는 한자와 읽는 법으로 표현하였습니다. 빈정거림과 독특함을 드러내기 위해 '친부(오야지)'가 되었다는 설도 있습니다.

Clip 2 쓰레기 분리 수거에 대하여 묻기

들어가기

학습내용 : 쓰레기를 종류별로 분리 배출하는 것을 '쓰레기 분리 수거' 라고 합니다. 또, 쓰레기를 버리는 것을 '쓰레기 배출'이라고 합니다. 근래에 자원 재활용 등이 활발해져서 쓰레기 분리 수거가 까다로워졌습니다.
　　　　　여기에서는, 쓰레기 배출의 매너에 대하여 학습합니다.
학습목표: 쓰레기 분리 수거에 관한 질문을 하고 설명을 듣는다. 쓰레기 처리에 관한 전문용어를 배운다.

Quiz
쓰레기를 버리는 시간이나 분리 수거 규칙을 지키는 것은 힘들기에, 근처에 사는 사람이나 관광객과 트러블이 생기는 경우가 있습니다. 그래서 관리인에게 쓰레기 분리 수거에 대하여 묻고 싶습니다. 뭐라고 말을 건네면 좋을까요?

1. 잠깐, 실례합니다. 쓰레기 배출에 대해서 알고 싶어요.
2. 저, 쓰레기 배출 말인데요.

1 슬픈 기억은 시간이 지남에 따라 희미해졌다.

~에 따라 (~に従って) [N2]
평행으로 일어나고 있음을 나타내다. 앞서 생긴 일의 변화 → 후에 생긴 일의 변화
(= ~에 따라서, ~와 더불어, ~에 따라)

예) 아이들은 성장함에 따라 건전한 반항을 하면서 자립해 간다.

2 앉자마자 의자가 부서졌다.

~한 순간/~하자마자 (~たとたん) [N2]
'~한것과 동시에'라는 의미. 뒤에 순간적인 일이 이어진다.

예) 어머니의 얼굴을 보자마자 눈물이 쏟아졌다

3 그만 하든 계속 하든, 한 번 부모와 상담하는 것이 좋다.

~하든, ~하든 (~にしろ、~にしろ) [N2]
예시한 것 모두에 들어맞는 의미(=~하든, ~하든)

예) 피아노든 바이올린이든 악기를 연주할 수 있게 되고 싶다.

김(남) : 안녕하세요? 이 쓰레기 어떻게 된 거에요?
관리인(여) : 또 매너가 나쁜 관광객이 쓰레기를 아무데나 버리고 간 것 같아서요. 정말 곤란해요.
김(남) : 그래요? 저도 쓰레기 배출에 대하여 들어야 하는데요. 타지 않는 쓰레기는 어떻게 분류
하면 되나요?
관리인(여) : 쓰레기는 이 팜플렛에 따라서 분류해 주세요.
김(남) : 그러니까, 병과 캔은 같이 분류해도 되나요?
관리인(여) : 아니요, 따로 분류해야 돼요. 쓰레기장에 가면 전용 수거 컨테이너가 있으니 거기 적혀
있는 대로 병은 파란색, 캔은 빨간색 컨테이너에 넣어주세요.
김(남) : 알겠습니다.
관리인(여) : 그리고 페트병은 안을 헹구고, 뚜껑이나 라벨은 떼서 컨테이너에 넣어주세요. 잊어 버
리는 사람이 꽤 많으니까요. 캡이나 라벨은 타는 쓰레기입니다.
김(남) : 아, 그렇군요. 타는 쓰레기는 월 수 금. 주 3회지요?
관리인(여) : 맞아요. 아침 8시에 수거 하는데, 그때까지 내 주세요.
김(남) : 전날 밤에 내놔도 되나요?
관리인(여) : 아니요, 안됩니다. 쓰레기를 버리자 마자 고양이나 까마귀가 와서 어지럽혀 버려요.
김(남) : 아, 그래요? 알겠습니다. 슈퍼 봉투에 타는 쓰레기를 넣고 버려도 되나요?
관리인(여) : 네, 가연 쓰레기로 하든지 불연 쓰레기로 하든지 속이 보이는 것이면 됩니다. 스마트폰
용 쓰레기 분리 수거 앱도 있으므로, 이용해 보세요. 수거일 알람도 있어서 편리해요.
김(남) : 아, 그래요? 그런 앱도 있군요. 써 보겠습니다.

회화에서 나온 표현을 체크해 봅시다.

1 김(남) : 그래요? 저도 쓰레기 배출에 대하여 들어야 하는데요. 타지 않는 쓰레기는 어떻게 분류하
면 되나요?

〈타인에게 무언가를 물어볼 때〉
서두에 붙이는 표현
· 저기
· 죄송합니다(실례합니다),
· 잠깐 괜찮으신가요?
· 잠시 뭐 좀 여쭙고 싶습니다만 괜찮으신가요?

〈～말인데요(～のことなんですが、)〉
서론 표현
· 쓰레기 배출에 관해서 말인데요, 타지 않는 쓰레기는 어떻게 분류하면 되나요?
· 내일 말인데요, 시간을 조금만 더 늦춰도 될까요?
· 좀 전에 말한 책 말인데요, 지금 알아보니 재고가 있는 것 같습니다.

2 관리인 : 쓰레기는 이 팜플렛에 따라서 분류해 주세요.

〈쓰레기 분류〉

타는 쓰레기 ⇔ 타지 않는 쓰레기
가연 쓰레기 ⇔ 불연 쓰레기

· 타는 쓰레기 : 음식물쓰레기, 식용유, 랩, 알루미늄호일, 휴지, 더러워진 플라스틱, 스티로폼, 고무
· 타지 않는 쓰레기: 재활물 이외의 타지 않는 쓰레기로 지정 된 봉투에 넣는 것.
　　　　　　　　유리, 도자기, 깨진 물건, 가죽 제품, 탭(용기)
· 재활용 쓰레기 : 신문지·광고지, 병과 캔, 파지, 페트병, 골판지, 플라스틱, 금속류, 잡지·책

Tip : 쓰레기 분류는 지역에 따라 조금씩 다르다.

3 관리인 : ··· 아무데나 버리고 간 것 같아서요. 정말 곤란해요.

〈ポイ捨て(아무데나 버림)〉
· 「ポイ」는 의태어. 작은 물건을 던지거나 버리는 모습을 나타낸다.
· 「ポイ捨て」란 쓰레기의 부적절한 처리방법의 하나.
· 일본에서는 아무데나 버리는 것의 방지 조례를 정하여, 위반 행위로 정한 자치체가 많다.
　화재의 원인, 야생동물의 살상, 해양 오염, 환경 피해 등 막대한 피해를 준다.

4 관리인 : ··· 아무데나 버리고 간 것 같아서요. 정말 곤란해요.
　김: 그래요? (あ、そうですか。↘)

관리인 : ··· 고양이나 까마귀가 와서 어지럽혀 버려요.
　김 : 아, 그래요? (あ、そうですか。↘)

관리인 : 수거일 알람도 있어서 편리해요.
김 : 아, 그래요? (**あ、そうですか。** ＼)

〈맞장구의 그래요?/그렇습니까? (**そうですか。** ＼)〉
의문문이 아닐 경우 문말의 「か」 를 상승시키지 않는다.

억양에 따라 감정을 나타내거나 글의 의미가 달라진다.
일본어는 문말 만 급상승 시킴으로써 의문을 표시한다.
예) A : 요즘 살이 좀 빠지셨네요.
　　 B: 그래요? (**そうですか。** ↗)

5 관리인 : 그리고 페트병은 안을 헹구고, 뚜껑이나 라벨은 떼서 컨테이너에 넣어주세요. 잊어 버리는
　　　　　사람이 꽤 많으니까요. 캡이나 라벨은 타는 쓰레기입니다.

〈헹구다〉
더러운 것을 씻어 내는 것.

〈떼는 것을 잊다.〉
떼는 것을 잊고 있다.
「～し忘れる」

예) 말하는 것을 잊다.
예) 쓰는 것을 잊다.

〈쓰레기 분류〉

타는 쓰레기 ⇔ 타지 않는 쓰레기
가연 쓰레기 ⇔ 불연 쓰레기

· 타는 쓰레기 : 종이 조각, 더러워진 플라스틱, 음식물 쓰레기, 스티로폼, 고무. 가죽 제품류,
· 타지 않는 쓰레기: 재활물 이외의 타지 않는 쓰레기로 지정 된 봉투에 넣는 것.
　　　　　　　　　　(유리, 도자기, 깨진 병 등)
· 재활용 쓰레기 : 병과 캔, 파지, 페트병

Tip : 쓰레기 분류는 지역에 따라 조금씩 다르다.

연습문제
다음(　　) 에 들어갈 말을 하나 선택하여 문장을 완성 하시오
(　　　　　) 순간, 전기가 꺼졌다.

1 10시
2 10시가 되다
3 10시가 된

총정리

어떻게 분류해야 좋을지 몰라 고민하거나, 분류가 까다로워 당황하는 일이 있습니다.

잘못 내면 '수거 할 수 없습니다!' 라는 스티커가 붙어서 쓰레기가 그대로 남아있습니다.

모를 때는 물어보고 나서 쓰레기를 버립시다.

Quiz

쓰레기를 버리는 시간이나 분리 수거 규칙을 지키는 것은 힘들기에, 근처에 사는 사람이나 관광객과 트러블이 생기는 경우가 있습니다. 그래서 관리인에게 쓰레기 분리 수거에 대하여 묻고 싶습니다. 뭐라고 말을 건네면 좋을까요?

1. 잠깐, 실례합니다. 쓰레기 배출에 대해서 알고 싶어요.
2. 저, 쓰레기 배출 말인데요.

정답: 2

Clip 3 재해 위문 메일 보내기

들어가기

학습내용 : 여기에서는, 지인이 지진이나 호우 등의 재해를 당했을 때에 보내는 재해 위문 장에 대하여 학습합니다. 보통의 편지와 달리, 재해 위문에서 조심하지 않으면 안 되는 것에 대해 배워봅시다.

학습목표 : 재수 없는 말은 쓰지 않도록 하며, 상대방을 배려하는 마음을 표현한 재해 위로의 메일을 보낸다.

메일

야마다씨께

일전에 집중호우로 야마다씨가 살고 계시는 지역에서도 상당한 피해가 나오고 있다는 것을 뉴스로 보았습니다.

야마다씨나 가족분들 모두 무사 하십니까? 걱정이 많이 됩니다.

안정 되고 나서라도 그 쪽 상황을 연락 해주셨으면 합니다.

무언가 도와드릴 수 있는 것이 있으면 주저 말고 알려주세요.

변변치 않습니다만, 위문품을 동봉하였습니다.

하루라도 빨리 원래의 생활로 돌아갈 수 있기를 바랍니다.

우선 급한 대로 위로의 말씀 드립니다.

기무라 드림

표현 Check

1 〈서두〉

재해 직후의 연락은 필요한 내용만을 쓴다.

보통의 편지와는 달리 계절이나 인사, 근황 등은 일절 쓰지 않도록 한다.

2 일전에 집중호우로 야마다씨가 살고 계시는 지역에서도 상당한 피해가 나오고 있다는 것을 뉴스로 보았습니다.

〈재해에 대하여 언급하기〉
· ○○지방을 태풍 △호가 직격 하여 큰 피해를 입었다고 뉴스로 알았습니다.
· TV보도로 이번 태풍으로 인한 그쪽의 피해를 알게 되어 매우 놀랐습니다.
· 이번 피해에 진심으로 위로의 말씀드립니다.

3 야마다씨나 가족분들 모두 무사 하십니까? 걱정이 많이 됩니다.

〈안부 묻기〉
· 가족 분들은 모두 무사 하십니까?
· 댁은 괜찮습니까? ○○상, ○○군 모두 다치지 않았습니까?
· 가족 모두가 무사하시다는 것에 우선 안심했습니다.

4 안정 되고 나서라도 그 쪽 상황을 연락 해주셨으면 합니다.

· 혼잡한 상황이라고 생각합니다만, 가능하시면 소식을 알려 주세요.
· 그쪽의 자세한 상황을 모르기 때문에, 일단 연락을 기다리고 있습니다.
· 전화를 하려고 생각도 했지만, 혼잡한 상황에 오히려 민폐라고 생각되어 메일을 보냈습니다.

5 무언가 도와드릴 수 있는 것이 있으면 주저 말고 알려주세요.

〈도와주기〉
· 저희가 도움을 드릴 수 있는 것이 있다면, 뭐든지 말씀해 주세요.
· 연락을 주시면, 가능한 많은 도움을 드리고 싶습니다.

6 변변치 않습니다만, 위문품을 동봉하였습니다.

〈위문 금품을 첨부하는 경우〉
· 저의 성의입니다만, 위문의 표시도 동봉하였습니다.
· 식료품 등을 다른 편으로 보내 드렸으니, 받아주세요.
· 동봉한 것은 작은 성의입니다만, 위문의 표시입니다.

7 하루라도 빨리 원래의 생활로 돌아갈 수 있기를 바랍니다.

〈**무사나 부흥**을 기원하기〉
· 무엇보다도 가족여러분이 무사하시기를 진심으로 바랍니다.
· 하루라도 빨리 재건되기를 기원드립니다.
· 하루라도 빨리 평온한 생활로 돌아갈 수 있기를 진심으로 기원드립니다.
· 여러분들의 무사하시기를 진심으로 바랍니다.

8 우선 급한 대로 위로의 말씀 드립니다.
　 우선 메일로 위로의 말씀 드립니다.

재해를 입은 사람에게 재해 위문장을 보낼 때의 표현에 대하여 배웠습니다.

연습

다음 a, b, c, d, e, f의 문장을 올바른 순으로 나열하여, 재해를 입은 사람에게 재해 위문장을 보내봅시다.

키무라 님

a 가족분들 모두 무사 하십니까?
b 식료품 등을 다른 편으로 보내 드렸으니, 받아주세요.
c 전화를 하려고 생각도 했지만, 혼잡한 상황에 오히려 민폐라고 생각되어 메일을 보냈습니다.
d 이번 피해에 진심으로 위로의 말씀드립니다.
e 여러분들의 무사하시기를 진심으로 바랍니다.
f 먼저 메일로 위로의 말씀 드립니다.

다나카 드림

정답:
나카무라 님

d 이번 피해에 진심으로 위로의 말씀드립니다.
a 가족분들 모두 무사 하십니까?
c 전화를 하려고 생각도 했지만, 혼잡한 상황에 오히려 민폐라고 생각되어 메일을 보냈습니다.
b 식료품 등을 다른 편으로 보내 드렸으니, 받아주세요.
e 여러분들의 무사하시기를 진심으로 바랍니다.
f 먼저 메일로 위로의 말씀 드립니다.

다나카 드림

제9과

친한 사이에도 지켜야 하는 예의

'친한 사이에도 지켜야 하는 예의' : 친한 사이라도 최소한의 예의는 지켜야 한다라는 의미.

Clip 1 업무 의뢰 하기

들어가기

학습내용 : 남들과 소통하면서 일을 진행하기는 어려운 일이네요. 하지만 일은 의뢰의 연속입니다. 여기
　　　　　에서는 동료나 부하에게 일을 잘 부탁할 수 있는 표현에 대해 배웁니다.
학습목표 : 말을 꺼낼 때, 설명할 때의 매너를 배운다.
　　　　　일을 의뢰하는 표현을 익힌다.

Quiz
「친한 사이에도 지켜야하는 예의」 라는 말을 알고있나요?
「친한 사이라도 최소한의 예의는 지켜야 한다.」 라는 의미입니다.
그렇다면, 다음 업무 의뢰 표현을 상대방을 배려한 표현으로 바꾸어 봅시다.
"기무라씨, 좀 서둘러서, 이 서류를 2시까지 확인해주세요."

회화

다나카(여) : 기무라군, 잠깐 괜찮아?
기무라(남) : 네. 무슨 일이신가요?
다나카(여) : 내일 회의 자료 준비를 시간에 맞출 수 없을 것 같아서 말이야.
기무라(남) : 아, 그런가요? 무슨 회의인가요?
다나카(여) : 이번 프로젝트의 진척 회의인데, 아직 보고용 자료가 정리되지 않아서 말이야.
　　　　　　바쁜 와중에 미안하지만, 기무라군은 일을 신속하고 신중하게 처리해서, 기무라군이 도
　　　　　　와주면 고마울 것 같은데.
기무라(남) : 그런가요? 좋아요.
다나카(여) : 고마워. 진짜 도움이 된다.
기무라(남) : 언제나 다나카 씨에게는 도움을 받고 있으니까요.
다나카(여) : 그럼, 오늘 3시까지 이 데이터를 이 표로 만들어 줄 수 있을까?
　　　　　　　　　　　　　　— 시계 14:50—
기무라(남) : 다나카씨, 자료 만들었어요.
다나카(여) : 정말 고마워. 덕분에 도움이 됐어.
　　　　　　다음에 기무라군이 곤란한 일이 있을 때, 기꺼이 도와줄게. 언제든지 말해.

표현 Check

회화에 나온 표현을 체크해봅시다.

1 다나카(여) : 기무라군, 잠깐 괜찮아?
　기무라(남) : 네. 무슨 일이신가요?

이야기 꺼내기

〈타이밍 가늠하기〉
느닷없이 말을 거는 것이 아니라, 상대방의 상황을 확인한 다음에 어떻게 부탁하면 좋은
마음으로 맡아 줄까 생각하는 것이 중요하다.

〈피하고 싶은 타이밍〉
· 상대방이 집중하고 있을 때
· 출근하자마자.
· 점심 시간 직전.
· 야근 시간에 임박했을 때

2 다나카(여) : 이번 프로젝트의 진척 회의인데, 아직 보고용 자료가 정리되지 않아서 말이야.

어려움을 겪고 있는 내용을 전한다.

3 다나카(여) : 바쁜 와중에 미안하지만, 기무라군은 일을 신속하고 신중하게 처리해서, 기무라군이 도
　　　　　　 와주면 고마울 것 같은데.

도와줬으면 하는 이유를 전한다.

1) 한마디 덧붙인다.
　〈쿠션언어(クッション言葉)〉
　　· 바쁜 와중에 미안하지만,
　　· 죄송하지만,
　　· 미안하지만,
　　· 힘들겠지만,
　　· 만약 시간이 있다면,

　〈윗사람에게 한마디 덧붙일 경우〉
　　· 송구합니다만,
　　· 폐를 끼쳐 죄송합니다만,
　　· 무리한 것을 부탁드려 대단히 죄송합니다만,

2) 이유를 전한다.
　기대했던 일을 해줄 거라고 생각한 이유를 전한다.

　〈의견이나 지시를 구하여 상대방의 의지를 존중하는 표현〉
　　· 해 줄 수 없을까?
　　· 이 일, 부탁드려도 될까요?

〈강제로 시키지 않는다〉

억지로 밀어붙이지 않는 것이 중요하다.

　・뭔가 힌트라도 주시면 감사하겠습니다.

4 다나카(여) : 그럼, 오늘 3시까지 이 데이터를 이 표로 만들어 줄 수 있을까?

〈내용을 전한다.〉

완성된 이미지와 기일을 명확히 전한다.

의뢰한 후에는 정기적으로 상황을 확인하거나 말을 걸어 주는 것이 중요하다.

5 다나카(여) : 정말 고마워. 덕분에 도움이 됐어.

다음에 기무라군이 곤란한 일이 있을 때, 기꺼이 도와줄게. 언제든지 말해.

〈진심으로 감사하고 칭찬한다.〉

・감사합니다.

・도와 주셔서 고맙습니다.

・○○씨의 도움을 받아서 완성되었습니다.

일의 결과에 신경이 쓰이는 일이 있어도 곧바로 주의/지적을(결점 지적, 다시 고치기를 명령) 하지 않는다.

　Tip : 윗사람에게 부탁할 때는 "～해주세요(～ください)"라는 표현을 하지 않는다.

　　　　"～해주세요"는 달리 선택의 여지가 없는 말.

　　　　× 좀 서둘러서, 이 서류를 2시까지 확인해주세요.

　　　　○ 서둘러서 죄송하지만 이것을 2시까지 확인해 주실 수 있을까요?

"～해 주실 수 있을까요?(～していただけませんか。)" 혹은 "～을 부탁드려도 될까요?(～をお願いできますか。)"라고 말한다.

　예) 내일까지 부탁드릴 수 없을까요?

총정리

여기에서는 동료나 부하에게 일을 잘 부탁할 수 있는 방법에 대해 배웠습니다. 스킬이나 테크닉 뿐만 아니라, 우선은 상대방에게 격의와 감사의 마음을 가지고 목적·이유·내용을 명확히 하여 일을 부탁합시다.

　Quiz

"기무라씨, 좀 서둘러서, 이 서류를 2시까지 확인해주세요."

・기무라씨, 잠깐 괜찮아? 미안하지만, 이 서류를 2시까지 해줄 수 있을까?

・기무라씨, 잠시 괜찮으세요? 미안하지만, 이 서류를 2시까지 부탁드려도 될까요?

들어가기

학습내용 : 갑작스러운 제의를 거절하기 어려운 사람이 많을 거에요. 특히 윗사람들의 권유는 실례가 없
도록 정중히 거절하는 것이 중요합니다. 여기에서는 거절할 때 중요한 것에 대해 배웁니다.

학습목표 : 능숙하게 거절하기 위한 포인트와 문구를 학습한다.

Quiz

모임에 초대 받았습니다. 하지만 그날은 선약이 있습니다.

이유를 말하기 전에, 당신은 뭐라고 말하며 거절 하겠습니까?

(   )에 들어가는 말을 생각해 봅시다.

(   ) ,그 날은 가족과 외출할 예정이 있어서요.

죄송합니다만, 참가하지 못할 것 같습니다.

회화

츠카모토(남) :   다나카씨, 잠깐 괜찮아?

다나카(여) :   네. 무슨 일이신가요?

츠카모토(남) :   오늘 일 끝나고 다같이 술 마시러 가자고 하는데, 다나카씨도 어때?

다나카(여) :   오늘이요? 죄송합니다. 오늘은 아침부터 몸 상태가 좋지 않아서 빨리 집에 가서 쉬려
고 해요.

츠카모토(남) :   아, 그렇구나. 괜찮아?

다나카(여) :   네. 모처럼 권유해 주셨는데 유감이네요. 다음에도 꼭 불러주세요.

츠카모토(남) :   응. 알았어. 오늘은 푹 쉬어.

다나카(여) :   네. 감사합니다

표현 Check

회화에 나온 표현을 체크해봅시다.

1 츠카모토(남) : 오늘 일 끝나고 다같이 술 마시러 가자고 하는데, 다나카씨도 어때?
   다나카(여) : 오늘이요? 죄송합니다.

〈능숙한 거절 방법 3포인트〉

1) 「NO」라고 전한다.
2) 거절하는 이유를 말한다.
3) 배려한다.

1) 「NO」라고 전한다.
    × 참가할 수 없습니다.
    × 출석할 수 없습니다.

× 거절합니다.

× 거절하겠습니다.

→ 차갑게 거절할 때의 문구.

〈정중한 서론〉

· 초대해 주셔서 감사합니다. 죄송합니다만, ~.

· 모처럼 권유해 주셨습니다만, ~.

· 모처럼의 기회입니다만, ~.

· 권유해 주셔서 매우 기쁩니다만, ~.

· 출석하고 싶은 마음은 굴뚝 같지만, ~.

Tip : 「山々」이란, "마음으로는 바라지만, 실제로는 할 수 없는 일"을 말한다.

예) 가고 싶은 마음은 굴뚝같지만, 형편이 안된다.

예) 가지고 싶은 것은 굴뚝같지만, 참는다.

2 다나카(여) : 오늘이요? 죄송합니다. 오늘은 아침부터 몸 상태가 좋지 않아서 빨리 집에 가서 쉬려고 해요.

2) 거절하는 이유

a 몸 상태 문제

· 남편의 몸 상태가 나빠져서 간호를 하지 않으면 안되기 때문에,

· 아이가 감기에 걸려서,

예) 아침부터 몸 상태가 좋지 않아서, 일이 끝나면 병원에 들를 생각입니다.

b 일이나 공부 문제

· 내일 회의 준비가 있어서,

· 공교롭게도 거래처와의 약속이 있어서,

예) 아직 일이 끝날 것 같지 않아서 집으로 가져가려고 생각하고 있습니다.

c 스케줄 문제

· 공교롭게도 선약이 있어서,

· 공교롭게도 다른 용무가 있어서,

예) 공교롭게도 그날은 선약이 있어서 도저히 갈 수 없습니다. (갈 형편이 안 됩니다.)

d 가족 문제

· 아내가 감기에 걸려서, 아이를 돌보지 않으면 안되기 때문에,

· 부모님이 오셔서,

· 가족과의 선약이 있어서,

예) 그 날은 집안 사정이 있어서, 도저히 갈 수 없습니다.

3 다나카(여) : 네. 모처럼 권유해 주셨는데 유감이네요. 다음에도 꼭 불러주세요.

3) 배려
- 또 다른 날에 권유 부탁드립니다.
- 다음에 꼭 부탁드립니다.
- 죄송합니다만, 참가하지 못할 것 같습니다.
- 죄송합니다만, 이번에는 사양하겠습니다.

[친구]
- 권유해 줘서 고마워.
- 또 불러줘.
- 내 몫까지 즐겨줘.
- 감기가 나으면 놀자.

총정리

능숙한 거절 방법의 포인트는, 우선 「NO」라고 전하는 것입니다. 하지만 "싫습니다." "갈 수 없어요." 라고 하는 것이 아니라, 상대방을 배려한 표현에 대하여 여기에서 배웠습니다.

Quiz
모임에 초대받았습니다. 하지만 그날은 선약이 있습니다. 이유를 말하기 전에, 당신은 뭐라고 말하며 거절하겠습니까? (   ) 에 들어가는 말을 생각해 봅시다.

(권유해 주셔서 감사합니다. 죄송합니다만,) 그 날은 가족과 외출할 예정이 있어서요.
(모처럼 권유해 주셨습니다만,) 그 날은 가족과 외출할 예정이 있어서요.
(권유해 주셔서 너무 기쁘지만,) 그 날은 가족과 외출할 예정이 있어서요.
(참석하고 싶은 마음은 굴뚝같지만,) 그날은 가족과 외출할 예정이 있어서요.

Clip 3 전화상으로 의뢰하기

들어가기

학습내용 : 친구끼리 급한 부탁을 주고 받는 것에 대해 학습합니다.
학습목표 : 상대방의 의뢰를 단순히 거절하는 것이 아니라 조건을 붙여서 의뢰를 OK 하거나, 대안을 제시하는 표현에 대해 배웁시다.

Quiz
아르바이트하는 곳의 친한 동료가 내일 아르바이트를 바꿔달라고 부탁을 했습니다. 하지만 당신은 저녁 6시부터 친구와 약속이 있습니다. 뭐라고 대답 하겠습니까?

NG예) "×내일은 친구와 약속이 있어서 안돼."

당신은 뭐라고 대답 하겠습니까?

전화상 회화

오오츠카(남) :　야마자키씨, 미안한데 내일 아르바이트 좀 바꿔주면 안될까?
야마자키(여) :　응? 내일?
오오츠카(남) :　응. 아무래도 급한 일이 생겨서.
야마자키(여) :　미안. 내일은 좀…저녁부터 친구들이랑 약속이 있어서.
오오츠카(남) :　그렇구나. 내일 오후 3시부터 9시 까지 인데 1,2시간만이라도 안 될까?
야마자키(여) :　음…그럼 3시부터 5시까지, 그 사이라면 가능 할 것 같아.
오오츠카(남) :　아 정말? 고마워. 덕분에 살았다.

표현 Check

회화에 나온 표현을 체크해봅시다.

1 야마자키(여) : 미안. 내일은 좀…저녁부터 친구들이랑 약속이 있어서.

〈친구에게 「NO」라고 전하기〉
· 미안.
· 유감이지만~.
· 미안하지만,

〈친구에게 거절하는 이유 말하기〉
a 몸 상태 문제
　· 요전에 몸 상태가 나빠져서 아직 무리할 수가 없어.

b 일이나 공부 문제
　· 요즘 사내시험 공부를 하고 있어서 시간이 없어.

c 스케줄 문제
　· 그날은 안돼. 친구랑 콘서트 가기로 약속했거든. 티켓도 벌써 사버려서.

d 가족 문제
　· (본가에서)부모님이 오셔서, 그 날은 좀…

2 오오츠카(남) : 그렇구나. 내일 오후 3시부터 9시 까지 인데 1,2시간만이라도 안 될까?

〈조건을 붙여서 의뢰하다 〉
· ○○만이라도 안될까?
· ○○만이라도 도와주면 고마울 것 같은데.

3 야마자키(여) : 음…그럼 3시부터 5시까지, 그 사이라면 가능 할 것 같아.

〈조건을 붙여서 OK 한다〉
· 1시간 만이라면 될 수도 있어.

[윗사람]
· (이유) 때문에, 아무래도 6시까지만 참가 할 수 있지만, 꼭 참가 할 수 있게 해주세요. 기대하고 있습

니다.

〈대안을 제시한다〉
· 그 날은 안되지만, 다른 날이라면 괜찮아.
· 다음에 시간 있을 때 꼭 불러줘.

총정리

상대방의 의뢰를 단순히 거절하는 것이 아니라 대안을 제시하거나 조건을 붙여서 의뢰를 OK 하는것도 가능합니다. 필요에 따라서 활용해 봅시다.

Quiz

아르바이트하는 곳의 친한 동료가 내일 아르바이트를 바꿔달라고 부탁을 했습니다. 하지만 당신은 저녁 6시부터 친구와 약속이 있습니다. 뭐라고 대답 하겠습니까?

〈OK 예〉
예) 미안. 내일은 조금 안될 것 같아. 저녁부터 친구랑 약속이 있어서.
예) 미안하지만 저녁부터 친구들이랑 약속이 있어서, 안될 것 같아.

제10과

말은 하기 나름

'말은 하기 나름' : 같은 내용이라도 말투에 따라서는 좋지도 나쁘지도 않게 된다고 하는 것.

Clip 1 불만 말하기

들어가기

학습 내용 : 불만을 말하는 것을 '클레임을 걸다' 나 '클레임을 말하다' 라고 합니다. 말하는 내용은 같아도 말투에 따라서 상대가 받는 인상은 다릅니다. 여기에서는 대화가 부드럽게 진행되는 클레임 어법에 대해 학습합니다.

학습 목표 : 비즈니스 신에서 클레임(불만)을 말할 때의 요령이나 말투를 배운다.

Quiz
A씨의 대응이 늦어서 곤란하다는 불만을 거래처에 말하고 싶습니다. 다음의 NG 예를 적절한 표현으로 바꾸어 봅시다.

NG 예) A씨의 대응이 매우 늦어서 정말로 곤란합니다만, 어떻게든 해 주세요.

회화

스즈키(남) : 죄송합니다, 담당자에 대해서 상담할 수 있으면 좋겠어요. 잠시만 시간을 좀 내주시겠습니까?

사토(여) : 네, 뭔가요?

스즈키(남) : 실은 담당자인 미야카와씨 말입니다만, 대응이 늦어서 업무에 지장이 생기고 있습니다. 어제까지 마감이었던 서류도 아직 받지 못하여 재차 의뢰를 하였는데 아직 회답이 없습니다.

사토(여) : 그런가요? 정말로 죄송합니다.

스즈키(남) : 서류는 오늘 중으로 어떻게든 해주지 않을까 생각이 돼서 상담을 하게 되었습니다.

사토(여) : 알겠습니다. 서류는 오늘 중으로 보내드리겠습니다. 다음부터는 이런 일이 없도록 충분히 주의하겠습니다. 저희가 미흡한 탓에 폐를 끼쳐드려 대단히 죄송합니다.

표현 Check

회화에서 나온 표현을 체크해 봅시다.

1 스즈키(남) : 죄송합니다, 담당자에 대해서 상담할 수 있으면 좋겠어요. 잠시만 시간을 좀 내주시겠습니까?

〈클레임을 말하는 방법〉.
・ 포인트 1 : 전해야 할 상대를 선택하고 냉정하게 이야기할 수 있는 타이밍을 가늠해 이야기한다.
　Tip '타이밍을 가늠해 보다'
　　　　→ '타이밍을 보다' '좋은 기회를 기다린다' 는 뜻.

・ 포인트 2 : 쌍방에 있어서 결과적으로 이득이 되는 것이 목적이 되어야 한다.
・포인트 3 : 감정적으로 되지 않고, 객관적이고 건설적일 것.

1) 쿠션 언어를 사용한다.

　　－ '쿠션 언어' : 충격을 완화하는 쿠션 같은 역할.
　　　・ 말하기 어려운 것을 직설적으로 전달해 버리면, 상대방이 충격을 받기도 한다.
　　　・ 전하고 싶은 본론에 들어가기 전에 사용하는 상대를 배려하는 표현..

　　　・ 죄송합니다.
　　　・ 죄송합니다만,
　　　・ 말씀드리기 정말 죄송합니다만,
　　　・ 대단히 죄송합니다만,

2) 불만의 내용을 상담을 하면서 간결하게 말한다.

　　　・ 실은, ～인 상황인데, 상담 할 수 있을까요?
　　　・ ～때문에 상담 하고 싶습니다.

3) 시간이 있는지 묻는다.

　　　・ 잠시 시간을 좀 내어 주시겠습니까?
　　　・ 지금 잠시 괜찮으세요?

2 스즈키(남) : 실은 담당자인 미야카와씨 말입니다만, 대응이 늦어서 업무에 지장이 생기고 있습니다.
　　　　　　　 어제까지 마감이었던 서류도 아직 받지 못하여 재차 의뢰를 하였는데 아직 회답이 없습
　　　　　　　 니다.

〈사실을 간결하게 전한다〉
상대를 도발하는 표현은 피한다.

「사실은, ～때문에(～에 의해), ～인 상황입니다.」

예) 사실은 ○○씨의 대응에 의해 업무에 지장이 생긴 상황입니다.

3 스즈키(남) : 서류는 오늘 중으로 어떻게든 해주지 않을까 생각이 돼서 상담을 하게 되었습니다.

제안하거나 개선을 요구한다.

〈～라고 생각하여, 상담을 한다.〉
・ ～해 주셨으면 좋겠다고 생각해서, 상담을 요청하였습니다.
・ ○○씨라면 상황을 파악하고 있을 거라 생각하여 상담을 요청하였습니다.

4 사토(여) : 알겠습니다. 서류는 오늘 중으로 보내드리겠습니다. 다음부터는 이런 일이 없도록 충분히 주의하겠습니다. 저희가 미흡한 탓에 폐를 끼쳐드려 대단히 죄송합니다.

〈미흡함(실수)〉
- '미스' '잘못' '과오' 라는 뜻.
- 업무에서 뭔가 실수가 있을 때는 '미흡하여 죄송합니다'라고 사과한다.

· 미흡한 점이 있으시면 솔직하게 말씀해 주십시오.
· 이번에 제 미흡함 때문에, 폐를 끼쳐드린 것에 대해 사과 말씀드립니다.
· 거듭되는 실수 때문에, 몇번이나 폐를 끼쳐 죄송합니다.

총정리

여기에서는, 비즈니스 씬에서 불평을 할 때의 요령이나 말투에 대해 배웠습니다.
포인트는 1) 전해야 할 상대를 선택하고 냉정하게 이야기할 수 있는 타이밍을 가늠해 이야기한다. 2) 쌍방에 있어서 결과적으로 이득이 되는 것이 목적이 되어야 한다. 3) 감정적으로 되지 않고, 객관적이고 건설적일 것.

Quiz
A씨의 대응이 늦어서 곤란하다는 불만을 거래처에 말하고 싶습니다. 당신은 뭐라고 말하겠습니까?
다음의 NG 예를 적절한 표현으로 바꾸어 봅시다.

NG 예) × A씨의 대응이 매우 늦어서 정말로 곤란합니다만, 어떻게든 해 주세요.
OK 예) ○ 말씀드리기 정말 죄송합니다만, 실은 A씨의 대응에 대해서 상담하고 싶습니다. 잠시만 시간을 좀 내주시겠습니까?

Clip 2 사과하기

들어가기

학습 내용 : 사과하는 것이 서툴다고 느끼는 사람이 많지 않나요? 그러나 자신에게 잘못이 있었을 때는 솔직하게 사죄하는 것은 사회 생활에서는 필수입니다. 여기서는 능숙하게 사과하는 방법에 대해 살펴봅시다.
학습 목표 : 비즈니스 신과 개인적인 자리에 따른 적절한 사과의 문구를 학습한다.

Quiz
비즈니스 신에서의 적절한 사과의 문구는 다음 중 무엇입니까? 옳은 것을 모두 고르세요.

① 죄송합니다.
② 미안합니다.
③ 대단히 실례했습니다.
④ 정말로 죄송합니다.

미야가와가 직장 선배인 사토에게 사과하는 장면.

사토(여) : 미야카와 씨, 잠깐 괜찮아?
미야카와(여) : 네.
사토(여) : 오늘 아침에 스즈키님이 오셨는데 서류 제출이 어제까지 였다고 하던데.
미야카와(여) : 죄송합니다. 오늘 중으로 제출한다고, 방금 거래처에 사과 드렸습니다. 이번 일로 폐를 끼쳐 죄송합니다. 깊이 반성하고 있습니다.
사토(여) : 서류 건으로 모르는게 있으면 나한테 물어봐.
미야카와(여) : 네, 감사합니다. 제 미흡함 때문에 폐를 끼쳐드려 죄송합니다.
사토(여) : 그럼 서류를 오늘 14시까지 부탁해. 부장님께 제출하기 전에 나도 확인 할테니까, 완성하면 말해줘.
미야카와(여) : 네, 알겠습니다.

표현 Check

회화에서 나온 표현을 체크해 봅시다.

1 미야카와(여) : 죄송합니다.

〈사과의 문구〉
1) 개인적인 자리
  · 미안합니다.
  · 죄송합니다.

2) 비즈니스 신
  · 죄송합니다.
  · 대단히 실례했습니다.
  · 폐를 끼쳤습니다.
  · 불쾌하게 해드려 깊이 반성하고 있습니다.

3) 그 밖에도 :
  · 이번에 폐를 끼쳐 대단히 죄송합니다.
  · 불쾌하게 해드려 죄송합니다.
  · <u>의향</u>에 따르지 않아 죄송합니다. ('의향' 이란 '그 사람의 생각' 을 가리킨다.)
  · 설명이 부족해서 죄송합니다.

Tip : '부족 하다'는 '미숙 하다', '미흡 하다' 라는 의미.
    a '미숙 하다' 라는 의미로 사용 되는 예 :
      · 다소 부족한 점도 있다고 생각합니다만, 잘 부탁드립니다.
      · 아직도 미흡한 자신이지만, 앞으로도 지도를 해주시기를 부탁드립니다.
      · 제가 지나치지도 않은것처럼, 폐를 끼쳐 죄송합니다.
    b '미흡 하다' 라는 의미로 사용 되는 예 :
      · 거기까지 생각이 미치지 못했습니다.

- 수고하게 만들어서 죄송합니다.

Tip : 「お手数」란, 「수고」「일손,수고」라는 뜻이다.
   의뢰할 때 쿠션 말로 사용된다.
   - 수고스럽지만, 한번 서류를 확인해 주시면 대단히 감사하겠습니다.
   - 수고스럽지만, 내일까지 잘 부탁드리겠습니다.

2 미야카와(여) : 제 미흡함 때문에 폐를 끼쳐드려 죄송합니다.

〈사과하는 방법 요령〉
1) 책임회피를 하지 않음으로써 신용을 회복한다.
   나에게 책임이 있다.

   - 저의 미숙함 때문에 폐를 끼쳤습니다.
   - 저의 배려가 부족했습니다.
   - 제의 책임입니다.

2) 성의를 보인다.선후책을 제시한다.
   ('선후책' 이란, '마무리(뒤처리)를 적절하게 하기 위한 방법' 이라는 뜻.)

   - 제가 할 수 있는 일이 있을까요?
   - 이런 경우는 어떻게 하면 좋을까요. 가르쳐 주시겠습니까?
   - 실수를 한 제가 제안하는 것은 뻔뻔스러울 수도 있습니다만, OO를 하는 것은 어떨까요?

Tip : 「厚(あつ) かましい(뻔뻔스럽다)」란, '넉살 좋다(낯 두껍다)' '주제넘다(건방지다)' 라는 의미
   【일상회화에서 쓰이는 예】
   - 뻔뻔스러운 사람
   - 뻔뻔스러운 성격
   - 멋대로 쓰다니, 뻔뻔한 것도 정도가 있지.

   【비즈니스 장면에서 쓰이는 예】
   - 정말로 뻔뻔스러운 부탁입니다만, 검토를 잘 부탁드립니다.
   - 뻔뻔스럽다는 것은 알고있습니다만, 연락을 주시면 감사하겠습니다.

| 총정리 |

여기에서는 실수를 했을 때의 사과 방법에 대해 배웠습니다. 사적인 장소에서는 "미안합니다"나 "죄송합니다"가 일반적입니다만, 비즈니스 신에서의 적절한 사과 말투에 대하여 여러가지 문구를 배웠습니다.

Quiz
비즈니스 신에서의 적절한 사과의 문구는 다음 중 무엇입니까? 옳은 것을 모두 고르세요.

① 죄송합니다.
② 미안합니다.
③ 대단히 실례했습니다.

④ 정말로 죄송합니다.

정답 : ③ ④

사적인 장소에서는 '① 죄송합니다.'나 '② 미안합니다'가 일반적입니다만, 비즈니스 신에서는 '③ 매우 실례했습니다.'나 '④ 정말로 죄송합니다.'라고 말하는 것이 적절합니다.

Clip 3 전화상으로 불만 말하기

들어가기

학습 내용 : 전화로 불만을 말할 때, 전화 하기 전에 전하려고 하는 내용을 메모해 둡시다. 여기에서는 구입한 물건의 결함에 대해 구입처와 전화로 대화하는 내용에 대해 학습합니다.

학습 목표 : 클레임 내용을 간결하게 전하는 요령이나 말투에 대해 배웁니다.

Quiz
구매한 상품이 불량품입니다. 새것과 교환해 달라고 구매처에 말하고 싶습니다. 다음의 NG 예를 적절한 표현으로 바꾸어 봅시다.

NG 예) 구매한 상품이 불량품이었어요. 새것과 교환해줘요!

전화상 회화

점원 :   전화 주셔서 감사합니다. 아카이마트입니다.

타나카 :   요전에 거기서 이어폰을 구입했는데, 고장이 난 것 같아서요.

점원 :   대단히 죄송합니다. 당사에서 구입하신 상품에 문제가 있으신가요? 고장 난 상황을 자세히 설명해 주시겠습니까?

다나카 :   네. 소리가 잘 안 들려서 볼륨을 최대로 올려도 소리가 희미하게 들리는 정도예요.

점원 :   불편을 끼쳐 죄송합니다. 번거로우시겠지만, 영수증은 가지고 계시나요?

다나카 :   네, 있습니다.

점원 :   확인 감사합니다. 그러면 상품과 영수증을 가지고 오시면 신품과 교환해 드리는 것으로 괜찮으신가요?

다나카 :   저... 가능하면 환불을 받고 싶은데요.

점원 :   알겠습니다. 죄송합니다만, 환불은 점장님의 대응으로 되어있습니다만, 공교롭게도 지금 자리에 없으십니다. 나중에 점장님이 연락을 드려도 될까요?

다나카 :   알겠습니다. 잘 부탁드립니다

표현 Check

회화에서 나온 표현을 체크해 봅시다.

1 점원 : 전화 주셔서 감사합니다. 아카이마트입니다.

  타나카 : 요전에 거기서 이어폰을 구입했는데, 고장이 난 것 같아서요.

〈구입처에 전화로 불만을 말할 때의 요령1〉
불량품인것을 아는 즉시 알린다.

〈구입처에 전화로 불만을 말할 때의 요령2〉
불량품에 대해서 객관적으로 사실을 전한다.

「不良品(부량품」 이란. '기능상 하자가 있는 공업제품' 을 말한다.
【불량품의 종류】
1 부품 등의 부족
2 본체가 망가져 있다.
3 겉포장이 파손되어 있다.

• 집으로 돌아가서 다시 물건을 확인했더니, 상품의 일부가 파손되어 있었습니다.
• 포장이 파손된 상태로 도착했습니다.
• 주문했던 것과 다른 것이 도착했습니다. 색깔도 사이즈도 달라요.

2 점원 : 대단히 죄송합니다. 당사에서 구입하신 상품에 문제가 있으신가요? 고장 난 상황을 자세히
　　　　설명해 주시겠습니까?
　　다나카 : 네. 소리가 잘 안 들려서 볼륨을 최대로 올려도 소리가 희미하게 들리는 정도예요.

〈구입처에 전화로 불만을 말할 때의 요령3〉
어떤 결함이 있었는지에 대해 정확히 설명한다.
우선 상대방이 사실 확인을 하여 사태의 개선책을 검토할 수 있도록 배려를 하는 것이 중요하다.

3 점원 : 확인 감사합니다. 그러면 상품과 영수증을 가지고 오시면 신품과 교환해 드리는 것으로 괜찮
　　　　으신가요?
　　다나카 : 저... 가능하면 환불을 받고 싶은데요.

〈구입처에 전화로 불만을 말할 때의 요령4〉
새상품과 교환, 환불, 수리 등 자신의 요구를 확실히 전한다.

Tip : 구매처가 온라인 샵의 경우.
　　　　미리 주문번호 등을 확인한다.
　　　예) 점원 : 불편을 끼쳐드려 죄송합니다. 번거로우시겠지만, 주문 일과 주문번호를 여
　　　　　　쭤봐도 될까요?
　　　　　　다나카 : 음, 주문한 것은 10월 15일이고 주문 번호는 SQ4321입니다.

Tip : 「ご不便をおかけします(불편을 끼쳐드려 죄송합니다)」 는 '폐를 끼쳐 죄송합니다.' 라는 의미
　　　• 폐를 끼쳐 드려버렸습니다만, 이해와 협력 부탁드립니다.
　　　• 폐를 끼친 다는 것은 알고있습니다만, 부디 잘 부탁드립니다.

총정리

여기에서는, 전화로 불량품의 교환·환불 등을 능숙하게 전하는 내용에 대해 학습했습니다. 전화로는 언

제 구입한 상품에 어떠한 불량이나 결함이 있었는지에 대해서 냉정하고 정확하게 설명을 하고, 우선 상대방이 사실 확인을 하여 사태의 개선책을 검토할 수 있도록 배려를 하는 것이 중요하다.

Quiz
구매한 상품의 일부가 파손 되어 있었습니다. 구입처에 전화하여 새상품으로 교환해 달라고 전하고 싶습니다. 당신은 뭐라고 합니까? 다음의 NG 예를 적절한 표현으로 바꾸어 봅시다.

NG 예) 구매한 상품이 불량품이었어요. 새것과 교환해줘요!

OK 예) 거기서 구입한 상품의 일부가 파손되어 있었기 때문에, 새상품으로 교환을 부탁하고 싶습니다.

제11과

일언방은

'一言芳恩(일언방은)' : 한마디 말걸어준것을 잊지말고 감사하는것(한마디의 말로써 은혜를 베풂)

Clip 1 감사하기

들어가기

학습 내용 : 감사는 인간관계를 원활하게 합니다. 감사는 말로 해야 전해지는 것입니다. 여기에서는, 신세를 진 상대에게 감사의 말을 전하는 대화에 대해 배웁니다.

학습 목표 : 감사의 말을 할 때의 여러가지 표현에 대해 배운다.

Quiz
감사 말을 몇 개나 알고 있습니까? "고맙습니다." 이외에 어떤 말이 있습니까?

회화

미야가와(여) : 스즈키씨 어제 서류 작업을 도와주셔서 감사합니다. 덕분에 도움이 되었어요.
스즈키(남) : 별일 안했어요.
미야가와(여) : 아니에요, 혼자 했었다면 하루만에 끝내지 못했을 거라고 생각해요. 오늘 발표가 잘 끝난 것도 스즈키씨 덕분이에요.
스즈키(남) : 부끄럽잖아요.
미야가와(여) : 정말 어떻게 답례를 해야 좋을지 모르겠어요.
스즈키(남) : 도움이 된 것 같아서 나도 기쁘네요.또 도움이 필요한 일이 있으면 언제든지 말해주세요.

표현 Check

회화에서 나온 표현을 체크해 봅시다.

1 미야가와(여) : 스즈키씨 어제 서류 작업을 도와주셔서 감사합니다. 넉분에 노움이 뙤있어요.
  미야가와(여) : 정말 어떻게 답례를 해야 좋을지 모르겠어요.

〈감사 표현1〉 감사의 말을 하다.

【「ありがとう。(고마워)」이외의 감사의 말】
· 덕분에 도움이 되었습니다.
· 도움을 주서서 감격하였습니다.
· 기쁩니다.
· 영광입니다.

- 정말로 감사합니다.
- 은혜를 입었습니다.
- 어떻게 감사를 드려야 할지 모르겠습니다.

【윗사람에게 드리는 말】
- 진심으로 감사 드립니다.
- 감사의 말씀을 드릴 길이 없습니다.
- 감사합니다.
- 황송합니다.
- 감격하고 있습니다.
- 기쁘게 생각합니다.

【경어에서의 감사의 말】
1) 뭔가 선물을 받았을 때 :
　　· 배려해 주셔서 감사합니다.
2) 연설이나 비즈니스의 문장에서의 말 :
　　· 진심으로 감사 드립니다.

2　스즈키(남) : 별일 안했어요.
　　미야가와(여) : 아니에요, 혼자 했었다면 하루만에 끝내지 못했을 거라고 생각해요. 오늘 발표가 잘
　　　　　　　　　끝난 것도 스즈키씨 덕분이에요.

〈감사 표현 2〉 구체적인 사항을 제시한다.

~덕분에
- 기무라씨 덕분에 일이 진척되었습니다.

~ 을 해주셔서,
- 기무라씨가 도와주셔서, 일이 진척되었습니다.

〈감사 표현 3〉 어떻게 기뻤는지를 전하다.

그때, ~해주셔서, 매우 도움이 되었습니다.
- 그때, 도움을 주셔서, 대단히 도움이 되었습니다.

~할 수 있는 것도 ~씨 덕분입니다.
- 기획이 통과할 수 있었던 것도 기무라씨의 덕분입니다.

3　스즈키(남) : 별일 안했어요.

〈감사의 말을 들었을 때의 대답.〉
- 천만에요.
- 신경 쓰지 마세요.

Tip : 감사의 말을 들었을 때의 대답-칸사이 방언.

- 気にせんといて。 (신경쓰지마)
- かまへん。 (괜찮아)
- ええから。 (괜찮다니까)

4 스즈키(남) : 도움이 된 것 같아서 나도 기쁘네요.또 도움이 필요한 일이 있으면 언제든지 말해주
세요.

〈'도움이 되다' 를 사용한 대답의 문구〉
- 도움이 되었다면 다행입니다.
- 도움이 되어 기쁩니다.
- 도움이 된 것 같아 매우 기쁘게 생각합니다.
- 도움이 되었다니 영광입니다.

〈윗사람에게 대답 할 때〉
- 황송합니다.
- 천만의 말씀입니다.
- 그렇게 말씀해 주셔서 영광입니다.
- 이것 외에도 뭔가 있으시면 말씀해 주십시오.

총정리

여기에서는, 상대에게 감사할 때의 감사 표현이나, 감사의 말을 들었을 때의 대답의 방법에 대해 학습했
습니다.

Quiz
감사 말을 몇 개나 알고 있습니까? "고맙습니다." 이외에 어떤 말이 있습니까?

〈「ありがとう。 (고마워)」이외의 감사의 말〉
- 덕분에 도움이 되었습니다.
- 도움을 주셔서 감격하였습니다.
- 기쁩니다.
- 영광입니다.
- 정말로 감사합니다.
- 은혜를 입었습니다.
- 어떻게 감사를 드려야 할지 모르겠습니다.

Clip 2 승진을 축하하기

들어가기

학습 내용 : 평소 축하하는 상황이 많다고 생각합니다. "축하합니다." 이외에 축하의 말을 알고 있나요?
여기에서는 축하해주는 장면에서 쓰이는 여러 가지 표현에 대해 배웁니다.

학습 목표 : 친구의 승진을 축하하는 회화에서 축하하는 말에 대해 배운다.

Quiz
'축하해' 이외에 축하의 말을 알고 있나요? 정중한 축하 말에는 어떤 표현 있나요?

회화

대학 시절 친구끼리의 회화

야마자키(여) :	야마카와씨로부터 들었는데 이번 4월에 부장으로 승진했다면서?
스즈키(남) :	맞아. 중대한 역할을 맡게 돼서 조금 긴장이 돼.
야마자키(여) :	잘 됐다. 정말 축하해!
스즈키(남) :	고마워. 주위의 도움을 받은 덕분이야.
야마자키(여) :	앞으로 더욱 책임을 져야하는 입장이 돼서 힘들겠지만, 지금까지의 경험을 마음껏 살려서 더욱 더 힘 내야해!
스즈키(남) :	응. 응원 해줘서 고마워.
야마자키(여) :	조만간 축배(축하) 자리를 마련하자.
스즈키(남) :	고마워. 나도 오래간만에 다들 만나고 싶네.
야마자키(여) :	응. 날짜가 정해지면 연락할께.

표현 Check

회화에서 나온 표현을 체크해 봅시다.

1 야마자키(여) : 야마카와씨로부터 들었는데 이번 4월에 부장으로 승진했다면서?

〈승격, 승진, 영전〉
◆ 승격 : 사내에서의 평가가 올라가는 것. 가족끼리 축하할 일이 많다.
◆ 승진 : 같은 부서에서 보다 높은 직무로, 회사로 부터 임명되는 것. 사외에도 발표되어 거래 관계가 있는 회사라면 승진 축하를 보내는 것이 기업 매너라고 할 수 있다.
◆ 영전 : 타 부(府)/현(県) 등, 다른 부서로 이동하여 직무가 높아지는 것.

2 스즈키(남) : 맞아. 중대한 역할을 맡게 돼서 조금 긴장이 돼.

〈중대한 역할(대역)을 맡다〉
대역 : 중요한 역할. 중대한 임무.
大役を務める：重大な任務を果たすこと。

Tip : '임무를 맡다' , '노력하다' , '일한다'

　　임무를 맡다(**務める**) : 임무를 완수하다.
　　예) 사회자역을 맡는다.
　　노력하다(**努める**) : 노력하다.
　　예) 해결하려 노력한다.
　　종사하다(**勤める**) : 종사하다. 근무하다.
　　예) 회사에 근무한다.

3 야마자키(여) : 잘 됐다. 정말 축하해!

〈'축하해'의 정중한 표현〉
· 진심으로 축하드립니다.
· 진심으로 축하드립니다.
· 진심으로 축하드립니다.

4 스즈키(남) : 고마워. 주위의 도움을 받은 덕분이야.

〈「支えられる(도움을 받다)」〉
도움을 받은 것. 응원을 받은 것.
· 많은 분들의 도움을 받아 지금이 있다.
· 여러 사람들의 도움으로 살고 있다.

5 야마자키(여) : 앞으로 더욱 책임을 져야하는 입장이 돼서 힘들겠지만, 지금까지의 경험을 마음껏 살려서 더욱 더 힘 내야해!

〈윗사람에게 응원하는 마음을 전하는 표현〉
윗사람에게는 "×열심히 하세요"라고 하지 않고, 다른 말로 바꾼 표현을 사용한다.
· 건투를 빕니다.
· 멀리서나마 응원하고 있겠습니다.
· 성공을 기원합니다.

6 야마자키(여) : 조만간 축배(축하) 자리를 마련하자.

〈'승진 축하' '영전 축하'〉
● 선물 : 현금(상품권) , 술, 꽃(팔레노프시스), 비즈니스 용품(가방, 문구류, 넥타이, 명함 지갑 등), 연석 등

【축하에 부적합한 선물】
· 신발이나 양말, 속옷등···밟고 누르거나 밑에 까는 것.
· 꽃병이나 식기등···깨지기 쉬운 물건, 깨지기 쉬운 물건.

● '승진 축하' '영전 축하'
일반적 통념 : 친구·지인, 친척 5,000엔~10,000엔, 회사 관계 3,000엔~30,000엔
(미즈비키(水引)는 홍백 또는 금은 나비 매듭으로 하여, 노시(のし)를 붙입니다. 편지 겉봉투에는「**祝 御昇進**(축 승진)」「**祝 御栄転**(축 영전)」을 씁니다.)

여기에서는, 축하의 말이나 승진에 관한 내용에 대해 학습했습니다.

Quiz
축하 할 때, 정중한 축하 말에는 어떤 표현 있나요?

· 진심으로 축하드립니다.
· 진심으로 축하드립니다.
· 진심으로 축하드립니다.

Clip 3 전화상으로 축하 인사 하기

들어가기

학습 내용 : 선물을 받으면 우선 상대에게 물건이 무사히 받았다는 것을 전하기 위해 전화로 사례하는
　　　　　 것이 예의입니다. 여기에서는 아이의 입학 축하 선물을 받았을 때 드리는 감사 전화에 대해
　　　　　 학습합니다.
학습 목표 : 전화로 사례와 감사의 마음을 전할 때의 여러 가지 표현에 대해 배운다.

Quiz
전화를 걸었을 때 먼저 상대방의 상황(사정)을 묻습니다. 뭐라고 물으면 좋을까요?

전화상 회화

미야카와씨가 멀리 사는 친척 야마자키씨로부터 아이의 초등학교 입학 축하를 받은 감사 전화 내용입니다.

미야가와(여) : 　도쿄의 미야카와 입니다. 잘 지내셨나요?
야마사키(여) : 　아, 미야가와씨. 건강하게 잘 지내셨어요?
미야가와(여) : 　네, 덕분에요. 지금 시간 괜찮으세요?
야마사키(여) : 　네, 괜찮아요.
미야가와(여) : 　오늘 아침 에리카의 입학 축하 선물이 도착해서, 감사의 말을 드리고 싶어 전화를 드
　　　　　　　　렸습니다. 감사합니다.
야마사키(여) : 　아니에요, 별거 아닙니다만 잘 사용해 주세요.
미야가와(여) : 　네, 감사합니다. 손수 만드셨네요. 디자인이 너무 예뻐서 에리카가 너무 좋아해요.
야마자키(여) : 　그거 참 다행이네요.
미야가와(여) : 　소중히 잘 사용 하겠습니다.
야마자키(여) : 　네. 다시 안정 되면 놀러 오세요.
미야가와(여) : 　그렇네요. 학교에 익숙해지면 다시 놀러 갈게요. 다시 만날 날을 기대하고 있겠습니다.
미야가와(여) : 　네. 야마자키씨도 몸 건강히 잘 지내세요.
야마자키(여) : 　네. 고마워요.
미야가와(여) : 　그럼, 또 뵙겠습니다. 실례하겠습니다.

회화에서 나온 표현을 체크해 봅시다.

1 미야가와(여) : 도쿄의 미야카와 입니다. 잘 지내셨나요?
　야마사키(여) : 아, 미야가와씨. 건강하게 잘 지내셨어요?

〈전화 상의 감사 표현 1〉 인사, 안부를 묻는다.
· (어디) 의(누구) 입니다.
　예) ○○에서 신세를 졌던 ○○입니다.
　예) ○학년 △반의 ○○의 엄마 입니다.

· 오래간만입니다.
· 잘 지내세요?
· 항상 신세지고 있습니다.

2 미야가와(여) : 네, 덕분에요. 지금 시간 괜찮으세요?
　야마사키(여) : 네, 괜찮아요.

〈전화 상의 감사 표현 2〉 상대방의 상황을 묻는다.
· 지금 전화 괜찮습니까?
· 지금 전화 하실 수 있습니까?
· 지금 시간 있으세요?
· 지금 말씀 드려도 될까요?
· 지금 시간 괜찮으세요?

〈피하고 싶은 시간대〉
· 아침 일찍
· 늦은 밤
· 식사 중

· 아침 일찍 죄송합니다.
· 밤 늦게 죄송합니다.
· 바쁘신 시간에 죄송합니다.

〈상대방이 사정이 안좋을 경우〉
· 그럼 나중에 다시 전화 드려도 될까요?
· 이쪽에서 다시 전화 드리겠습니다. 몇 시쯤 시간이 되시나요?
· 그럼 나중에 다시 전화 드리겠습니다.
· (상대방이 전화한다고 했을 경우)
　그럼 죄송합니다만, 전화를 기다리고 있겠습니다.。

3 미야가와(여) : 오늘 아침 에리카의 입학 축하 선물이 도착해서, 감사의 말을 드리고 싶어 전화를 드
　　　　　　　렸습니다. 감사합니다.

〈전화 상의 감사 표현 3〉 감사의 말을 한다.
• 용돈을 보내주셔서 감사합니다.

4 미야가와(여) : 네, 감사합니다. 손수 만드셨네요. 디자인이 너무 예뻐서 에리카가 너무 좋아해요.
　 야마자키(여) : 그거 참 다행이네요.

〈전화 상의 감사 표현 4〉 받은 물건에 대해 기쁜 내용을 구체적으로 전한다.
• 주신 용돈으로 주말에 유원지에 다녀왔습니다.

5 미야가와(여) : 다시 만날 날을 기대하고 있겠습니다.
　 미야가와(여) : 네. 야마자키씨도 몸 건강히 잘 지내세요.

〈전화 상의 감사 표현 5〉 상대방의 건강을 기원한다.
• 그럼, 건강히 지내세요.

6 미야가와(여) : 그럼, 또 뵙겠습니다. 실례하겠습니다.

〈 전화 상의 감사 표현 6〉 끝맺음 인사
• 그럼, 실례하겠습니다.

Tip : 전화는 건 쪽이 먼저 끊는다.
　　　 상대방이 윗사람인 경우에는 상대방이 전화를 끊은 것을 확인하고 끊는다.

총정리

여기에서는 전화로 감사의 말을 전하는 회화를 학습했습니다. 감사의 뜻을 전하는 것이 가장 큰 목적입니다. 감사의 마음이 전해지면 성공입니다. 부디 부담 가지지 말고 감사의 말을 전해봅시다.

Quiz
전화를 걸었을 때 먼저 상대방의 상황(사정)을 묻습니다. 뭐라고 물으면 좋을까요?

• 지금 전화 괜찮습니까?
• 지금 전화 하실 수 있습니까?
• 지금 시간 있으세요?
• 지금 말씀 드려도 될까요?
• 지금 시간 괜찮으세요?

제12과

말을 잘하는 자가 이긴다

'말을 잘하는 자가 이긴다' : 말을 잘 하는 자가 이긴다는 의미에서, 잠자코 있어서는 좋은 의견도 통하지
않는 것의 비유.

Clip 1 의견 말하기

들어가기

학습 내용 : 회의 등의 공식의 장소 만이 아닌, 평상시에 사적인 장소에서도 상대에게 무엇인가 권하거
나 자신의 의견을 말할 기회가 있다고 생각합니다. 여기에서는, 의견을 말할 때의 요령에
대해 학습합니다.

학습 목표 : 이유나 사례를 설명하고, 자신의 의견을 상대방에게 잘 전달하는 흐름과 문구를 배운다.
무언가를 보거나 경험했을 때 느꼈던 자신의 감정(생각)을 잘 전달하는 연습을 한다.

Quiz
일본인들에게 한국의 관광지에 대해서, 추천해 봅시다. 어떻게 권하겠습니까?
다음의 NG 예를 이유나 사례를 들어 상대에게 잘 전달하는 내용으로 바꾸어 봅시다.

NG 예) 에버랜드를 추천합니다. 정말 재미있어요.

회화

동료끼리의 회화

사토(여) : 기무라씨, 어디 가세요?
기무라(남) : 아침밥을 안 먹어서, 빵이라도 사러 갈까 해서요.
사토(여) : 그래요? 빵이라면 우체국 옆에 있는 '모닝'이라고 하는 가게를 추천 드려요.
기무라(남) : 우체국 옆이요? 아, 거기 말이지?
사토(여) : 네. 거기 맛있어요. 프랑스의 1성 파티가 연 가게이고, 빵은 유기농 밀가루를 사용하고
있어요.
기무라(남) : 와~ 그래요?
사토(여) : 특히 일본에서는 좀처럼 먹을 수 없는 본고장의 크로와상은 오전 중에 다 팔린다고해요.
기무라(남) : 와~ 인기가 대단하네요.
사토(여) : 네. 게다가 전체적으로 가격도 적당해서 기다리는 줄이 자주 생겨요.
기무라(남) : 그래요?
사토(여) : 네. 그만큼 인기가 있어요. 지금 시간이라면 갓 구운 빵을 먹을 수 있어요.
기무라(남) : 그렇구나. 알겠어. 그럼, 한 번 가볼까나?

표현 Check

회화에서 나온 표현을 체크해 봅시다.

'의견을 말하다' 라는 것은 '상대방에게 자신의 생각을 전달한다' 라는 것입니다.
의견을 말하거나 무언가를 진행시킬 때는 근거와 이유를 제대로 설명합시다.

〈의견을 말하는 흐름〉
1) 의견 : "~가 좋아요." "~라고 생각합니다."
2) 이유 : "왜냐 하면, ~"이유를 구체화하여, 생각할 가치가 있는 의견이라고 생각하게 한다.
3) 사례 : "예를 들어, ~" 자신의 체험담을 말하거나 구체적인 수치를 예로 들거나 한다.
4) 재차 강조: "그러니, ~" 의견을 재차 강조한다.
   제안 : "어떠세요?" 제안, 질문을 한다.

Tip : 〈이야기를 잘 전달하는 요령〉
      1 항목수를 들다.
         예) 여기서는 3가지 사례를 소개하겠습니다.
      2 접속사를 효과적으로 사용한다.
         "그런데" "라고 하는 것도" "즉" 등.
      3 포인트를 짧게 반복한다.
         키워드를 반복하다.

1 사토(여) : 빵이라면 우체국 옆에 있는 '모닝' 이라고 하는 가게를 추천 드려요.

〈의견 말하기〉
1) 추천하는 표현
   "○○이라면, △이라고 하는 ×을 추천합니다."
   "○○이라면, ~해 보세요."

   A : 요즘 재미있는 영화 상영 하는 거 있어?
   B : 요즘 영화라면 '라라'라는 영화를 추천 드려요.

   A : 이번에 서울에 놀러가게 됐어.
   B : 서울이라면 꼭 '경복궁'에 가보세요.

2) 생각을 말하는 표현
   "~라고 생각합니다."

   예) 이 책은 초등학생에게는 어렵다고 생각합니다.
   예) 한 번 모두가 모여서 이야기 할 기회를 가져야 한다고 생각합니다.

2 사토(여) : 프랑스의 1성 파티가 연 가게이고, 빵은 유기농 밀가루를 사용하고 있어요.

〈이유를 설명하기〉
1) 전달한 요점의 근거를 말한다. "~거든요."를 사용.
2) 단순히 "맛있었다." "좋았다."가 아닌, 사실, 에피소드, 숫자 등을 사용하여 가능한 자세하게 알려주는

것이 중요하다.

예) △ 개점 전부터 줄을 서 있어요. 어쨌든 인기가 많습니다.
　　 ○ 개점 1시간 전부터 이미 2,30명의 사람들이 줄을 서서 개점을 기다리고 있어요.
예) △ 예전에 저도 경복궁에 갔었는데, 굉장히 좋았어요.
　　 ○ 경복궁은 도심에 있지만 옛 건물을 그대로 남겨두고 있어 시간여행을 한 기분을 느낄 수 있어요.

3 사토(여) : 특히 일본에서는 좀처럼 먹을 수 없는 본고장의 크로와상은 오전 중에 다 팔린다고해요.
　　사토(여) : 게다가 전체적으로 가격도 적당해서 기다리는 줄이 자주 생겨요.

그 중에서도 : "특히" "유난히" 라는 의미.
예) 그의 작품은 모두 좋아하지만 그 중에서도 작년에 나온 단편소설을 가장 좋아합니다.

게다가 : 앞 내용에 덧붙이는 접속사.
Tip :〈첨가 접속사〉
　　　　 しかも、そのうえ、それに、加えて、そして、それから、そればかりか、それどころか、おまけに

〈사례 말하기〉
상대방이 요점의 이미지를 잡기 쉽도록 구체적인 예를 든다.

예) 그 중에서도 인기 있는 어트랙션은 대기시간이 3시간이라고 합니다.
예) 그리고 한복 대여점이 근처에 몇 군데나 있어서 한복을 입고 입장하면 무료라고 합니다.

4 사토(여) : 그만큼 인기가 있어요. 지금 시간이라면 갓 구운 빵을 먹을 수 있어요.

〈재차 강조하기·제안 하기〉
다시 한 번 요점을 반복함으로써 상대방을 확실히 이해 시킨다.
"~하면 어때요?"라고 제안으로 연결한다.

예) 아이를 데리고 가기에 딱 좋아요. 오전 중이면 한가해서 추천해드려요.
예) 지금 계절은 단풍도 아름다워서 특히 추천해드립니다.

| 총정리 |

생각을 전달할 때 중요한 것 중 하나로는 풍부한 표현력을 들 수 있습니다.어휘력이 없으면 정보가 상대방에게 정확히 전달되지 않습니다. 어휘력을 연마하기 위해서 추천하고 싶은 것은,

1 문장을 많이 접한다.
2 사전에서 유의어를 찾는다.
3 모르는 말은 메모한다.

사적인 자리에서도 비즈니스의 장소에서도 전달하는 힘을 기르기 위해서는 매일 반복하는 것이 필요합니다. 우선은 어휘를 찾아보고 메모하는 습관을 길러봅시다. 그러기 위해서는 많은 문장을 접해 주세요.

Tip : 상급자는 일본의 옛 시집을 읽어봅시다. 다음 시인의 작품을 추천합니다. 아름다운 어휘가 많이 나옵니다.

中原中也(なかはらちゅうや)、北原白秋(きたはらはくしゅう)、萩原朔太郎、大岡信(さく)

Quiz
일본인들에게 한국의 관광지에 대해서, 추천해 봅시다. 어떻게 권하겠습니까?
다음의 NG 예를 이유나 사례를 들어 상대에게 잘 전달하는 내용으로 바꾸어 봅시다.

NG 예) 에버랜드를 추천합니다. 정말 재미있어요.
OK 예) 가족과 함께 즐긴다면, 에버랜드를 추천합니다. → 의견
　　　 한국에서 가장 큰 테마파크로 서울에 셔틀버스가 와서 당일치기로 즐길 수 있어요. → 이유
　　　 게다가 1일권을 사면 약 40개의 놀이기구를 무제한으로 탈 수 있어요. 그 외에도 사파리공원
　　　 이 있고, 지금은 할로윈의 퍼레이드도 볼 수 있어요. → 사례
　　　 서울에 오시면 꼭 가보세요. → 재차 강조·제안

Clip 2 이론 제기하기

들어가기

학습 내용 : 「和を以て貴しとなす」라는 말을 알고 있습니까? '모두 사이좋게, 싸우지 않는 것이 가장 좋
　　　　　 다.'는 의미로, 쇼토쿠 태자 시대부터 일본의 미덕으로 여겨져 온 사고방식입니다. 그래서
　　　　　 화합을 어지럽히는 사람은 '공기를 읽지 못하는(空気が読めない)' 사람이라고 불리기도 합
　　　　　 니다.그러나 ,「和を以て貴しとなす」에는 또 하나 '和(화목/화해)의 마음으로 논의하는 것이
　　　　　 중요하다.' 는 의미도 있습니다. 여기에서는 능숙하게 이의를 제기하여 대화를 하는 내용에
　　　　　 대해 배웁니다.
학습 목표 : 상대방과 다른 의견을 상대방에게 잘 전달하는 흐름과 문구를 배운다.

Quiz
　상대방의 의견에 납득이 가지 않고, 이론을 제기하고 싶습니다. 어떻게 말하는게 좋을까요? 다음 NG
예를 적절한 표현으로 바꾸어 봅시다.

　NG 예) 그 의견은 틀렸습니다.

회화

선배인 츠카모토의 제안에 후배 미야카와가 이론을 주창하는 장면.

츠카모토(남) :　앞으로 매주 월요일 아침 8시에 회의를 하자. 한 주의 초에 회의를 해 놓으면 업무 효
　　　　　　　율도 올라서 좋을 것 같은데, 어때?
미야카와(여) :　그렇네요. 좋다고 생각해요.

1시간 후

미야카와(여) :　츠카모토씨, 방금 전 회의 관련 건 말입니다만, 말씀하신 대로 정기적으로 모이는 것
　　　　　　　은 서로의 업무 진척을 확인할 수 있고 좋은 아이디어라고 생각해요.
츠카모토(남) :　그렇지?
미야카와(여) :　하지만 실제로 정기적으로 매주 하게 되면, 부담스럽다고 느끼는 사람도 있을 거고,

오히려 작업이 늦어져서 지장이 생길 수도 있다고 생각합니다.

츠카모토(남) : 음. 그럴수도 있겠네.

미야카와(여) : 그래서 생각해 봤는데, 2주에 한 번 회의를 하는 것은 어떨까요?

츠카모토(남) : 2주에 한 번 월요일 말이지?

미야카와(여) : 네. 2주에 한 번 월요일에 정기적으로 모이면, 전원이 모이기도 쉽고 업무에도 지장이 안 생길 것 같다고 생각합니다.

츠카모토(남) : 그렇네. 그럼, 이 건에 대해서는 조금 더 생각해 볼게.

표현 Check

회화에서 나온 표현을 체크해 봅시다.

'이론을 제기하다'라는 것은 상대방과 다른 의견을 말하는 것으로 상대방의 의견을 부정·비판 하는 것이 아닌 서로가 납득할 수 있는 '답' 을 함께 찾아가는 교섭입니다.

〈이론 제기의 흐름〉
1) 우선은 상대방의 의견에 긍정한다.
2) 상대방의 의견 중에서 납득이 가는 부분에 대해 말한다.
3) 제안한다.
4) 이유나 장점(이점) 말한다.

1 츠카모토(남) : 앞으로 매주 월요일 아침 8시에 회의를 하자.
　 미야카와(여) : 월요일 아침 8시 말이에요?
　 츠카모토(남) : 응. 한 주의 초에 회의를 해 놓으면 업무 효율도 올라서 좋을 것 같은데, 어때?
　 미야카와(여) : 그렇네요.

〈상대방의 의견에 긍정하기〉
• 그거 좋네요.
• 확실히 그렇군요.
• 말씀 하시는 것은 잘 알겠습니다.

(친구·친한 사이)
• 확실히 그럴지도.
• 그렇구나.
• 아~ 그건 몰랐어.

2 미야카와(여) : 츠카모토씨, 방금 전 회의 관련 건 말입니다만, 말씀하신 대로 정기적으로 모이는 것은 서로의 업무 진척을 확인할 수 있고 좋은 아이디어라고 생각해요. 지금까지는 무슨 일이 있을 때만 회의를 했기 때문에, 자리를 비운 사람이 많아서, 모두 모인 일이 적었다고 생각합니다.

〈상대방의 의견 중 납득할 만한 부분에 대해 말하기〉
의견이나 제안을 말하기 전에 상대방의 의견 중에서 납득이 가는 부분에 대해 말한다.

1) 감정적으로 부정하는 표현은 피한다.
　　×"그 의견은 틀렸습니다."

2) 'xxx이라는 점'에서는 납득하고 있지만, '△△의 점'에 대해 하고 싶은 말이 있다는 내용을 구체적으로 전한다.
　○ "확실히 ○○씨의 의견 중에서, ××이라는 점에는 납득이 됩니다. 그러나 △△의 점에 대해서 저는 ~라고 생각합니다만, 어떠신가요?"
　○ "저는 ~라고 생각합니다. ○○씨가 ~라고 생각하는 이유를 가르쳐 주실 수 있나요?"

3 미야카와(여) : 그래서 생각해 봤는데, 2주에 한 번 회의를 하는 것은 어떨까요?

〈제안하기〉
• 조금 전의 사항에 있어서, ~은 어려울 것 같습니다.
• ~은 어려울 것 같다고 생각합니다.
• 이런 방법도 있습니다만, 어떠세요?
• 하나 질문해도 될까요?
　→ 질문의 형태로 해서 이론의 뉘앙스로 표현한다.
　　예) 하나 질문해도 될까요? ~이면 어려울까요?

〈서론(서두) 문구〉
• 제 생각을 말해도 될까요.
• 개인적인 견해입니다만, ~.
• 제 개인의 생각입니다만, ~.
• 개인적인 의견입니다만, ~.
• 사견을 말씀 드리자면, ~.
• 솔직히 말씀 드리자면, ~.
• 잘 알지 못해 부끄럽습니다만, ~.
• 예상이 잘못되었다면 죄송합니다.
예) <u>개인적인 의견입니다만</u>, 2주일에 한 번 회의를 하는 것은 어떨까요?

Tip : 윗사람한테는 「差し出がましい(주제 넘다)」를 사용한다.
　　'주제 넘다'란 주제 넘게 참견하는 짓이나 쓸데없는 참견이라는 뜻의 경어 표현.
　　「厚かましい(뻔뻔스럽다)」「おこがましい(주제넘다/건방지다)」라는 의미.

• <u>주제 넘는 것 같습니다만</u>, 제 쪽에서도 의견을 말씀 드리자면, ~.
• <u>주제 넘은 일이라고는</u> 생각합니다만, ~.
• 제가 이런 말씀을 드리는 것은 <u>주제 넘는다</u>고 생각하지만, ~.

4 미야카와(여) : 하지만 실제로 정기적으로 매주 하게 되면, 부담스럽다고 느끼는 사람도 있을 거고, 오히려 작업이 늦어져서 지장이 생길 수도 있다고 생각합니다.
　　미야카와(여) : 네. 2주에 한 번 월요일에 정기적으로 모이면, 전원이 모이기도 쉽고 업무에도 지장이 안 생길 것 같다고 생각합니다.

〈이유나 장점(이점) 말하기〉
「考えられる(생각 된다)」나 「思う(생각 한다)」를 사용한다.
• ~라고 생각할 수 있습니다.
• ~라면 ~라고 생각합니다만.

Tip : 이유나 장점(이점)을 설명할 때의 궁리
　　　　1) 데이터를 보여주며 객관적으로 알기 쉽게 설명하면 설득력이 커진다.
　　　　2) 숫자로 이야기 하는 편이 더 잘 전달된다.

5 상대방의 의견에 동의 할 때

〈동의 표현〉
· 찬성합니다.
· 동의합니다.
· 문제 없습니다.

〈윗사람한테 쓰는 동의 표현〉
· 잘 알겠습니다.
· 잘 알겠습니다(분부대로 하겠습니다)

〈사정이나 지장이 없을 때〉
· 지장 없습니다.(差し支えございません。)

〈상대방과 의견이 다르지 않을 때〉
· 이론 없습니다.(異論ございません。)

〈상대방과 의견이 다르지 않고, 그것에 대한 불만이나 불복하는 마음이 없을 때〉
· 이의 없습니다.

〈상대방과 자신의 두 가지 의견이 다르지 않을 때〉
· 틀림없습니다.

〈 '이론' 을 사용한 예〉
· 본건에 대해서, 저/폐사(당사)로부터 <u>이론은 없습니다</u>.
· <u>이론은 없습니다만</u>, 한가지만 확인하고 싶은 내용이 있습니다.

6 자신의 의견이 틀렸을 경우의 사과의 표현

· 실례합니다. 대단히 <u>주제 넘는</u> 말을 드렸습니다.

총정리

여기에서는, 상대방과 다른 의견을 상대방에게 잘 전달하는 흐름과 문구를 배웠습니다.

〈이론 제기의 흐름〉
1) 우선은 상대방의 의견에 긍정한다.
2) 상대방의 의견 중에서 납득이 가는 부분에 대해 말한다.
3) 제안한다.
4) 이유나 장점(이점) 말한다.

Quiz
상대방의 의견에 납득이 가지 않고, 이론을 제기하고 싶습니다. 어떻게 말하는게 좋을까요?

NG 예) 그 의견은 틀렸습니다.

OK 예) 서론(서두) 표현을 넣어서 제안이나 의견을 말한다.
- 개인적인 의견입니다만, 이런 방법도 있습니다. 어떠세요?
- 솔직히 말하면, ~은 어려울 것 같습니다.
- 저 개인의 생각입니다만, ~은 어떠세요?
→ 이 이후에 이유나 장점(이점)을 설명한다.

Clip 3 전화로 의견 묻기

들어가기

학습 내용 : 전체적인 의견을 정리하기 위해서 전화로 의견을 교환하는 일이 많다고 생각합니다. 여기에서는 이전에 이야기하고 있던 화제에 대하여 상대방과 전화로 교환하는 회화를 봅니다.

학습 목표 : 친한 사이에서의 전화 회화 표현을 배운다.
시간이나 장소 등을 전화로 교섭할 때의 표현을 배운다.
맞장구나 리액션(반응)의 표현에 대해 배운다.

Quiz

다음달 동창회 시간이 2시로 된 것을 상대방에게 전하려 합니다. 뭐라고 전하겠습니까? 다음 ( )에 적당한 말을 넣어 회화 문장을 완성합시다.

( ), 2시로 되었습니다.

전화상 회화

미야카와(여) : 미야카와 입니다. 지금 잠깐 괜찮으신가요?
다나카(여) : 네, 괜찮습니다.
미야카와(여) : 반 어머니들끼리 모이자고 했던 식사 모임에 관해서 말인데요.
다나카(여) : 네. 어떻게 됐어요?
미야카와(여) : 다음 주 수요일 점심은 어떠냐고 말이 나와서요. 다나카씨, 그날 시간 괜찮으신가요?
다나카(여) : 수요일 점심이요? 몇 시부터 몇 시까지 하나요?
미야카와(여) : 아직 정확한 시간은 정해져 있지 않았어요. 모두의 의견을 듣고 시간을 조정하려고 하고 있어요.
다나카(여) : 아, 그래요? 수요일은 2시에 아이의 피아노 교실이 있어서 데려가야 해서 좀 그래요.
미야카와(여) : 아, 그렇군요.
다나카(여) : 네. 그래서 만약 참가한다고 해도, 늦어도 1시 반에는 가야 될 것 같아요.
미야카와(여) : 알겠습니다. 그렇게 되면 장소도 학교 가까이가 좋겠죠?
다나카(여) : 그렇네요. 제 의견만 말해서 죄송해요.
미야카와(여) : 아니에요. 그럼 장소랑 시간을 조정해서 또 연락할께요.
다나카(여) : 네, 잘 부탁드립니다.

회화에서 나온 표현을 체크해 봅시다.

1 미야카와(여) : 반 어머니들끼리 모이자고 했던 식사 모임에 관해서 말인데요.

〈먼저 무엇에 대한 이야기인지에 대해서 언급한다〉
「~って(い) た~のこと(~라고 했던, ~)」
· 재미있다<u>고 했던</u> 영화
· 본고장의 카레를 먹을 수 있다<u>고 했던</u> 가게
· 9월에 모이기<u>로 했던</u> 집회

"~말인데요." 유사표현
· ~입니다만.
  식사회 말입니다만.
· ~건 말입니다만.
  식사회 건 말입니다만.
· ~건 말입니다만
  식사회 건 말입니다만.

2 다나카(여) : 네. 어떻게 됐어요?

〈일정 등을 묻는 표현〉
· 언제로 되었나요?
· 어디로 됐나요?
· 결정 됐나요?
· 언제쯤이 될 것 같나요?
· 어디가 될 것 같나요?
· 결정될 것 같나요?

3 미야카와(여) : 다음 주 수요일 점심은 어떠냐고 말이 나와서요.

· 「~って(라니)」='~라고 하는'의 회화표현
· 「~는 어떨까 하는 이야기가 나와서요. = '~는 어떨까 하는 이야기가 나왔습니다만.'의 회화표현

"라는 이야기가 나와서"
예) 조금 있다가 하자는 이야기가 나와서.
예) 10월에 모이자는 이야기가 나와서.

"~라고 말하고 있어서"
예) 신주쿠에서 모이자고 말하고 있어서.

4 미야카와(여) : 다나카씨, 그날 시간 괜찮으신가요?

〈상대방의 사정을 묻는다〉
· 다나카씨의 사정은 어떻습니까?

• 수요일이라도 괜찮습니까?
• 밤이 아니라도 좋습니까?

(윗사람)
• 사정은 어떠신가요?
• 시간 괜찮으신가요?
• 괜찮으신가요?(차질 없으신가요?)

5 다나카(여) : 수요일 점심이요? 몇 시부터 몇 시까지 하나요?

의문문이 아닐 경우의 「か」는 하강조로 한다.

수요일 점심 말입니까?↘(하강조)
몇 시부터 몇 시까지 합니까?↗(상승조)

하강조(↘)의 「か」는 '알고 있는 것을 되받아 친다'는 의미를 나타낸다.

예) A : 내일 출장으로 도쿄에 갑니다.
    B : 아, 도쿄에 가시나요?↘(하강조)

6 다나카(여) : 아, 그래요? 수요일은 2시에 아이의 피아노 교실이 있어서 데려가야 해서 좀 그래요.
    미야카와(여) : 아, 그렇군요.

〈맞장구〉
'그렇습니까?'
→ 그것을 처음 알았습니다. 라는 뉘앙스

'그렇군요.'
→ 일단 맞장구를 할 때 사용된다. 윗사람에게는 쓸 수 없다.

예) A : 어제 부장님에게 칭찬을 받았거든요.
    B : 와, 그렇군요.
        → 남의 일을 듣고 있는 것처럼 느껴진다.
    B : 와, 그렇습니까.
        → 놀라움이나 관심이 느껴진다. 그러므로 이야기를 전달한 쪽은 더 말하고 싶어진다.

7 다나카(여) : 만약 참가한다고 해도, 늦어도 1시 반에는 가야 될 것 같아요.

'~라고 해도'
: '~라고 가정해도'라는 뜻.

예) 간다고 해도 10시 이후가 됩니다.
예) 무슨 일이 있어도 말이 통하기 때문에 안심이다.

8 미야카와(여) : 알겠습니다. 그렇게 되면 장소도 학교 가까이가 좋겠죠?

'그렇게 되면~'은 '~이라고 가정했을 경우'라는 뜻.
'그러면' '이라고 하면' '~이라고 하면'과 같다.

예) 8시 시작{이라고 하면/이라고 하면} 7시에는 회장에 도착하는 게 좋겠어요.

총정리

여기에서는 이전에 이야기했던 화제에 대해 상대방과 전화로 주고 받는 회화에 대한 표현이나 맞장구 등을 배웠습니다. 전화로는 상대방의 얼굴이 보이지 않기 때문에 맞장구나 반응에도 조심합시다.

Quiz

다음달 동창회 시간이 2시로 된 것을 상대방에게 전하려 합니다. 뭐라고 전하겠습니까? 다음 (   )에 적당한 말을 넣어 회화 문장을 완성합시다.

(다음 달 동창회 말입니다만), 2시로 되었습니다.
(다음 달 동창회 건 말입니다만), 2시로 되었습니다.

제13과

의논이 제일이다

'의논이 제일이다' : 곤란할 때는 혼자서 고민하지 않고 다른 사람에게 상담해 보면, 해결할 수 있는 일도 있다는 의미.

Clip 1 상담하기

들어가기

학습 내용 : 「物は相談(의논하기)」라는 말을 알고있나요? '곤란할 때는 혼자서 고민하지 않고 다른 사람에게 상담해 보면, 해결할 수 있는 일도 있다' 는 의미입니다. 상담은 쉽게 말을 걸 수 있는 계기가 되기도 하여, 커뮤니케이션의 하나라고 할 수 있습니다.
또, '일에서는 보·연·상(보고·연락·상담)이 중요하다' 라고 자주 말합니다. 여기에서는 능숙하게 상담하는 법과, 윗사람과도 원활한 커뮤니케이션을 할 수 있는 회화에 대해 배웁니다.

학습 목표 : 상담할 때 필요한 표현을 숙달한다.

Quiz
앞으로의 진로에 대해 상담을 하고 싶습니다. 어떻게 말을 걸면 좋을까요?

회화

파트인 미야카와가 점장과 상담하는 장면.

미야가와(여) : 점장님, 파트의 미야카와 입니다. 바쁘신 와중에 죄송합니다. 지금 시간 괜찮으세요?
점장(남) : 응, 괜찮아. 무슨 일이야?
미야가와(여) : 실은 계약 시간 외 노동의 일로 점장에게 상담하고 싶습니다.
점장(남) : 음, 미야카와씨는 오후 시간대네.
미야가와(여) : 네. 저는 오후 1시부터 6시 시간대입니다만, 6시부터 일하던 미타씨가 지난주 그만 두셨는데, 미타씨의 일도 제가 하라고 시마자키씨가 말하셨어요.
점장(남) : 시마자키 사원이?
미야가와(여) : 네. 계약 시간 이외의 노동이라고 생각되어 거절했습니다만, 그러면 곤란하다고 꾸짖으셔서 점장께 상담하러 왔습니다.
점장(남) : 그래? 알았어. 시마자키씨에게도 사정을 듣고 확인해 볼게.
미야가와(여) : 감사합니다. 잘 부탁드립니다.

회화에서 나온 표현을 체크해 봅시다.

1 〈상담의 흐름〉

1) 상대방의 사정을 미리 묻는다
2) 요점을 먼저 전달한다.
3) 구체적으로 상담한다.
4) 사례의 말을 한다.

2 미야가와(여) : 점장님, 파트의 미야카와 입니다. 바쁘신 와중에 죄송합니다. 지금 시간 괜찮으세요?

1) 상대방의 사정을 미리 묻는다.
· 지금 시간 괜찮으신가요?
· 지금 시간 있으세요?

(더 정중한 표현)
· 지금 바쁘시지 않으신가요?
· 지금 바쁘시지 않으신가요?

(친구)
· 지금 잠깐 괜찮아?
· 지금 시간 있어?

〈지금이 아니더라도 좋을 경우의 표현〉
· 시간이 있으실 때 (괜찮으니) 연락 부탁드립니다.
· 한가하실 때 연락 부탁드립니다.
· 나중에 시간 좀 내주실 수 있으신가요?

3 미야가와(여) : 실은 계약 시간 외 노동의 일로 점장에게 상담하고 싶습니다.

2) 요점을 먼저 전달한다.
첫번째로 무엇을 상의하고 싶은지에 대해 간략히 전달한다.

· OO의 일로,
· OO의 건으로,
· OO에 대해서

예) · OO의 일로 상의드릴 것이 있어서요.
　　· OO에 대하여 상담하고 싶은 것이 있습니다.
　　· 실은 OO의 건으로 골치 아파서요.

〈'ご相談(상담)' 이외의 표현〉
· OO건으로 확인하고 싶은 것이 있습니다.
· OO의 일로 물어보고 싶은 것이 있습니다.

- ○○의 일로 여쭤보고 싶은 것이 있습니다.
  ('묻다'의 겸양어 "여쭙다"를 사용한다)

〈사전에 자신의 생각이 정리되어 있는 경우〉
- 서류를 작성했는데, 한 번 봐주실 수 있을까요?
- 서류를 작성했는데, 의견을 들을 수 있을까요?

* '시간 있을 때(시간 될 때)', '한가할 때', '바쁘시지 않을 때(편할 때)' 와 함께 쓴다.
- 서류를 작성했는데, <u>시간 되실 때</u> 한번 봐주실 수 있으신가요?

(친구)
- ○○ 말인데.
- ○○ 때문에 좀 상의하고 싶은데.
- ○○ 때문에 좀 물어볼게 있는데.

4 미야가와(여) : 네. 저는 오후 1시부터 6시 시간대입니다만, 6시부터 일하던 미타씨가 지난주 그만
                두셨는데, 미타씨의 일도 제가 하라고 시마자키씨가 말하셨어요.
   미야가와(여) : 계약 시간 이외의 노동이라고 생각되어 거절했습니다만, 그러면 곤란하다고 꾸짖으
                셔서 점장께 상담하러 왔습니다.

3) 구체적으로 상담한다.
   1 나름대로 생각한 다음 정말 이게 맞는지에 대해 묻는다.
   2 모르는 부분에 대한 조언을 받는다.

5 점장(남) : 그래? 알았어. 시마자키씨에게도 사정을 듣고 확인해 볼게.
   미야가와(여) : 감사합니다. 잘 부탁드립니다.

4) 사례의 말을 한다.
   - 번거롭게 해드려 죄송합니다만, 잘 부탁드립니다.
   - 죄송합니다만, 잘 부탁드립니다.

총정리

여기에서는 능숙하게 상담하는 회화에 대해 배웠습니다. 상담할 때 필요한 표현을 기억함으로써, 커뮤니케이션의 폭이 넓어집니다. 특히 윗사람과 상담할 때의 문구를 기억해 두고, 선배나 상사와 능숙하게 커뮤니케이션을 도모합시다.

Quiz
앞으로의 진로에 대해 상담을 하고 싶습니다. 어떻게 말을 걸면 좋을까요?

- 지금 시간 괜찮으신가요? 앞으로의 진로 건으로 확인하고 싶은 것이 있습니다.
- 지금 시간 괜찮으신가요? 앞으로의 진로 문제로 물어보고 싶은 것이 있습니다.
- 지금 시간 괜찮으신가요? 앞으로의 진로 문제로 여쭤보고 싶은 것이 있습니다.
- 지금 시간 괜찮으신가요? 앞으로의 진로에 대하여 상담하고 싶은 것이 있습니다.

들어가기

학습 내용 : 인간관계나 업무상의 고민이 있거나, 싫은 일이 있으면 우울해져서 부정적인 발언을 하고
싶어지는 법입니다. 그것을 일본어로 '약한 소리를 한다(弱音を吐く)'라고 합니다. 여기에
서는 약한 소리를 하는 동료를 위로하는 회화에 대해 배웁니다.

학습 목표 : 침울한 친구나 동료를 위로하는 문구를 배운다.

Quiz
침울해 하는 친구를 위로하고 싶습니다. 뭐라고 말하며 위로하면 좋을까요?

회화

동료 간의 회화

사토(여) :   기무라씨, 오늘은 뭔가 기운이 없네요.
기무라(남) : 사실 오늘 아침에도 부장님께 혼났어요.
사토(여) :   그랬어요?
기무라(남) : 요즘 혼나기만 있어서 오늘은 의욕이 안 나네요.
사토(여) :   그래요? 저도 입사했을 당시에는 혼나기만 했어요.
기무라(남) : 그런가요? 그렇지만, 이렇게 혼나기만 하면 승진 하기도 어렵겠죠?
사토(여) :   그렇지 않아요. 실력 있는 부하를 키우기 위해서 말해주는 거라고 생각해요.
기무라(남) : 그런가요? 아직 컴퓨터 조작도 잘 못해서.
사토(여) :   그건 조금씩 배우면 괜찮아질 거에요. 저도 그랬으니까요.
기무라(남) : 그런가요?
사토(여) :   네. 어떻게든 될 거에요..
기무라(남) : 그렇네요.
사토(여) :   아직 입사하고 2개월 밖에 되지 않잖아요. 지금부터에요.
기무라(남) : 그렇네요. 기운이 났어요. 가족처럼 들어 주셔서 감사합니다.

표현 Check

회화에서 나온 표현을 체크해 봅시다.

1 사토(여) : 기무라씨, 오늘은 뭔가 기운이 없네요.

〈상대방의 상태를 묻는 말〉
様子を伺う(상태를 살핀다) : 상대방의 상황이 어떤지, 신경을 쓴다는 의미.

· 무슨 일 있었어?
· 무슨 일이야? 평소와 다른 것 같은데.
· (내가) 뭐 잘못했니?

〈대답〉

· 아무것도 아니야. 괜찮아.

2 기무라(남) : 사실 오늘 아침에도 부장님께 혼났어요.
　사토(여) : 그랬어요?
　기무라(남) : 요즘 혼나기만 있어서 오늘은 의욕이 안 나네요.

〈고민 상담하기〉
1) 어려움을 겪고 있는 현재 상황에 대해 설명한다.
2) 자신이 생각하는 이상(바라는) 상태에 대해 이야기한다.
3) 바라는 상태가 되기 위해 자신이 하고 싶은 일을 이야기 한다.
4) 그런 다음 모르는 것을 이야기 한다.

3 사토(여) : 그래요? 저도 입사했을 당시에는 혼나기만 했어요.

〈공감하는 대답〉
· 그렇구나. 그것 참 힘들겠네
· 그랬구나. 그것 참 힘들었겠네
· 응, 알 것 같아.
· 와, 그건 진짜 못 믿겠다.
· 맞아, 나도 그런 경험 있어.

4 기무라(남) : 그런가요? 그렇지만, 이렇게 혼나기만 하면 승진 하기도 어렵겠죠?

弱音を吐く(약한 소리를 하다) : '패기가 없는 말을 내뱉는다' 라는 뜻.

5 사토(여) : 그건 조금씩 배우면 괜찮아질 거에요. 저도 그랬으니까요.
　사토(여) : 네. 어떻게든 될 거에요.
　사토(여) : 아직 입사하고 2개월 밖에 되지 않잖아요. 지금부터에요.

〈위로·보조 하는 말〉
· 괜찮아.
· 그렇게 신경쓸 것 없어.
· 별거 아닐꺼야. 어떻게든 될 거야.
· (상대방이 사과했을 때) 괜찮아. 신경 쓰지마.

6 기무라(남) : 그렇네요. 기운이 났어요. 가족처럼 들어 주셔서 감사합니다.
〈위로·보조 하는 말〉
(친구)
· 괜찮을거야.
· 그렇게 신경 쓸 것 없어.
· 별거 아닐거야. 어떻게든 될 거야
· (상대방이 사과했을 때) 괜찮아. 신경 안 써도 돼.

여기에서는 침울해 하는 동료를 위로하는 회화에 대해 학습했습니다. 격려하는 문구를 기억하고 활용해 봅시다.

Quiz
침울해 하는 친구를 위로하고 싶습니다. 뭐라고 말하며 위로하면 좋을까요?

· 괜찮을거야.
· 그렇게 신경 쓸 것 없어.
· 별거 아닐거야. 어떻게든 될 거야

Clip 3 전화로 조의를 표하기

들어가기

학습 내용 : 조의란 고인의 죽음을 애도하는 말입니다. 여기에서는 전화로 조의를 표하 회화에 대해 배웁니다.
학습 목표 : 상대방을 위로하는 표현 숙달하기.
　　　　「いたわる(위로하다)」: 상처받은 사람을 배려하는 마음으로 대한다.

Quiz
전화로 조의를 표해봅시다. 뭐라고 말하면 좋을까요?

전화상 회화

직장에서 친분이 있는 상대방의 친척이 사망했다는 부고를 듣고, 조의를 표하는 장면.

다나카(여) :　이번 일은 정말로 유감스럽습니다. 진심으로 조의를 표합니다.
사토(여) :　　송구스럽습니다.
다나카(여) :　삼가 고인의 명복을 빕니다.(직역: 갑작스러운 일이라, 어떻게 위로의 말을 전해야 할지 모르겠습니다.) 가족분들 모두 낙담하지 않으시길 바랍니다.
사토(여) :　　감사합니다.
다나카(여) :　슬픔이 아물기도 전에 물어보는 것은 죄송합니다만, 향후 업무상에 대하여 여쭤봐도 괜찮을까요?

표현 Check

회화에서 나온 표현을 체크해 봅시다.

1 다나카(여) : 이번 일은 정말로 유감스럽습니다. 진심으로 조의를 표합니다.

〈전화로 쓰이는 조의를 표하는 말〉

* お悔やみ: 조의

부고를 받았을 때, 고인을 그리워하며 유족을 위로하는 말로, 「お悔やみ申し上げます」라고 말을 하는 것이 일반적입니다. 장례식에 참석 못할 때는 조전 등으로 전할 때도 있습니다.

* 訃報: 사망했다고 전하는 것. 부고.
  · 삼가 고인의 명복을 빕니다.(직역:진심으로 조의를 표합니다.)
  · 삼가 고인의 명복을 빕니다.(직역:이번 일은, 정말 애통하시겠습니다.)
  · 삼가 고인의 명복을 빕니다.(직역:갑작스러운 일이라, 어떻게 위로의 말을 전해야 할지 모르겠습니다.)
  · 고인에게 생전에 많은 신세를 졌기 때문에 안타까울 따름입니다.
  · 이번 일은 생각지도 못했던 것으로, 필시 낙심 하셨을 것이라고 생각합니다.
  · 인망이 두터웠던 만큼 사내에서도 모두 슬퍼하고 있습니다.

Tip : 「人望が厚い」(인망이 두텁다)」: 누구에게서도 존경받고 인기가 많은 사람.
      예) 그는 상사에게 신뢰를 받았고 동료들 사이에서도 인망이 두터웠다.

Tip : 조의를 표하는 시기
      한달에서 49일을 지나지 않았을 때 사용.
      「四十九日」: 불교 용어. 죽고 난 후 49일째에 행하는 의식.
      비즈니스 관계의 경우 상당히 친한 사이가 아니라면 49일 정도 지난 후에는 이와 관련된 화제를 꺼내지 않고 대화를 하는 게 좋습니다.

〈부고를 알면서도 조의를 표할 기회가 없었던 경우〉
· 위로의 말씀을 드릴 기회가 없어서 대단히 실례가 많았습니다.
· 지난 번 갑작스러운 일로 애통하시겠습니다. 위로의 말씀을 드릴 기회가 없어서 대단히 실례가 많았습니다.

〈부고를 모르고 있었던 경우〉
· 전혀 생각지도 못하여 대단히 실례가 많았습니다. 진심으로 조의를 표합니다.

〈맞장구〉
· 그렇습니까.
· 쓸쓸해 지네요./그리워 지네요.

2 사토(여) : 송구스럽습니다.
   사토(여) : 감사합니다.

〈조의를 받았을 경우의 답변〉
· 신경써주셔서 감사합니다.
· (일부러 신경써주셔서)정말 감사합니다.

3 다나카(여) : 슬픔이 아물기도 전에 물어보는 것은 죄송합니다만, 향후 업무상에 대하여 여쭤봐도 괜찮을까요?

* 비즈니스상의 상대 여도 우선은 조의를 표한다. 비즈니스 요건은 갑자기 꺼내지 않고, 화제를 바꿀

때에는 한마디 덧붙인다.

〈부고 전화를 받았을 때〉
1) 우선은 조의를 표한다.
· 갑작스러운 일이라 드릴 말씀이 없습니다. 조의를 표합니다.

(친구일 경우)
· 정말 힘들었지? 힘들때 힘이 되어주지 못해서 미안해. 뭔가 내가 할 수 있는 일이 있으면 뭐든지 할게.

2) 사무적인 내용을 알고 싶을때
· 연락해 주셔서 감사합니다. 가능하다면 조의를 드리고 싶습니다. 고인의 성함과 상주 성함, 밤샘(お通夜 : 죽은 사람의 유해를 지키며 하룻밤을 샘)이나 장례의 일정과 장소, 종교를 알려주실 수 있나요?

Tip : 「喪主(상주)」: 장례를 주최하는 사람
「お通夜(밤샘)」: 장례·고별식 전야에 치르는 의식

· 심신이 힘드실 텐데 알려주셔서 정말 감사합니다.
공교롭게도 먼 곳에 있기 때문에 지금 당장 찾아 뵙지 못합니다. 향후 일정은 잡히셨나요?
· 힘든 일을 여쭤봐서 정말 죄송합니다. 앞으로의 일정은 결정 하셨나요?
· 괜찮으시다면 회사로서 여러 가지 묻고 싶습니다만, 작별식 일정에 대해서는 이미 결정 하셨나요?

〈피해야 되는 표현〉
생사에 대한 직접적인 표현
· '사망', '사거', '죽다(돌아가시다)'는 '서거'로 바꿔 말한다.
· '존명', '살아계실 때'는 '생전', '건강하실 때'로 바꿔 말한다.

총정리

여기에서는 전화로 조의를 표하는 회화에 대해 학습했습니다. 순간적으로 나올 수 있게 중요한 문구는 기억해 둡시다.

Quiz
전화로 조의를 표해봅시다. 뭐라고 말하면 좋을까요?

· 삼가 고인의 명복을 빕니다. (직역 : 진심으로 조의를 표합니다.)
· 삼가 고인의 명복을 빕니다. (직역 : 이번 일은, 정말 애통하시겠습니다.)
· 삼가 고인의 명복을 빕니다. (직역 : 갑작스러운 일이라, 어떻게 위로의 말을 전해야 할지 모르겠습니다.)

제14과

조리 있게 말하다

'조리 있게 말하다' : 인과관계를 분명히 하고, 순서에 따라 논리적으로 설명한다.

Clip 1 안건 설명하기

들어가기

학습 내용 : 인과관계를 분명히 하고, 시작과 결말을 일관 시키는 것을 「筋道を立てて説明する」라고 합
니다. '조리 있게 설명한다' 는 것은 인과관계를 분명히 하고 순서에 따라 논리적으로 설명
하는 것입니다.
여기에서는 조리 있게 설명하는 방법에 대해 학습합니다.

학습 목표 : 조리 있게 설명하는 요령을 배운다.
사회를 진행하는데 있어서 자주 사용하는 문구를 배운다.

Quiz
조리있게 설명할 때, 이야기를 전환하는 말을 효율적으로 사용해 봅시다.

다음 ( )에 들어갈 말을 하나 고르시오.

A : 좀 매워도 괜찮아요?
B : 매워도 먹을 수 있어요. (   ) 매운 음식을 좋아해서 평소에 자주 먹거든요.

① 그러므로(だから)　② 그리고(そして)　③ 즉(つまり)　④ 오히려(むしろ)

회화

회의 장면

다나카(여) : 그럼, 시작해주세요.
기무라(남) : 네. 이번 지역 자치회의 축제 개최 장소에 대해 의논하기 위하여 회의를 소집하였습니
다. 작년까지는 사사키 공원에 진행하였지만, 공원 근처의 주민으로부터 올해는 하지 말
아 달라는 항의가 있었습니다. 그 때문에 장소를 검토 할 필요가 있습니다.
다나카(여) : 그래요? 일정은 8월 3일로 변경은 없지요?
기무라(남) : 네. 8월 3일 5시 부터 9시로 정해졌습니다. 문제는 공원 근처 주민들이 시끄럽기 때문
에 그만두라는 불평이 나오고 있다는 것입니다.
다나카(여) : 그런가요.
기무라(남) : 그래서 개최 장소를 야마구치 초등학교 체육관으로 옮길 계획을 세우고 있습니다. 앞으
로는 초등학교 직원들과 의논하고 진행해 나갈 필요가 있다고 생각합니다만, 어떻게 생
각하시나요?

회화에서 나온 표현을 체크해 봅시다.

1 회의나 미팅에서 사회를 진행할 때 효과적으로 이야기를 진행하는 포인트
: 듣는 사람이 요점을 파악할 수 있도록 전하고 싶은 포인트에 대해서, 왜 그렇게 생각하는지 명확한
근거를 준비하여 알기 쉽게 간단하고 분명하게 전달하는 것이 중요

〈안건 설명 순서·포인트〉
포인트 1) 설명의 개요
: 무엇에 대한 회의인가? 무엇에 대해 설명할 것인가?
포인트 2) 배경
: 의제의 배경이나 이유에 대해
포인트 3) 문제점·과제
: 무엇이 문제인가?
포인트 4) 현황
: 지금 하고 있는 대처에 대해
포인트 5) 향후 계획
: 의견 듣기·묻기

2 다나카(여) : 그럼, 시작해주세요.
기무라(남) : 네. 이번 지역 자치회의 축제 개최 장소에 대해 의논하기 위하여 회의를 소집하였습니다.

〈회의 시작을 알리기〉
· 그럼, 시간이 되었으므로 회의를 시작하겠습니다.
· 시간이 되었으므로, 지금부터 회의를 시작하도록 하겠습니다.
· 오늘 바쁘신 와중에 모여 주셔서 감사합니다.
· 오늘 매우 바쁘신 와중에 모여 주셔서 감사합니다.
· 오늘 사회 진행을 맡게 된 000이라고 합니다.

포인트 1) 설명의 개요
: 무엇에 대한 회의인가? 무엇에 대해 설명할 것인가?
· 오늘의 주제는 000입니다.
· 오늘의 의제는 000입니다.
· 지금부터 OO에 관한 회의를 시작하겠습니다.
· ○시 까지 △△△에 대한 결론을 내리고자 하오니 협력 부탁드립니다.

3 기무라(남) : 작년까지는 사사키 공원에 진행하였지만, 공원 근처의 주민으로부터 올해는 하지 말아
달라는 항의가 있었습니다. 그 때문에 장소를 검토 할 필요가 있습니다.

포인트 2) 배경
: 의제에 대한 명확한 근거, 이유를 제시한다.

4 기무라(남) : 네. 8월 3일 5시 부터 9시로 정해졌습니다. 문제는 공원 근처 주민들이 시끄럽기 때문

에 그만두라는 불평이 나오고 있다는 것입니다.

포인트 3) 문제점·과제
 : 무엇이 문제인지에 대해 설명한다.

5 기무라(남) : 그래서 개최 장소를 야마구치 초등학교 체육관으로 옮길 계획을 세우고 있습니다.

포인트 4) 현황
 : 지금 하고 있는 대처에 대해

〈이야기를 전환하는 말(접속사나 부사)를 유용하게 사용한다〉

지금까지는 ○○이라는 흐름이 생겼다.
현재는 ○○이라는 상황이다.
  ↓
더구나, △△라는 상황이다. (게다가(さらに) : 덧붙여, 또한)
  ↓
그런데, ××라는 의견이 나왔다. (그런데(ところが) : 그렇기는 하지만, 그렇지만)
  ↓
오히려, □□라는 것이 좋을지도 모른다. (오히려(むしろ) : 어느 쪽인가 하면, 차라리)
  ↓
그럼, 어떻게 하면 좋은가. (그럼(では) : 그러면, 그렇다면)

· 더구나(さらに) : 부가를 나타낸다. 또한이 라는 의미.
  예) 또한 지진 대책에 대해서도 검토할 필요가 있다.
· 그런데(ところが) :역접를 나타낸다. 상반된 내용이 잇따를 때 사용된다.
  예) 모두 함께 여행을 가기로 했었다. 그런데 그가 갑자기 반대하기 시작했다.
· 오히려(むしろ) : 두가지를 비교했을 때, 이것이 더 좋다는 것을 표현할 때 쓰인다.
  예) 의견을 말하는 것보다는, 오히려(차라리) 침묵하는 편이 나을 것 같다.
· 그럼(では) : 전환를 나타낸다. '그러면' 이라는 뜻. 단락을 지을 때 사용된다.
  예) 그럼, 시작합니다.

Tip : 개개의 설명을 순서대로 하는 말
      우선은, ~ → 다음으로, ~ → 게다가, ~ → 마지막으로, ~

6 기무라(남) : 앞으로는 초등학교 직원들과 의논하고 진행해 나갈 필요가 있다고 생각합니다만, 어떻
              게 생각하시나요?

포인트 5) 향후 계획
 : 의견 듣기·묻기

· 여러분의 의견을 들려주세요.
· 질문·의견이 있으시면 손들어 주시기 바랍니다.

〈의견이 나온 후〉
· 즉 ○○씨의 의견은, ~라고 봐도 되겠습니까?

• 이 건에 관하여, ○○씨의 의견을 듣고자 합니다.

〈의견이 나오지 않을 때〉
• 어떤가요? 의견이 있으신 분은 안계신가요?

〈이야기가 주제를 벗어날 때〉
'이야기하시는 도중에 죄송합니다', '이야기 도중에 실례하겠습니다' 라고 한 마디 양해를 구한 후에 다음 말을 한다.

• 매우 흥미로운 내용이지만, 시간도 한정되어 있기 때문에 본론으로 돌아가려고 합니다.
• 그 건에 대해서는 추후에 메일로 참가자에게 전달 부탁드립니다.
• 본회의의 취지에서는 좀 멀어진 것 같으므로, 본론으로 돌아가고 싶습니다.
• 그 이야기는 다른 기회에 듣기로 하고, 본론으로 돌아가고 싶습니다.
• 일단 이쯤에서 나온 의견을 정리해 봅시다.

〈다음 의제로 넘어갈 때〉
• ○○의 건은, 이것으로 종료하겠습니다. 그럼 다음 의제로 넘어가겠습니다.

〈맺음 말〉A+B
A
• 여러분 덕분에 알찬 회의가 되었습니다.
• 훌륭한 의견을 주셔서 감사합니다.
• 여러분이 협력해 주신 덕분에 최선의 결론을 도출할 수 있었습니다.

B
• 이상으로 폐회합니다. 오늘 수고하셨습니다.
• 그럼, 이것으로 회의를 마치도록 하겠습니다. 수고하셨습니다.
• 이상으로 ○○에 관한 회의를 종료하겠습니다. 감사합니다.

총정리

여기에서는 조리있게 설명하는 요령과 사회를 진행하는데 있어서 자주 사용하는 문구에 대해 배웠습니다.

Quiz
조리있게 설명할 때, 이야기를 전환하는 말을 효율적으로 사용해 봅시다.
다음 ( )에 들어갈 말을 하나 고르시오.

A : 좀 매워도 괜찮아요?
B : 매워도 먹을 수 있어요. (   ) 매운 음식을 좋아해서 평소에 자주 먹거든요.

① 그러므로(だから)   ② 그리고(そして)   ③ 즉(つまり)   ④ 오히려(むしろ)

정답 : ④ 오히려 (むしろ)

들어가기

학습 내용 : 친구에게 지난 주에 봤던 영화를 소개하거나 누군가에게 이야기를 전해주는 장면은 일상 대
화에서 흔히 있습니다.
여기에서는 친구에게 다 읽은 소설에 대해 줄거리를 섞어 설명할 때의 요점에 대해 학습합
니다.
학습 목표 : 자신이 보거나 읽은 이야기의 줄거리를 설명한다.
책의 종류나 출판의 종류에 대해 이해한다.

Quiz
친구에게 소설의 줄거리를 설명해 봅시다. 다음은 소설의 요약입니다. 이것을 참고하여 말해봅시다.

• 〈주인공〉 19살 여대생
• 〈주인공이 어디서 무엇을 하는가〉 여행으로 간 유럽에서 일식 레스토랑을 연다.
• 〈주요사건〉 어느 날 우연히 만난 일본인의 권유로 일식집을 돕는다.
• 〈주인공의 고생〉 현지인에게 주먹밥이나 된장국 등은 접해보지 못한 것 이어서 손님이 전혀 오지 않는다.
• 〈사건 해결〉 그녀가 주먹밥을 맛있게 먹고 있는 모습을 보고, 손님이 조금씩 늘어난다.
• 〈자신의 감상〉 내용은 평범하지만, 말이 통하지 않는 사람들이 서로 알아가는 묘사가 우습고 재미있다.

회화

친구에게 소성 줄거리를 설명하는 장면.

오오츠카(남) : 그거 언제나 읽는데 무슨 책이야?
야마자키(여) : 이거? 소설책이야. 최근에 신인상을 받은 작가의 작품인데 재미있어서 단숨에 읽어
버렸어.
오오츠카(남) : 와. 어떤 내용이야?
야마자키(여) : 19살 여대생이 여행지 남미에서 죽었어야 할 친언니와 만나는 이야기야.
오오츠카(남) : 와.
야마자키(여) : 처음엔 혼자 관광을 했는데, 어느 날 우연히 만난 일본인 여자랑 친해져서 관광지 안
내를 받았어.
오오츠카(남) : 응.
야마자키(여) : 그러던 와중에 여러가지 일이 겹쳐서 그녀가 친언니가 아닌가 하고 깨닫기 시작하는
거야.
오오츠카(남) : 그렇구나.
야마자키(여) : 하지만 친언니는 어렸을 때 죽어서 확인하기가 힘들었어.
오오츠카(남) : 그렇지.
야마자키(여) : 사실은 그녀가 여행하고 있는 기간이 마침 죽은 사람의 축제 시기와 겹쳐 있다는 것
을 알고, 언니가 현실의 세계로 돌아올 수 있었다는 것을 알 수 있었어.
오오츠카(남) : 와. 그렇구나.

야마자키(여) :　　내용은 어딘가에서 들은 것 같은 이야기인데, 죽은 언니와 살아있는 여동생이 시공을 넘어 재회하는 묘사가 사실적이라서 재미있어.

오오츠카(남) :　　그건 재미있을 것 같아.

표현 Check

회화에서 나온 표현을 체크해 봅시다.

1　줄거리(あらすじ)란

'개요' 혹은 '개략' (「粗筋」、「荒筋」)

「粗」「荒」 : 대략적임, 얼추

「筋」 : 이야기, 줄거리

이야기의 진행에 따라 전체적인 내용을 대략적으로 나타낸 것.

〈줄거리 순서와 포인트〉

포인트 1) 주인공 소개

　: 이야기의 배경이나 설정, 주인공에 대한 설명.

포인트 2) 주요 사건

　: 어떤 사고나 일이 일어났는지에 대해

포인트 3) 주인공의 고생

　: 주인공이 어떤 고생을 했는지에 대해

포인트 4) 주요 사건 해결

　: 주인공이 그 문제에 맞서 어떻게 고생을 이겨내었는지에 대해

줄거리를 설명한 후에 자신의 감상을 덧붙여 봅시다.

포인트 5) 자신의 감상

　: 자신이 느낀 이야기의 매력이나, 생각한 것에 대해 말한다.

2　오오츠카(남) : 그거 언제나 읽는데 무슨 책이야?

　야마자키(여) : 이거? 소설책이야.

〈책의 종류〉

· 소설

· 에세이

· 시집

· 만화

· 비즈니스서

· 레시피 책

· 사진집

〈출판의 종류〉

· 단행본

· 문고본

* '단행본(**単行本**)'이란,
  단독으로 간행되는 책.
  일반적으로 잡지나 신문에서 연재된 것을 정리하여 간행된다.

* '새로 쓴 작품(**書き下ろし**)'이란,
  게재나 연재되지 않고, 작자가 집필 후 그대로 서적화 되는 것.

* '문고본(**文庫本**)'이란,
  A6판 사이즈로 출판되는 소형 시리즈 책.
  단행본으로 간행된 것 중에서 인기가 많은 것을 나중에 문고본으로 발매하는 경우가 많다.

3 오오츠카(남) : 와. 어떤 내용이야?
  야마자키(여) : 19살 여대생이 여행지 남미에서 죽었어야 할 친언니와 만나는 이야기야.

포인트 1) 주인공 소개
  : 이야기의 배경이나 설정, 주인공에 대한 설명.
    주인공이 어디서, 무엇을 했는지를 먼저 간결하게 말한다.

· ～하는 이야기인데.
· ～라는 이야기인데.

〈회화에 나온 표현〉
1) '죽었어야 할(**死んだはず**)'
   '～했을 거다(**～たはずだ**)' : '～였다고 생각한다.' 라는 뜻.객관적인 이유가 있어서 확신했던 사항들
   이 달랐을 때 사용된다.
   예) 전했을 텐데, 제대로 전달되지 않았었다.

2) '친언니/누나(**実の姉**)'
   '친～(**実の～**)' : '혈연 관계' 라는 뜻.
   예) 두 사람이 친형제임을 알았다.

4 야마자키(여) : 처음엔 혼자 관광을 했는데, 어느 날 우연히 만난 일본인 여자랑 친해져서 관광 안
                내를 받았어.
  야마자키(여) : 그러던 와중에 여러가지 일이 겹쳐서 그녀가 친언니가 아닌가 하고 깨닫기 시작하는
                거야.

포인트 2) 주요 사건
  : 어떤 사고나 일이 일어났는지에 대해

〈회화에 나온 표현〉
1) '～이 아닐까 하고～(**～じゃないかって～**)'
   : '～이 아닌가 하고～(**～ではないのかと～**)' 라는 뜻의 스스럼 없는 회화체.
   예) 역 앞 슈퍼에 있지 않냐고 해서 가봤는데 역시 팔지 않았어.
   예) 범인은 그가 아닐까 생각했는데, 아닌 것 같아.

2) '～(이유)것(**～わけ**)'
   : 문말 표현 '～인 셈이다(**わけだ**)'

이미 있는 사실이나 발언의 내용이 근거·정보가 되어, 논리적으로 결론을 지을 때 사용된다.

여러 가지 일이 겹침(근거) → 깨닫기 시작(결론·판단)
예) A : 아, 오늘은 휴관일이다.
　　 B : 아, 그래서 전화를 안 받는 거구나.

5 야마자키(여) : 하지만 친언니는 어렸을 때 죽어서 확인하기가 힘들었어.

포인트 3) 주인공의 고생
　: 주인공이 어떤 고생을 했는지에 대해

6 야마자키(여) : 사실은 그녀가 여행하고 있는 기간이 마침 죽은 사람의 축제 시기와 겹쳐 있다는 것
　　　　　　　　을 알고, 언니가 현실의 세계로 돌아올 수 있었다는 것을 알 수 있었어.

포인트 4) 주요 사건 해결
　: 주인공이 그 문제에 맞서 어떻게 고생을 이겨내었는지에 대해

〈회화에 나온 표현〉
'사실/실은~(実は~)' : '숨김없이 말하자면' 이라는 뜻. 진짜 사정을 털어놓을 때 쓰이는 표현.
예) A : 어제 파티는 어땠어?
　　 B : 실은, 못 갔어요. 갑자기 몸 상태가 안좋아졌었거든요.
　　 A : 어? 그랬어? 틀림없이 갔을 거라고 생각했었어.

7 야마자키(여) : 내용은 어딘가에서 들은 것 같은 이야기인데, 죽은 언니와 살아있는 여동생이 시공을
　　　　　　　　넘어 재회하는 묘사가 사실적이라서 재미있어.

포인트 5) 자신의 감상
　: 자신이 느낀 이야기의 매력이나, 생각한 것에 대해 말한다.

〈회화에 나온 표현〉
'어디선가 들은 것 같은 이야기(どこかで聞いたような話)'
• 어디선가 ○○한 것 같은 △△
• 어디선가 본 듯한 풍경
• 어디선가 들어본 것 같은 노래

총정리

여기에서는 친구에게 다 읽은 소설에 대해 줄거리를 섞어 설명할 때의 요점에 대해 학습했습니다.

Quiz
친구에게 소설의 줄거리를 설명해 봅시다.

회화 예 :

A : 어떤 내용이야?
B : 19살 여대생이 유럽에서 일식 레스토랑을 연 이야기야.
A : 응.

B : 처음에는 그냥 여행으로 갔던건데, 어느날 우연히 만난 일본인의 권유로 일식집을 도우거든. 하지만 현지인에게 주먹밥이라던가, 된장국이란건 접해보지 못한 것 이어서 손님이 전혀 오지 않는단 말이지.
A : 그렇겠지.
B : 하지만 그녀가 주먹밥을 맛있게 먹는 모습을 보고, 손님이 조금씩 늘어나.
A : 우와
B : 내용은 평범하지만, 말이 통하지 않는 사람들이 알아가는 묘사가 우습고 재미있어.

Clip 3 전화로 행사장에 가는 방법을 설명하기

들어가기

학습 내용 : 최근에는 스마트폰 지도 어플이 잘나와서, 처음 가는 장소에서도 헤매지 않고 갈 수 있게 되었습니다. 하지만 지도 어플로도 모를 경우에는 길을 물어봐야 합니다. 여기에서는 전화로 길을 안내하는 회화에 대해 배웁니다.
학습 목표 : 기본적인 길 안내 용어를 배운다.
길을 안내하는 쪽이나 받는 쪽, 어느 쪽이라도 자신 있게 대화 할 수 있게 한다.

Quiz
친구에게서 행사장으로 가는 방법을 모르겠다고 전화가 왔습니다. 지도를 보면서 다음 □ 안에 들어갈 적당한 설명문을 생각하고, 길 안내 문장을 완성 시켜봅시다.

레스토랑의 가장 가까운 역은 아오바 역입니다.

패밀리레스토랑 건너편 8층짜리 검은색 빌딩입니다. 그곳이 행사장입니다. 정문으로 들어오시면 계단이 바로 보일 겁니다. 계단으로 2층에 올라오시면 접수처 입니다.

전화상 회화

미야카와가 다나카에게 모임이 있는 레스토랑으로 가는 방법에 대하여 전화로 설명하는 장면.

다나카(여) : 죄송합니다. 지금 레스토랑으로 향하고 있습니다만, 스마트폰 지도로는 도보 방향을 잘 모르겠습니다. 지금 역의 남쪽 출입구인데요.
미야카와(여) : 아, 그러세요? 그렇다면, 남쪽 출입구에서 횡단보도를 건너 큰길로 나와 주세요.
다나카(여) : 네.
미야카와(여) : 대로변을 3분 정도 걷다 보면 은행이 보이는데, 은행 바로 앞에서 왼쪽으로 꺾어주세요.
다나카(여) : 은행 바로 앞 골목 말이죠?
미야카와(여) : 네. 골목에 들어서면 2번째 모퉁이에서 오른쪽으로 꺾으세요. 편의점이 있는데 그 맞은편 건물입니다.
다나카(여) : 그런가요? 알겠습니다. 건물의 3층 맞나요?
미야카와(여) : 네. 큰 간판이 있어서 아실 것 같은데, 골목에 들어가서도 잘 모르시겠다면 전화주세요.
다나카(여) : 알겠습니다. 감사합니다.

표현 Check

회화에서 나온 표현을 체크해 봅시다.

1 다나카(여) : 죄송합니다. 지금 레스토랑으로 향하고 있습니다만, 스마트폰 지도로는 도보 방향을 잘 모르겠습니다. 지금 역의 남쪽 출입구인데요.

〈전화로 길을 물을 때〉
· 버스로 행사장으로 가고 있는데, 어느 정거장에서 내려야 할 지 몰라서요.
· 지금 귀사로 찾아뵙고 싶은데, 역에서 어떻게 가면 좋을지 알려주세요.

2 미야카와(여) : 그렇다면, 남쪽 출입구에서 횡단보도를 건너 큰길로 나와 주세요.
　　미야카와(여) : 대로변을 3분 정도 걷다 보면 은행이 보이는데, 은행 바로 앞에서 왼쪽으로 꺾어주세요.
　　미야카와(여) : 네. 골목에 들어서면 2번째 모퉁이에서 오른쪽으로 꺾으세요. 편의점이 있는데 그 맞은편 건물입니다.

〈위치 표현〉
1)「角」 모퉁이
　· 저기 모퉁이에서 도세요.
2)「隣」 옆
　· 편의점 옆입니다.
3)「向かい」「真向い」 건너편
　· 편의점 건너편입니다.
　· 편의점 맞은편 빌딩입니다.
4)「突き当り」 막다른 곳
　· 편의점은 막다른 곳에 있습니다.
5)「手前」 앞, 전
　· 편의점 앞에서 돌아갑니다. (방향을 바꾸다, 돌다)
6)「右側 / 左側、右手 / 左手」 오른쪽, 왼쪽
　· 오른쪽/왼쪽에 편의점이 있습니다.

〈가는 방법 표현〉
· 길 따라 가 주세요.
· 곧바로 가 주세요.
· ~를 지나서
· 길 따라 있습니다.

3 길안내 방법

1) 기점을 분명히 한다.
　: 상대방이 어디서, 어디로 향하는지를 명확히 한다.

　· 지금 어디입니까
　· 무엇을 타고 오나요?

384 회화, 전화, 메일, 문자 실전 커뮤니케이션 일본어회화

- 어디서 오시나요?

2) 먼저 전체적인 설명을 전달한다.
: 자세한 설명을 하기 전에 대략적인 위치에 대해 전한다.

- 역 남쪽 출구에서 남서쪽 방향으로 걸어서 10분 정도의 거리에 있습니다.

3) 안표를 전한다.
: 눈에 띄는 건물 정보를 전한다.
은행, 패밀리레스토랑, 우체국, 슈퍼마켓

4) 건물 정보를 정확히 전달한다.
: 몇 층 건물, 건물 색 등.

- 은행 옆에 있는 5층짜리 하얀 빌딩이 우리 회사가 입주하는 빌딩입니다.사무실은 빌딩 2층에 있습니다.。

총정리

여기에서는 기본적인 길 안내 용어를 배우고, 길을 안내하는 쪽과 받는 쪽, 어느 쪽에서도 자신을 가지고 대화 할 수 있도록 학습했습니다.

Quiz
친구에게서 행사장으로 가는 방법을 모르겠다고 전화가 왔습니다. 지도를 보면서 상대방에게 설명해 봅시다.

（정답 예）
레스토랑의 가장 가까운 역은 아오바 역입니다.
아오바 역 3번 출구로 나가세요. 출구로 나오면 길이 좌우로 갈라집니다. 왼쪽에 편의점이 보이니 왼쪽으로 가세요. 편의점을 지나서 쭉 가시면, 왼쪽에 신사가 보입니다. 조금 더 직진하면 교차로에 도착합니다. 똑바로 횡단보도를 건너서 직진하세요. 조금 가다 보면 커피숍이 보입니다. 커피숍 바로 앞에서 왼쪽으로 도세요. 커피숍을 지나면 '아오바홀' 간판이 보일 거예요.
패밀리레스토랑 건너편 8층짜리 검은색 빌딩입니다. 그곳이 행사장입니다. 정문으로 들어 오시면 계단이 바로 보일 겁니다. 계단으로 2층에 올라오시면 접수처 입니다.

회화, 전화, 메일, 문자
실전 커뮤니케이션 일본어 회화

초판 1쇄 인쇄 2020년 08월 25일
초판 1쇄 발행 2020년 09월 01일

저　　자 하치노 토모카
발 행 인 윤석현
발 행 처 제이앤씨
책임편집 최인노
등록번호 제7-220호

우편주소 서울시 도봉구 우이천로 353 성주빌딩 3층
대표전화 02) 992 / 3253
전　　송 02) 991 / 1285
전자우편 jncbook@hanmail.net

ⓒ 하치노 토모카 2020 Printed in KOREA.

ISBN 979-11-5917-160-4 13730　　　정가 25,000원